网络时代企业
转型升级的机理与路径研究

RESEARCH ON THE MECHANISM AND PATH OF
ENTERPRISE TRANSFORMATION AND UPGRADING IN THE INTERNET AGE

张文松◎著

经济管理出版社
ECONOMY & MANAGEMENT PUBLISHING HOUSE

图书在版编目（CIP）数据

网络时代企业转型升级的机理与路径研究/张文松著 . —北京：经济管理出版社，
2021. 11

ISBN 978 - 7 - 5096 - 8254 - 8

Ⅰ.①网… Ⅱ.①张… Ⅲ.①企业升级—研究—中国 Ⅳ.①F279. 232. 5

中国版本图书馆 CIP 数据核字（2021）第 219888 号

组稿编辑：魏晨红
责任编辑：魏晨红
责任印制：黄章平
责任校对：王淑卿

出版发行：经济管理出版社
　　　　　（北京市海淀区北蜂窝 8 号中雅大厦 A 座 11 层　　100038）
网　　　址：www. E - mp. com. cn
电　　　话：（010）51915602
印　　　刷：北京市海淀区唐家岭福利印刷厂
经　　　销：新华书店
开　　　本：720mm×1000mm/16
印　　　张：20. 75
字　　　数：329 千字
版　　　次：2022 年 4 月第 1 版　　2022 年 4 月第 1 次印刷
书　　　号：ISBN 978 - 7 - 5096 - 8254 - 8
定　　　价：78. 00 元

前　言

改革开放以来，面对西方产业技术的转移和扩散，中国以开放的姿态主动接受和积极融合，抓住了全球要素分工所带来的战略机遇，全面嵌入了全球价值链，并努力发展低成本制造业，以出口导向为核心，带动了社会经济的高速发展，取得了举世瞩目的辉煌成就。然而，简单纳入全球要素分工体系的传统发展道路，使中国企业当前面临着技术风险高、经济收入低的发展困境。目前，世界发达国家实施了所谓再工业化等进行技术封锁，东南亚实施更低的成本制造战略进行价格打压，制约中国经济高质量发展，原来的经济发展模式已不可持续。而出现这种状况的根本原因是：中国企业技术创新、市场创新以及技术—市场的协同创新乏力，技术产业化、市场高端化及双自联动的效应没有得到充分发挥。

因此，随着第四次科技革命的兴起，党的十八大明确提出了实施创新驱动发展战略，旨在鼓励中国企业发展拥有自主创新产权和自主品牌的高附加值产品，来发挥技术创新和市场创新对经济的支撑和引领作用。因此，落实创新驱动发展战略，发展新经济，培育新动能，加快经济转型和产业升级刻不容缓。

现有研究表明，企业转型升级是产业升级的微观层面和最终落脚点。对于企业而言，转型升级是指产品转型与能力升级，代表着企业通过获得技术能力和市场能力，以改善竞争能力及从事高附加值的活动。在网络时代下，转型升级可以视为一种企业的自救与突破自我的有效途径。企业通过持续不断的改革，推动领导者做出思考未来经营方向的举动，为组织注入新的活力，并通过提升产品的附加值来提高企业外部力量的竞争能力，以从容应对复杂多变的外部环境，增强企业发展的弹性和韧性。在网络时代下，信息技术的快速发展在对我国传统企业造成巨大冲击的同时，也帮助企业在市场中进行更加良性的竞争，促进生产力发展、产业革新以及消费进步，为企业的转型升级带来了新的契机。中国企业只有把握好当下的发展时机，清晰定位企业未来的发展方向，对企业内部结构进行合理的调整，并拥有自主创新技术与自主品牌，再结合企业的实际发展情况，借助互联网平台，创新企业的发展模式，实现产品转型与能力升级，才能够适应时代的长远发展。

尽管企业转型、能力升级等字词频繁出现在企业项目报告、新闻报纸等权威媒体中，但目前学术界依然缺乏相应的有说服力的研究成果，与中国企业转型升级的实践形成了鲜明的反差。当前，关于企业转型升级的研究，近几十年来已经衍生出了许多学术流派。这些学术流派从不同的视角对企业转型升级进行了有价值的揭示，对企业转型升级的进一步研究做出了巨大的贡献。然而，目前的企业转型升级研究还是着重于个案式的讨论，对转型内容的研究过于宽泛，对企业转型升级的运用缺乏为其作支撑的基础理论研究。综观国内外学者关于企业转型升级的研究思路，基本都集中在竞争力理论、动态能力理论、价值链理论的框架层面上。虽然这些理论目前已经成为研究企业转型升级概念、动因、机理与路径的主要依据，但仍然尚未形成一个独立的体系。所以，从整体来看，很多关于企业转型升级的研究呈现出表面化、片面化、碎片化的问题。在面对网络时代下企业层出不穷的新现象时，这些研究思路就无法对企业转型升级的机理作出完整的解释与深入的剖析，难以对企业现有的实践提供正确、有效的指导，网络时代下企业转型升级仍然存在过程黑箱。

综上所述，本书试图在现有价值链理论的基础上，结合战略生态位管理理论，论述企业转型升级的资源能力的内在作用机理，剖析技术生态位与市场生态位的协同以及网络时代下企业转型升级的融合机制，提出企业转型升级的基于"互联网＋"的技术化、市场化、协同化的转型升级路径，给出企业转型升级的具体措施、支撑体系及政策建议。具体而言，本书从"两自一高"的国家战略要求和企业转型升级的现实需求出发，深入剖析我国企业长期锁定在全球价值链低端所带来的路径依赖化、价值贫困化、战略边缘化、竞争恶性化、产业空洞化等问题和风险，分析总结当前发达国家转型升级的成功经验，结合网络时代下中国企业成长及产业发展规律，嵌入了战略生态位理论来分析网络时代下，企业如何通过技术创新形成技术生态位来带动技术能力升级从而实现技术产业化，如何通过市场创新形成市场生态位来带动市场能力升级从而实现市场高端化，如何通过技术能力与市场能力的协同使创新过程中的研发与生产、研发与市场两个界面在连续的创新流动过程中平稳过渡来促进企业的转型升级。

本书按照问题导向—理论假说—实证检验—结论分析的技术路线，建立企业转型升级能力的生态位评价体系，采用灰色关联分析来评价企业转型升级能力以及各因素之间影响的强弱关系，并用调研数据从实际背景对过程机理模型进行检验，提出企业转型升级的三种相关思路及路径：一是价值链单一嵌入视角的企业递进式转型升级；二是全球价值链/国家价值链双重嵌入的跨越式转型升级；三是多重价值链叠加嵌入的企业迂回式转型升级。最终围绕研究结果，提出企业转型升级"政—产—学—研—用"五方面力量综合性建设的主联动模式，在国家层面、产业层面及企业层面，从人力、技术、市场、资金、税收、服务等角度全面探索，为企业提供完整的可行性转型升级落地建议。

本书在撰写过程中参考了大量的国内外专业文献、近百份研究行业转型升级报告以及调研访谈了相关人士近 700 人次，在此一并表示衷心的感谢！感谢汪家源、陈晓春、李艳丽、王单玉、王笑晗、冯晨旭、李珊珊、王青青、刘博雅、杨丹阳、徐小汐、王鹏一、李想、郑宇凡等在资料收集和分析以及书稿撰写方面所做出的积极贡献；由于笔者水平有限，书中难免会出现一些疏漏与不妥之处，恳请各位专家同行和广大业界人士不吝批评指正。

张文松

于北京交通大学红果园

2021 年 6 月 18 日

目　录

开始标志，把蒸汽机作为广泛使用的动力机作为主要标志。就生产技术来看，工业1.0解放了工厂工人的双手，用工厂制取代了手工工场制；就社会关系来看，工业1.0使自耕农阶级这一落后生产方式造就的阶级群体逐渐退出历史舞台，推动工业资产阶级和工业无产阶级走上历史舞台。

表 0-1　四次工业革命历程

阶段	标志	时间	涉及地点	内容
工业 1.0	蒸汽时代（机械化、蒸汽和水力发电）	18世纪60年代至19世纪40年代	英国→欧洲	资本主义生产完成从工场手工业向机器大工业过渡的阶段，机器成为生产主力，成功代替人力资本，以大规模工业化生产取代个体工场
工业 2.0	电气时代（大规模生产与电气化）	19世纪70年代至20世纪初	英国、德国	以电力的广泛应用为显著特点，英国科学家法拉第发现了电磁感应现象，德国人西门子制成了发电机，比利时人格拉姆发明了电动机
工业 3.0	信息化时代（电子化、IT系统、自动化）	20世纪后半期	全球	以空间技术、原子能和生物工程的发明和应用为主要标志，包含生物技术、新能源技术、新材料技术、空间技术等领域的一场信息控制技术革命
工业 4.0	智能化时代（物理世界、数字世界和生物世界的融合）	21世纪至今	德国→全球	生产的高度网络化、数字化和机器自组织，是一种从制造业过渡到智能化行业的中间阶段，其主要代表是目前流行的智能工厂与智能制造。以系统科学的兴起到系统生物科学的诞生作为前提标志，通过将纳米科学、生命科学、计算机科学和系统科学等理论知识的整合与技术的融合创新，能够形成以系统遗传学、系统生物工程、系统医学、系统生物学与合成生物学等学科体系并行发展的多领域、全方面智能化时代

资料来源：笔者根据相关资料自行整理。

工业2.0：电气时代。第二次工业革命兴起于19世纪70年代，结束于20世纪初，是全世界从"蒸汽时代"到"电气时代"的过渡。石油、电气、化学等新兴部门的涌现，将工业中心从轻纺工业转移到了重工业上，电力的应用

绪　论

第一节　转型升级的研究背景和研究意义

一、转型升级的研究背景

经过"十三五"时期的实践与探索，我国国民经济已经逐步适应了"新常态"的发展节奏，国民经济整体运行状况依旧呈现出利好的发展态势。2020年，我国 GDP 为 1015986 亿元，首次突破了 100 万亿元大关。相较于前几年，我国的经济增长速度虽然稍微放缓，但这些都是经济转型升级所必须经历的阵痛，质量与效率的脱节问题会伴随中国经济的转型升级而逐步得到改善。借助产业革命及转型升级的浪潮促进管理模式革命和商业模式变革，从而实现稳步推动经济增长的目的应是当前管理学界重点关注的方向。

1. 工业革命与管理革命的变迁

（1）四次工业革命释放技术生产活力。四次工业革命伴随着全球制造业发展的整体历程，工业革命更改变了第三产业的经营模式，掀起了一场全球范围的管理模式革命与商业模式变革。如表 0-1 所示。

工业 1.0：蒸汽时代。第一次工业革命兴起于英国，开始于 18 世纪 60 年代，结束于 19 世纪 40 年代。此次工业革命标志着手工工具时代的终结，正式把机器引入了工业生产时代。工业 1.0 是以机器的生产、发明、改进和使用为

得到了越来越广泛的认可。而化学工业则带动了人们从物质中进行提取并运用提取物进行生产制造的创举。此外，19世纪90年代广泛应用的内燃机不但推动了石油工业的进步和发展，也为飞机、汽车工业的创新提供了无限可能。因此，从生产技术方面来说，工业2.0使电力充分运用到了工厂生产中，极大地推动了生产力的进步；从社会关系方面来说，工业2.0大大增强了资本主义生产的社会化。

工业3.0：信息化时代。第三次工业革命穿插在工业2.0当中，与生产自动化相伴相生。电子计算机的广泛应用和迅猛发展带来了一种新型的知识经济，而知识经济发展的快慢在各国竞争力的角逐中起到了关键性作用，开创了划时代意义的信息时代。因此，从生产技术方面来说，工业3.0运用自动化、信息化、电子化等科学技术大幅度提高了生产效率，还将科学技术作为黏合剂加强各领域之间的互相联系，使技术朝着综合化方向发展；从社会关系方面来说，工业3.0扩大了全球范围内的贫富两极分化，推动了全球范围内社会生产关系的相关调整与优化。

工业4.0：智能化时代。我们当前所处的时代便是以物理系统为核心的第四次工业革命，它的特征是生产的高度网络化、数字化和机器自组织，是一种从制造业过渡到智能化行业的中间阶段，其主要代表是目前流行的智能工厂与智能制造。工业4.0时代的主题主要有三个方面：一是重点关注智能化生产系统和过程的"智能工厂"，它将生产流程通过网络化布局进行生产设施的全面升级。二是主要针对整个企业的生产物流管理、人机互动和3D技术的应用的"智能生产"。该方面的关注群体主要以中小型企业为主，它力求通过智能化生产技术改革这些中小型企业的运作生产技术和生产模式，使这些企业能够借助智能生产的力量成为先进工业生产技术应用方面的领头羊。三是将现有物流资源供应方进行资源整合，提升效率的"智能物流"。主要是通过物联网、互联网、物流网等进行网络整合，使需求方能够精准匹配服务支持。工业4.0实际上是利用流动化数字自动化技术，打造异质定制化产业，改变原有的同质规范化现状，实现规模经济到范围经济的突破，对产业结构改革起到至关重要的作用。工业4.0将"互联"运用到工业生产当中，不但能提升二者的沟通反馈，更减少了供应链中出现的信息不对称等问题，通过智能生产诞生出的"互联网+制造业"生产模式，延伸出众多新兴的商业模式，更使"C2B2C"

的商业模式得以顺利实现。因此，从生产技术方面来说，工业 4.0 将智能化、数字化贯彻到工业生产的全产业链当中，自然要素的投入与绿色相结合，力图通过环保节能的手段转变技术生产模式；从社会关系方面来说，工业 4.0 用"生态"二字将全世界相连，将各国的生态赤字努力转化为生态盈余，缔造人类命运共同体，这将是一个漫长而持久的革命。

回顾四次工业革命给人类生产生活所带来的影响与改变，不难发现，每一次工业技术革命都迎来了一个全新的时代，无论是从具体工种革新到产品生产方式革新，还是从企业运作模式革新到产业管理方式革新，几乎每一次工业革命都为企业带来了由低到高的全新转变。阿里巴巴的马云曾对前三次工业革命进行评价，认为工业 1.0 释放了人的双手，工业 2.0 释放了人的距离，工业 3.0 释放了人的头脑。由此可见，工业 4.0 带来的大数据、互联网、云计算等智能化、数字化的革新将对企业全体管理者进行全新的考量与评定，传统管理模式将不再适用于当今的智能化社会，一场前所未有的商业模式革命正悄然袭来。在当今的网络时代，各类基于互联网、物联网的 Web 应用、手机 App 应用在人与人之间、人与物之间、物与物之间形成了一道道无形的桥梁将彼此连接在一起，人类社会的数字化进程大步向前迈进，由此催生了一批基于网络化、数字化构建起来的互联网经济形态。在当前及未来的社会里，以消费者为中心的各类模式必将是主流模式，将信息交互作为背景、将网络流通作为通道，通过经济信息的互享互通，更新出适合时代发展的商业模式和技术创新模式，例如，传统工厂物流供应链被无人配送机器人取代；传统产品产销供应链因物联网而实现"端到端"的有效连接，让消费者能借助互联网的力量追本溯源，与生产厂商直接对话；传统前端线下营销模式被网购、VR 模拟体验等体验式营销取代；等等。不得不承认，先进技术正在一步步地将人类取代，实现无人化生产操作链指日可待。那么，中国的人力资本优势将何去何从，企业如何才能在如此迅猛的时代大潮中历经数次革新仍稳步发展？也许转型升级才是企业屹立不倒的最终选择。

（2）工业革命影响下管理革命的变迁。爱因斯坦说过："要想让思想有远见，就需要向过去学习，同时不要被过去所束缚。"若想全面思考当今全球产业及各企业的战略方向，管理革命的历史将会给出答案（曹仰锋，2019）。根据世界范围内每一次管理革命的不同特征，曹仰锋在《第四次管理革命》一书中将管理革命分为四次：1901～1940 年为第一次管理革命（管理 1.0），1941～1970 年为第二次管理革命（管理 2.0），1971～2000 年为第三次管理革命（管理 3.0），2001 年至今的管理新革命为第四次管理革命（管理 4.0）。如表 0-2 所示。

表 0-2 四次管理革命的核心主题比较

类型	时间	关键词	核心特征	人性假设
管理 1.0	1901～1940 年	科学管理	以"效率"为中心	经济人
管理 2.0	1941～1970 年	人本管理	以"人本"为中心	社会人
管理 3.0	1971～2000 年	精益管理	以"用户"为中心	复杂人
管理 4.0	2001 年至今	价值共生	以"价值"为中心	自主人

资料来源：曹仰锋. 第四次管理革命［M］. 北京：中信出版社，2019.

第一，管理 1.0——科学管理（1901～1940 年）。

1901～1940 年是第一次管理革命时期，以"效率"为中心的"规模经济"是社会经济的核心特征，"科学管理"应运而生。围绕科学管理理论和原则，"经济人"的假设成为激励模式的主旋律，各种管理实践和方法如雨后春笋般破土而出，管理迎来了一个崭新的时代。这次科学管理的革命不仅在美国，并且在欧洲也掀起了一场效率和大规模生产的浪潮，称为管理 1.0。

吹响第一次管理革命号角的人是弗雷德里克·泰勒，其被誉为"科学管理之父"，开创了一个企业管理的新篇章。在泰勒之前，管理主要依赖于"个人经验"，因为没有科学规范的方法和程序，管理效率低下是常有之事。从1881 年起，泰勒开始着手开展"金属切削试验"，以此来分析工人的最佳工作量和工作标准，后来他又在工厂进行了多项试验来探索科学管理的规律。此后，莉莲·吉尔布雷斯夫妇、亨利·法约尔等均在泰勒的理论成果下对科学管理进行了深入研究，并得出科学管理的目的就是实现"高技能、高效率、高工资"三者之间的良性循环。

第二，管理 2.0——人本管理（1941～1970 年）。

20 世纪 40 年代，全球的经济环境和政治局势发生了翻天覆地的变化，"范围经济"是经济发展的核心模式，多元化的并购成为企业成长的转型升级选择，由此推动管理理论不断演变和革新。1941～1970 年，企业迎来了第二次管理革命，关注重点从"效率"转向"人本"，通过社会心理学的角度，将人性动机形成相关创新型理论，提出了"社会人"这一首创概念，这一时代称为管理2.0。哈佛大学教授埃尔顿·梅约、弗里茨·罗特利斯伯格和威廉·迪克森共同完成的霍桑实验开启了"人本管理的新时代"，认为组织作为一个有机系统，应将"社会人"的地位凸显出来，明确人是管理的核心、目的和未来。此后，亚伯拉罕·马斯洛提出的需求动机理论、赫伯特·西蒙提出的有限理性决策、弗雷德里克·赫兹伯格提出的双因素理论、道格拉斯·麦格雷戈提出的 X – Y 理论等均为管理2.0的代表性理论。

第三，管理3.0——精益管理（1971～2000年）。

1971～2000年，全球进入了知识经济和信息技术时代，企业迎来了第三次管理革命，称为管理3.0。它以用户为中心，将精益化管理和流程模式再造作为基础性理论手段，从组织内部向组织外部进军，致力于改变大企业的臃肿格局，将小企业的灵活创造力运用到大企业中，形成"客户中心型"的主旋律。此次管理革命中，"柔性制造"被日本的 FANUC 公司提出，旨在从"以产定需"向"以需定产"全方位转变，通过提升生产线与供应链的反应速度实现传统刚性制造向柔性制造的转化，让个性化定制引领风潮。第三次管理革命让"团队精神"发扬光大，同时使知识工人的概念深入人心，与之对应的是"智力资本"概念的兴盛，这是第一次将人的"智力"作为"资本"来对待。管理者们将"知识工人"和"智力资本"的理论应用到实践中，推出了新的激励措施。在这个时代，人被视为"复杂人"。如果说第一次管理革命满足了人的"经济性价值"，第二次管理革命满足了人的"社会性价值"，第三次管理革命则满足了人的"心理价值"，这种心理价值体现为员工参与团队管理决策后所获得的"尊重需求"。

第四，管理4.0——价值共生（2001年至今）。

21世纪意味着管理历史也进入了新纪元，但它注定是一个高度动荡的管理新世纪。网络作为新兴科技带来的技术革命之一，打破了传统意义的经济体以国界划分的概念。人工智能、区块链、云计算、大数据、边缘计算等技术通过对物联网发展的不断映射式影响，重塑了企业管理范式和其商业模式，不断推动企业生态化转型。管理4.0将组织去中心化作为该阶段的主要趋势，通过互联网等智能化手段将距离消除，以"生态性组织"替代"流程性组织"。同时，从"以产品为中心的大规模制造"向"以用户为中心的大规模定制"转型。"价值共生"是管理4.0的核心，而"人的价值第一"要求管理者改变原有的"以公司为中心"的价值创造体系，凸显出企业对组织模式、商业模式的重要影响。科技革命的冲击带给世界一个完全不同的价值创造的参照体系，即以共同创造价值为中心考量标准的全新管理体系需要被逐渐接受。

通过对管理革命四个阶段进行梳理和分析不难看出，四次管理革命都是为迎合时代背景而提出的颠覆性管理认知，每一种核心认知都成功地将管理学中的上层理论通过实验的方式渗透到企业生产生活当中，让四种人性假设得到论证，从而对企业生产运作产生实质性影响，并由点及面覆盖到更多同类型企业当中形成规模效应，以此完成传统赋能的全流程。在当今的互联网时代，市场环境变化加剧，卖方市场向买方市场转移，消费者不再是单一的个体，而是作为社群出现，无论是议价能力还是话语权都得到了显著提升。强调客户导向的理念，企业需要通过对客户需求的迅速响应来赢得市场，获得竞争优势。就目前而言，综观我国传统的企业管理模式，从研发生产到经营管理再到渠道营销，都与当今的互联网时代不相匹配。研发生产中对创新投入重视不足，经营方式中没有充分利用互联技术平台拓宽渠道和业务内容，营销过程中缺乏由互联网客户视角的审视和运用。显然，传统企业尚未形成适应互联网思维的管理理念，管理理念的滞后直接影响了科学管理体系的建立健全。

综上来看，无论是历史上发生的工业革命、科技革命还是管理革命，中国在世界整体的进程中一直处于弱势地位。在当前新技术革命和管理革命的影响下，中国企业如何借助网络时代所带来的发展机遇，通过转型升级实现弯道超车，突破全球价值链"低端锁定"的艰难局面是当前研究的重要方向。

2. 转型升级导向性政策的出台

党的十一届三中全会后，中国开始实行改革开放的基本国策，从长期坚持的计划经济有秩序、有条理地向市场经济进行转变，中国市场向全世界逐步开放，这意味着中国开始与世界接轨。

1979年1月，中共中央、国务院决定以个别东部地区试点建立对外开放工业区、出口特区为经济特区，鼓励更多企业能够打破国界、走出国门，尝试唤醒中国经济形势的新时代。

1985年初，中共中央、国务院转批《长江、珠江三角洲和闽南厦漳泉三角地区座谈会纪要》，决定授予长三角、珠三角以及厦漳泉三角地区几个城市集群以"沿海经济开放区"的称号。与此同时，中国城市改革全面展开，重点是国有企业改革成为"排头兵"。自此，我国企业转型改革的时代正式开启，通过明确发展科技在经济建设中的牢固性地位，展示出我国经济转型发展的依赖性和助力性，为即将到来的网络技术提供了可参考性借鉴。1988 年，邓小平在外交发言中指出，"科学技术是第一生产力"，从国家顶层上肯定了技术对企业发展甚至是对经济发展的基奠作用，但当时的中国仍然缺乏对于经济转型范式路径的整合提炼。

1992 年，邓小平南方谈话中提到：要坚持党的十一届三中全会以来的路线、方针、政策，关键是坚持"一个中心、两个基本点"。基本路线要管一百年，动摇不得。不要轻易判断国家姓"社"还是姓"资"的问题，应该重点关注发展社会主义社会的生产力是否具有增强社会主义国家综合国力的能力，是否具有提高人民的生活水平的能力，要适时抓住时机，坚定发展才是硬道理。此外，邓小平还提到，社会主义与资本主义的本质区别不能通过计划更多还是市场更多来区分。解放生产力、发展生产力、消灭剥削直至消除两极分化，实现最终的共同富裕，这才是社会主义的本质特征。这次谈话被看作改革开放和现代化建设进入新阶段的又一宣言书。

1993 年，中国共产党第十四届三中全会通过的《关于建立社会主义市场经济体制若干问题的决定》，明确描绘出了社会主义市场经济体制的框架，并指出市场经济不仅要在社会主义基本制度下进行，还要进一步推进国有企业管理运营机制的转变，建立符合市场经济需要、管理科学的现代企业管理制度。这些决定的出台表明了我国发展经济、将企业转型进行到底的决心与魄力，但还未寻找到我国市场经济下普适的改革机理与成功案例。

1997 年末，江泽民总书记在会见全国外资工作会议代表时明确指出，"引进来"和"走出去"是我们对外开放基本国策两个紧密联系、相互促进的方面，缺一不可，这是一个大战略。这一战略着重强调为我国打开国门走向世界、加入世界贸易组织（WTO）提供政策性铺垫。2001 年，世界贸易组织第四届部长级会议以全体协商一致的方式，审议并通过了中国加入 WTO 的决定，中国自此正式成为 WTO 成员，标志着我国对外开放进入全新阶段。

2004 年，新修改的《宪法》首次明确规定，"国家保护合法的私有财产"，这标志着中国市场经济基本原则在中国社会得到确认，标志着在第四次产业转移背景下市场经济原则写入宪法，为中国经济转型升级、企业转型升级做出重要指示。

2008年，伴随由美国次贷危机引发的国际金融危机的出现，国务院召开常委会议，研究部署进一步扩大内需促进经济平稳较快增长的措施。事实证明，中国在这场金融危机当中的应对策略十分符合我国当时的经济发展形势，使中国在全球经济低迷的情形下依然保持稳中增长，坚定不移地贯彻国家转型相关条例，保证我国经济转型方向总体向好，但仍须探索更有效的中国转型升级之路。

2012年，党的十八大明确提出："科技创新是提高社会生产力和综合国力的战略支撑，必须摆在国家发展全局的核心位置。"中国共产党放眼世界、立足全局、面向未来作出的重大决策便是要坚持走好中国独有的自主创新道路，实施好属于中国的创新驱动发展战略。中国要放眼全球，努力加强创新驱动发展新动力，加速形成经济发展新方式，以推动经济社会实现率先发展目标。因此，落实创新驱动发展战略，发展新经济，培育新动能，加快经济转型和产业升级刻不容缓。

2013年，习近平主席提出建设"新丝绸之路经济带"和"21世纪海上丝绸之路"（简称"一带一路"）的合作倡议，以古代丝绸之路为象征符号，积极与丝绸之路沿线国家发展经济合作伙伴关系。中国秉承政策沟通、设施联通、贸易畅通、资金融通和民心相通的"五通"原则，在现有机制上进行互补和对接，以中国过剩产能、外汇和对部分资源的国外依存度作为合作基础，拿出最大诚意发起联动发展倡议，旨在走出国门，向经济全球化、世界和平化、共享化方向发展，使其他各国同中国一道在经济新常态基础上推进发展效能，以形成资源互置、全球均衡发展为主要目标，实现中国经济发展新局面，为中国进一步实现经济转型升级和产业的飞跃式进步提供重要契机。

2014年，党的十八届三中全会审议通过的《中共中央关于全面深化改革若干重大问题的决定》，提出了我们党在全新的历史起点上全面深化改革的行动纲领与科学指南，这是中国共产党坚定不移高举改革开放大旗的重要誓言，对推动中国特色社会主义事业有着重大而深远的影响。

2015年是全面深化改革的关键年，也是"十二五"规划的成果验收年，更是"十三五"规划形成的关键年。在"三重奏"的历史节点上，中共中央、国务院出台了《关于深化体制机制改革加快实施创新驱动发展战略的若干意见》等相关文件，可见党和国家对努力实现创新型国家的目标无比坚定。

2018年正值改革开放40周年，亦是全面贯彻党的十九大精神的开局之年。以习近平同志为核心的党中央即便在面对错综复杂的国际环境和艰巨繁重的国内改革任务中，依旧坚定不移地团结带领全国各族人民，砥砺奋进，攻坚克难，协调推进"四个全面"战略布局，着力打好三大攻坚战，全面深化改革开放，保持了中国的好局面，开创了中国的新局面。

2019年"两会"期间，李克强总理代表国务院所作的《政府工作报告》中再次提到，要深入实施创新驱动发展战略，进一步提高创新能力和效率。同时，也明确提出要继续深化供给侧结构性改革，使实体经济活力不断释放。加大"破、立、降"力度。全面推进"互联网＋"，将新技术运用到改造传统产业的模式变革当中。借助创新生态优化发展，充分发挥各类创新主体积极性的作用。通过推进关键核心技术攻关，深化科技管理体制改革，加强重大科技基础设施建设。强化企业技术创新主体地位，制定支持双创深入发展的政策措施。只有不断提高科技创新能力，保证科技主体地位，同时加强对开放型市场的建设与监管，才能保证产业发展的持续性繁荣，构成各大产业的企业主体，在大方向正确的前提下获得持久性发展。

目前，中国已经从积贫积弱的发展中国家成长为世界第二大经济体，以第一大贸易国、第一大外汇储备国、制造业第一大国和210种工业产品产量全球第一遥遥领先于世界舞台。这说明中国在改革开放这条道路上的努力是看得见的，中国改革开放和转型升级的决心和方向是无比正确的。

全球著名竞争力专家迈克尔·波特在著作中曾把各国竞争力的发展划分为四个阶段：一是生产要素驱动阶段，以基本生产要素为主要优势，包括低成本的劳动力和自然资源；二是投资驱动阶段，以大规模成熟技术的投资和先进的机器设备为主要优势；三是创新驱动阶段，以产品、加工技术、市场营销等持续创新为主要优势；四是财富驱动阶段，以人的全面发展和高质量的生活为经济发展主要驱动力。中国已经从单一追求数量到追求质量、从要素驱动到创新驱动的转型升级阶段，中国的转变世界瞩目。

企业的转型升级实为产业升级中微观层面的着手点和最终实操的落脚点。

发展"两自一高"（自主创新、自有品牌、高附加值）的产品产业，发挥技术创新和管理创新对经济的支撑和引领作用，是企业转型升级的着力点。据不完全统计，近十年来，中央有关企业转型升级的文件政策出台32条，国务院文件316条，其中国发出台文件175条、国函5条、国办发122条、国办函6条，其他国家直属机关出台文件6条。涉及财政、金融、审计、工业、交通、科技、教育等转型升级相关行业37个，包括"放管服"改革、创新创业、营商环境、"互联网＋"、民间投资等9类文件。除此之外，对于相关政策解读类文章共有744篇。可见国家对于微观主体企业的发展路径和发展规划十分重视，利好政策对于企业转型升级的开展也提供了必要土壤，企业转型升级势在必行。而中国乃至全球经济发展到现有地步，既是四次工业革命的历史发展结果，也是三次产业转移的产物。自从中国加入WTO后，全球价值链（Global Value Chain，GVC）依旧在不断拓宽，更在产业变革过程中不断调整其相应的分工角色。诚然，中国各产业在全球经济中的占比均有涉猎，但中国廉价劳动力的巨大红利却使中国成为GVC中附加值最低的分工国家之一。即使近些年来我国在提高附加值的道路上不断尝试突破，但始终未能有喜人的进展，而与其他国家相比，我国的国家价值链（National Value Chain，NVC）的搭建也并未在"两自"领域出现质的飞跃。这让人不禁思考中国现在的低端嵌入现状是否能与工业革命引发的相关技术创新和管理革命产生关联和共鸣。

二、转型升级的研究意义

1. 转变经济发展方式，优化经济增长态势

近十多年来，转型升级一直是中国调整经济结构的时代主题，更是当今中国在管理领域的突出实践，而对新兴经济体的企业行为研究也是一个重要支点（毛蕴诗等，2015）。目前，我国经济高速增长依旧建立在高投入、高消耗和高成本的"三高"基础之上，经济产出成果依旧以低附加值为主。以劳动力、资本、生态资源环境为主要投入的粗放型经济增长方式已经难以维持"新常态"下的绿色可持续发展，创新驱动的重要性与日俱增，并已成为产业结构转型升级的首要选择。本书率先运用战略生态位管理理论（Strategic Niche Management，SNM），把技术生态位、市场生态位与产业生态位嵌入企业转型升级的内在过程中，深入研究网络时代背景下企业转型升级的运行机理，并提

出转型升级的发展路径及对策建议，整体上重塑企业品牌创建与技术创新的内生性原动力，促进企业可持续发展，使企业发展等核心能力与国家方针政策保持一致，将经济运行态势优化升级，从而在新常态下保证中国经济的高质量发展。

2. 联动国内价值链条，促进国家战略实施

作为社会主义国家群体的代表性国家，中国以其独特的社会主义市场经济打破社会制度的牢笼，其经济发展模式为众多发展中国家所效仿，而以党的集中统一领导为核心，出台多项高度集中的国家政策以辅佐各项措施的推进则是中国在政治领域的核心手段。通过对企业转型升级方式和路径的探索和归核，能够从企业战略层面高度贴合国家发展脉络，紧跟"十三五"规划，协助落实全面深化改革的攻坚期，借助"一带一路""混合所有制改革"等相关导向型政策，将各产业、各行业、各企业依靠政策力量、功能导向和利益驱动形成"企业价值链（Enterprise Value Chain，EVC）—产业价值链（Industrial Value Chain，IVC）"的联动模式，在保证各级价值链良性竞争的前提下，从微观着眼破解企业内部运作机理，从而借助转型升级维持行业现有发展梯队，并不断寻找扶持性政策与转型升级的切入点，力图通过转型升级的顶层设计改革建立全产业价值链、区域乃至全国价值链的内生性连锁效应，从而保证国家能在社会主义发展的道路上平稳度过每个攻坚期和关键期，实现中国经济的进一步飞跃。

3. 拓宽企业产业互动，繁荣人企共生文化

作为企业的无形资产，企业文化承载着企业发展的历史、成就与情怀，尤其是在当今万物相连的网络时代，文化的传播速度可见一斑。因此，企业应该适时把握企业文化这一软实力的契机，从转型升级中提炼核心认知，将转型方向的理念与企业文化的制定高度吻合，从而颠覆认知，重塑、完善企业核心价值观，借助网络大环境，将智能化、人性化、高端化的企业文化赋能，融入EVC的各个环节，引导企业内部员工增强企业向心力、归属感和获得感，从而形成人企共生的定式。同时，行业价值链因企业文化价值的升级递进而不断增加无形附加值，从而带动相关区域产业的和谐共生，从而达到管理4.0的理想层面，为行业文化一致方向、一致绽放的发展趋势而努力。

4. 升级产业结构，改变中国嵌入GVC低端的固有认知

产业结构不仅是衡量一国社会经济发展阶段的重要标志，也是对一国经济

发展水平的客观反映。我国经济在过去虽然经历了快速发展的过程并取得了骄人成绩，但是产业结构转型迟缓、产业结构优化僵滞的局面仍未得到有效改善，导致世界上对于中国的形象定位仍然停留在固有的 GVC 低端嵌入层级，这才使华为 5G 事件如此受世界重视。因此，在网络时代视角下，研究企业的转型升级要对产业进行微观切入，从某一行业个体化差异入手，改变国内产业组织水平低和组织结构不合理等问题，加大企业生产层面技术改造与技术开发的研发投入经费，以技术投入和人力研发、打造自有品牌等手段改变中国凭借人口红利跻身 GVC 的代工生产环节的固有认知，在新兴经济发展态势下寻找适合中国发展的 GVC 开拓之路。深入研究网络时代企业转型升级的路径，有助于破解创新驱动背景下中国产业结构转型升级遭遇的各种瓶颈，并及时制定符合当下经济发展阶段的产业政策，能够推动中国产业结构转型升级、推动中国在 GVC 中沿"微笑曲线"向两端延伸或自主高端技术逐步提升生产加工环节的附加值，加速中国经济高质量发展。

5. 加强环境保护，实现金山银山与绿水青山协同发展

在管理 4.0 的革命中，中国企业首次跻身世界管理革命前列，阿里、海尔作为代表性企业能够与亚马逊、苹果等世界领先巨头成为同等级别的参照物，说明战略生态位管理理论已经为中国企业全面采用。经历四次工业革命和四次管理革命的洗礼，人类已经无数次迎接着自然生态对经济无良性肆意发展的抗议，G20 峰会等各类型生态合作性世界组织愈发将生态和谐共生作为人类命运共同体中极为重要的一个组成部分。早在 2005 年，时任浙江省委书记的习近平就曾提过"绿水青山就是金山银山"的科学论断，中国也在环境保护的任务上投入了更大精力和财力。企业转型升级再造重组后，第三产业的产业结构比重明显增加，证明以服务行业为代表的产业类型已经成为社会主流行业，传统能源和资源的消耗总量和利用率较转型升级前大幅下降，高耗能、高污染企业在转型升级定位后进行先进技术的学习应用，同步打造企业自有品牌，通过双自联动打造高附加值的可持续性发展商业再造模式，从而使部分企业向创新驱动型方向进化，另一部分则着眼于生态观，抓住废弃物排放再利用的商机与趋势，在养护自然环境的同时打造生态型企业的社会地位，以网络媒介为操手，通过 AI、物联网等智能化技术对生态治理和生态重塑实行高效开展，从而为经济环境提供可持续性要素，进而为世界性共生目标提供协同化范式路

径，使企业转型升级与生态保护的观念深入人心。

第二节　转型升级的研究目标和研究内容

一、转型升级的研究目标

本书的主要目标是通过颠覆以往对于企业转型升级的相关研究和模式分析，以构建全新的理论分析框架为核心要义，在框架中合理有力地论证企业转型升级的内在机理、转型升级"技术—市场—产业"的三通道路径以及企业转型升级所需要的支撑体系，并结合多种论证方法对企业转型升级路径的内在运作机理进行检验和核定。

1. 分析企业转型升级逻辑机理

众所周知，中国企业嵌入 GVC 的开端便是以廉价劳动力和过剩产能等低端附加值的身份出现在世界眼前。从国内外企业各类转型升级的案例入手，分析中国主流产业处于 GVC 低端的原因，并结合调查研究进行实证分析，论述能够改变企业现状的关键能力就是企业创新能力，而企业创新的两大主题分别是技术创新和市场创新，技术创新一般可通过加大技术研发投入、创建自主知识产权来推动技术能力升级，而市场创新中重塑商业模式、建立自有品牌才是市场能力升级的直接性手段；论证企业转型升级的研究重点是三通道——技术生态位、市场生态位和产业生态位的培育、形成及跃迁，从而推出转型升级背后的逻辑。

2. 建立企业转型升级理论框架

论证"技术创新→技术生态位→技术能力升级""商业模式再造→市场生态位→市场能力升级"的技术、市场双通道模式框架的合理性，合理论证"技术选择→实验设计与执行→推向市场生态位→评估生态位→撤走生态位保护"这一线路能够推进"技术—市场生态位"的培育，使企业创新过程中的技术研发和市场开拓两个界面在连续的创新流动过程中平稳过渡，在保证技术和市场两级生态位和谐共生、相互促进的基础上，能够连续性贯通，在二者中寻找最佳平衡点和切入点，最终通过技术产业化、市场高端化形成双自联动的方式促进企业转型升级，在企业当中形成范式，进而在产业中掀起转型升级的热潮，推动网络时代下的又一次转型升级。

3. 明确企业转型升级发展路径

根据实地调研、资料收集等方式建立转型升级框架理论性模型后，在三通道实际操作过程中可能存在技术创新和市场创新两次路径阻力突破：如果能突破技术革新和孵化培育的各种障碍机制，继而利用市场利基战略逐步成长为主导产业，则将生态位保护适时撤走，形成具有新型发展潜力的市场生态位，否则只能回退到新技术孵化的实验室甚至退出实验计划，一切回到原点；如果经验主义无法达到相应效果，或者政策和市场环境发生非预料性变化导致产业创新的技术动力难以为继，只能重新回退到技术生态位的再培育和孵化阶段，以弥补上次阻力突破无效的漏洞。本书要深入研究企业转型升级的关键影响因素以及关键节点突破的障碍，提出科学合理的基于"技术生态位—市场生态位—产业生态位"的转型升级路径，从而完成围绕企业 GVC"非战略性环节"向"战略性环节"的转型以及由价值"链上"到"链"的升级，提出基于网络时代下的上述路径的技术化、市场化、协同化路径拓展与完善。

4. 提出企业转型升级对策建议

针对上述企业转型升级路径框架搭建、模式推敲和范式推广，本书选择当今时代背景下中国企业中相对具有代表性的地点，代表企业进行实地调研和深入挖掘，例如北京、上海、广东等地典型企业的多案例研究，从中获取案例企业痛点和转型升级主要切入口，从开放性技术创新和开放性商业模式创新两方面，针对"政—产—学—研—用"五个相关主体，结合不同行业自身特性和涵盖角度的多样性，从技术和市场协同、商业生态系统构建、企业核心能力建设、国家创新体系建设、公共技术服务平台建设以及互联网与传统产业的融合等方面提出"一揽子"的具体措施和发展建议。同时，在提出相关对策后派出研究团队进行项目跟踪查收和结果反馈，为范式路径进行升级化完善，以建立中国企业转型升级的最优化路径和最适宜落地方案，为国外同类型企业提供建议和思路。

二、转型升级的研究内容

1. 论述网络时代下企业转型升级的现状

作为开篇的第一章，重点从当前产业和企业转型升级的背景出发，对四次全球范围内的产业转移对现有市场的影响及作用进行阐述，论述国家产业和企业发展的基本情况，从而提出转型升级的必要性，以及转型升级理念提出之后国家对于该理念的支持手段和顶层设计的潜在导向。通过对改革开放之后国内企业的发展现状进行分析，总结了我国企业在发展过程中面临的问题。我国通过抓住第四次产业转移的机遇，凭借着低成本优势，以 GVC 低端环节为切入口，逐步嵌入 GVC，成功奠定了我国世界制造大国的国际地位。但由于长期处于 GVC 的中低端环节，对我国企业造成了环境污染严重、资源消耗过度、技术发展受制和品牌效应低下等多方面的不良影响。随着国际形势的变动，发达国家制造业回流的出现使我国企业可获资源减少，新晋的发展中国家凭借更高的比较优势与我国企业争抢资源，从下端挤压我国企业的发展空间，致使我国企业生存空间不断压缩，从外部迫使我国企业进行转型升级。但是，由于我国企业长时间以加工代工模式嵌入 GVC，许多企业已经积重难返，进行企业转型升级面临着我国制造业结构性矛盾突出、企业家转型升级意愿不强、技术水平薄弱和人才资源短缺等诸多障碍。对于以上的研究分析均为下文转型升级内在逻辑、作用机理、发展路径、发展范式及对策建议的提出打下了坚实的基础。尤为重要的是，本书创新性地将 SNM 理论运用到企业转型升级机理路径的研究当中，并通过"政—产—学—研—用"五大联动模式充分调动转型升级内外部驱动力，结合国家政策方针和国家战略需求导向，合理高效推动转型升级的实施。

2. 论述网络时代下企业转型升级的内涵与能力要求

第二章通过建立转型升级过程中企业的能力模型为下文转型升级的机制、机理和路径的提出奠定基础。首先，从微观、中观、宏观三个层面对产业转型升级进行多方面深入讨论，从而确立产业转型升级最终目标的顺利实现，关键落脚点在于微观企业转型升级的成功与否。其次，在当代激烈的市场竞争情况下，一个企业想要存活或是获得更大的发展，就必须懂得如何去保持或者发展自己的竞争优势，就中国企业目前面临的情况来看，想要延续过去低成本的战略获得发展已经不可能，必须开创新空间，谋求新的发展路径。基于上述讨论，从动因、核心能力、模式、路径以及作用机理等方面对现有研究进行分析，并结合网络时代特征对转型升级提出新的认知。整体来看，中外学者对企业转型升级的研究大多关注于价值链层面，现有研究成果从理论层面为本书研究思考提供了初步思路。但是，很多研究呈现出表面化、片面化、碎片化和越级化的问题，并未对企业转型升级的机理做出解释，也未对 GVC 治理下的我国企业转型升级的机理与路径的内在关联进行深入剖析，很少关注互联网对企业转型升级的深刻影响，很少运用国内外成败的多案例对比分析以给出相关措施策略。最后，本书基于转型发展的基础二象对偶表征的视角，在产业转型升级的界面障碍和多层级目标的基础上，将创新效率与环境资源相结合，设计了实象—虚象的评价指标。并基于此，通过灰色关联分析构建了相对应的评价模型。结合我国相应的企业的数据，进行实证计算与聚类，最终为企业转型升级与发展路径的设计和构建提供客观而全面的实践性依据。

3. 论述网络时代下企业转型升级的机理与机制

第三章结合战略生态位管理理论，深刻论述企业转型升级的资源能力内在作用机理、技术生态位与市场生态位的协同，以及网络时代下企业转型升级的融合机制，旨在提出一个更加完整和更具说服力的企业转型升级的机理与机制。首先，从微观层面分析了产业转型升级的关键在于企业。结合现有研究成果，产业转型升级主要有两个层面：一是相关企业耦合推动产业转型升级。即产业中的代表企业通过原始积累、自主创新所集聚的爆发能量（包括人力、资金、技术、装备、工艺等内在的核心能力），推动着企业走向更高的价值环节或更好的产业，从而引领产业链上的上下游企业发展并形成的产业跃迁模式。二是通过相关的产业转移带动产业链的高端嵌入来带动企业的转型升级。国家通过出台一系列引领红利政策、配套相应资源、给出区域方向、营造美好环境等，主动打造了一些产业配套的、比较高端的、相对封闭的地理空间，吸引部分相对高端的具有上下游关系的企业形成集聚效应，带领原有产业链中落后企业进行创新，从而促进产业整体提升。其次，结合网络时代特征明确企业转型升级的方向，并在现有转型升级研究基础上引入战略生态位管理理论，将企业转型升级当作一个可管理的过程，围绕企业转型升级机理展开研究，从而为转型升级提供新的方案。因此，本书认为网络时代下企业转型升级的核心驱动力为创新驱动，具体机理为：在组织创新的基础上，企业借助技术创新与商业模式再造，帮助企业实现技术产业化（技术生态位）与市场高端化（市场生态位）。通过技术与市场生态位的耦合联动，转型升级的驱动力将会向企业价值链的上下游进行传递，从而形成相关的产业生态位，最终带动全产业的转型升级。最后，运用自组织理论抓住市场、组织、技术等关键序参量来解释企业转型升级的具体过程，即企业通过形成市场、技术、组织等生态位，并通过生态位间的协同合作来驱动企业完成转型升级。企业创新的各种自主模式反映了转型升级的过程和趋势。因此，使企业实现转型升级的机制是处于动态变化状态的。企业转型升级的实现机制要达到自组织的状态。基于自组织理论，企业在转型升级过程中从无序走向秩序的关键因素在于企业内部关键序参量之间的协同行为。根据自组织的特征，企业转型升级的过程机制大体可以分为三个阶段：第一个阶段是驱动力发展阶段，企业转型升级的创新驱动主要体现在自主创新驱动技术能力升级、自主品牌驱动市场能力升级以及协同发展促进组织能力升级上。第二个阶段是协同进化阶段，它主要是基于各个子系统之间关键序参量的协同行为，即技术创新、市场创新和组织创新之间的关系会不断从纵向发展变化为横向促进，从而在转型升级的不同阶段占据不同的位置。第三个阶段是机制固化阶段，在协同创新的影响下，协同组织将通过技术创新、市场创新和组织创新形成一套完善的进化机制促进企业转型升级。

4. 论述网络时代下企业转型升级的模式

中国企业需要结合我国的基本国情，清晰自身定位，抓住身处互联网时代的重大机遇，努力提高自身的创新能力，自主转变原有的发展模式并主动适应新常态背景下的宏观环境变化，探索适用于我国企业转型升级的独有模式。在第四章中，首先，结合互联网，对价值链理论进行回顾，阐释企业价值链、企业供应链、产业价值链、区域价值链、国家价值链、全球价值链的内涵，并分析不同价值链与企业供应链和宏观产业链之间的不同与联系，从价值链视角分析企业的转型升级。其次，在逐渐普及的互联网技术作用下，企业通过自身资源、企业能力以及结合外部环境所产生的权变关系，确定适合自己的转型升级模式和路径，这些路径与"微笑曲线"的变化相匹配，形象地反映出了企业转型的路径及所获得的附加值。基于此，本书提出价值链单侧或两侧同时上移的转型升级模式、价值链整体上移的转型升级模式和价值链叠加的转型升级模式，为下文具体的路径设计提供了理论基础。

5. 论述网络时代下企业转型升级的路径设计

"互联网＋"背景下的云计算、物联网和智能技术为制造业在整个生命周期中的变革提供了新思路。中国制造企业必须脱离传统的发展模式，结合互联网技术进行价值活动的分解与重构，实现转型升级，从而形成更具竞争力的价值链。因此，研究互联网情景下制造企业如何选择合适的转型升级路径具有理论意义与现实意义。第五章基于价值链视角，结合战略生态位管理理论提出相应的路径设计。首先，当前中国企业处于全球价值链的末梢，以低姿态的融入方式作为打入国际的切点，使自身处于价值链格局的边缘位置，陷入增值能力和嵌入位置受限的艰难处境。因此，企业迫切需要新的发展路径指明前进的方向。基于此，提出价值链的单一式嵌入（渐进式升级）、GVC/NVC双重嵌入（跨越式转型升级）和多重价值链叠加嵌入（迂回式升级）三种转型升级的路径。其次，通过对企业转型升级相关思路的总结及诸多学者的研究发现，企业转型升级路径涉及的价值链是典型的混合驱动型价值链，按照多重交叠、依次嵌入的概念推进，但推进方式依旧具有待完善之处。根据战略生态位理论，在新兴产业演化过程中，技术生态位与市场生态位具有密不可分的关系。据此，本书提出以下三种企业转型升级路径：①技术生态位路径，着重通过提升技术创新能力，构建企业的技术生态，将企业转型升级孵化过程嵌入其中；②市场生态位路径，在技术培育的基础上着力通过自主品牌塑造等提升市场拓展能力，构建市场生态位，最终过渡到产业生态位，将企业转型升级发展过程嵌入其中；③技术与市场交叠发展，同时在技术创新及市场拓展两方面发力。

6. 论述网络时代下企业转型升级的政策建议

在第六章中，首先，借鉴发达国家转型升级的相关经验对网络时代下中国企业的转型升级问题提出对策建议。主要介绍美国等发达国家如何通过技术创新引领、产品标准化或企业国际转移等方式，来不断推进本国制造业企业转型升级，最终实现企业成功迈向中高端的发展历程，总体而言，美国、日本、德国等国家在不同时期通过在技术、商业模式和管理等维度上的革新，有效地提高了自身的竞争力，以满足市场需求为目标，注重开拓国内、国际两个市场，以技术创新驱动企业进步，最终形成了相关行业协同发展的格局，极大地促进了国内经济的快速发展。通过总结发达国家的相关经验对中国企业转型升级发展提出建议。其次，基于中国企业在转型升级中所面临的机遇和挑战，在经济新常态背景下，以网络技术发展为契机，着重从以下方面对当下企业转型升级提供建议参考：全面构建系统性的国家创新财政政策支持体系；以企业为主体，加快推进技术和商业模式的创新；加大人力资本投入，落实人才补贴政策，着重吸纳高层次人才；完善产业园区规划及环境规制，加快区域自贸区建设，引导产业聚集；构建多层次、多种类的金融体系，加快推进银行业改革，完善互联网金融，解决我国中小企业融资困难的窘境；建立"中国标准"，加强高品质品牌建设和重塑，全面提升国产品牌知名度，深化品牌背后的内涵和意义；以政策支持、创新社会环境及社会包容性培养具有工匠精神的新时代企业家；以政府税收、补贴政策为引导，降低汇率风险，加快促进企业产业链环节的国际化转移；构建以企业、科研机构、政府为核心作用的创新体系，加快建立市级以上创新平台；加快建设以互联网技术为基础的国际化、区域化的信息共享平台；等等。

第三节　转型升级的技术路线及创新成果

一、转型升级的研究方法

1. 主成分分析与方差分析相结合

本书运用主成分分析方法，研究企业转型升级的内在机理，创新性地建立独立量表分析体系，通过"技术—市场—产业"生态位的逐步建立，形成完整独立的战略生态位体系，从而借助相关的计量方法，创建企业转型升级能力的生态位评价体系。寻找企业转型升级的评价指标，选取资源能力、创新能力、企业家精神等 7 个一级指标，分列出 30 个二级指标，运用信效度分析和探索性因子分析得出基础性量表准备工作所需数据，再运用主成分分析法确定企业转型升级评级体系指标权重，最后运用方差分析进行企业转型能力比较评价，根据结果对企业进行合理预测，力求形成产业转型升级范式。

2. 比较研究方法

本书结合相关转型升级理论，首先从自身入手，根据在网络时代大环境下传统企业经营出现的变化，以及受到互联网冲击后面临的难题，得出转型升级对企业自身发展的推动作用十分明显的结论。其次从外部因素来看，通过学习美国、日本、德国等工业革命和产业转移中相对处于主导地位国家的企业转型升级的经验和通路，得出中国企业在 GVC 中的现状与痛点，从而理性客观地吸收发达国家转型升级路径及作用机理的优势性观点，批判性创新发展我国企业转型升级的模式、路径及作用机理，推出三者中的紧密联系，总结出带有中国特色的转型升级之路。

3. 案例研究方法

为保证本书的真实性与客观性，相关研究人员实地到访北京、上海、深圳、青岛、东莞等地区的行业组织及典型企业，根据研究所需要得出的结论进行有针对性的调研，通过与企业高层对话、企业实地察看、员工随机访谈等手段，准确把握第一手资料，从而系统性地揭示了我国企业嵌入 GVC 低端的现状、存在的问题、转型升级的现实需求及潜在需求。此外，本书将在 SNM 独立量表设计完成后对调研企业进行实验性投用，在经过反复推敲、实验而得出反馈结果后进行完善和补充，从小样本数量入手，继而推及更多城市的更多企业，不仅为该量表积累更多数据，也为该量表的地毯式推广提供关键性要素，从而实现中国企业转型升级的实质性跨越。

4. 问卷调查方法

本书运用大样本调查问卷数据，在针对北京、上海、深圳、青岛、东莞等实习调研城市的特定企业之外，组织面向广东、北京、上海及山东等传统企业的分层随机抽样，保证问卷能够涵盖全国范围的各类产业下的各类企业，确保问卷发放的数量和全面性，为量表制定的权威性提供保障。此外，问卷也作为实地调研企业的一项额外考察，借助"线上 + 线下"的发放形式，通过匿名问卷的形式将面谈结果与匿名问卷进行前后比对，从而保证调研的信度与效度，力证量表的权威性。本量表调研问卷主要包括五个方面的内容，即企业关键资源积累、企业技术创新能力、企业所处市场生态位及拓展能力、企业嵌入 GVC 以及企业所希望得到政策及扶持的现状。这五个方面分别将企业转型升级能力生态位评价体系中各类指标以通俗易懂的语言合理解释，采用有偿发放问卷的方法尽可能地追求问卷的有效性。

二、转型升级的研究思路

根据本书的核心主线，研究思路和技术路线如图 0－1 所示。本书围绕"为什么—做什么—怎么做"开展论述研究，通过"发现问题—分析问题—解决问题"的思路将划分为六个章节。以"发现问题"引出本书研究主题，借助"分析问题"剖析当今网络时代下企业转型升级的现状和存在的问题，为后文的"解决问题"做好铺垫。而最后的"解决问题"则是从统观角度为当今企业的转型升级问题做出可行性建议，并从全球价值链、区域价值链、国家价值链等各层级角度做单独剖析和联合性剖析。

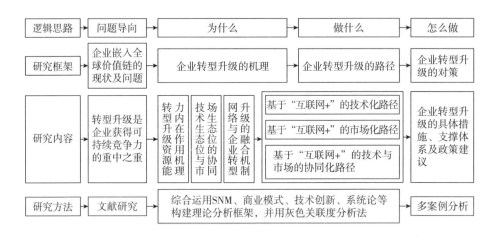

图 0－1 研究思路和技术路线

"发现问题"部分从宏观层面进行角度切入，将企业 GVC 嵌入现状、转型升级的机理和现有企业转型升级的路径进行样本调研，提炼出现有企业转型升级的模式和机理，通过挖掘其背后对应的理论基础，参考以往研究学者对企业转型升级的理论成果，反思目前企业转型升级的通式，从而找出阻碍企业转型升级螺旋式上升的问题关键点。

"分析问题"部分承接问题痛点，精准定位当前处于网络时代的外部环境，从网络时代对企业带来的多方面影响入手研究，逐步缩紧到中国区域内，以发达国家成功的转型升级范式为模板，通过分析其成功的内外部环境和核心能力，再结合我国政策背景、经济背景和文化背景多方面因素，为下一部分借助模型研究和理论指导得出我国特定网络时代下企业转型升级的通式奠定基础。

"解决问题"部分通过运用主成分分析与方差分析相结合的统计学知识，以"技术—市场—生态"的生态位理论模型为我国网络时代背景下企业转型升级搭建了核心架构。同时，本书创造性地为核心架构的能力评价体系进行了评估和落地方案的设计，以证明该模型的落地实操性有保障，可以通过实践检验该机理的信度及效度是否达标，以便为学者打开研究新思路，提供新的参考依据。

三、转型升级的研究成果

通过定性与定量相结合、理论与实践相结合的研究形式，本书从工业革命4.0和管理革命4.0的大环境出发，创新性地将生产领域的 SNM 理论与 GVC 理论以及竞争优势理论相结合，为网络时代下企业转型升级研究出一套可行的作用机理、模式路径和对策建议。本书将中国全行业的企业转型升级作为一个整体进行思考，与发达国家的路径形成鲜明对比，力求为中国研究出一条具有中国特色的转型升级之路，从而为各行业的战略性转变提供范式。

本书以网络时代作为研究前提，充分考虑智能化、信息化和互联化带来的变革式发展，结合 SNM 理论的作用范畴和预期效果，形成"自主品牌""自主知识产权"和"高附加值"的"两自一高"生态系统，为中国企业转型升级做出突出贡献，为社会带来"企业—产业—国家—区域—全球"的 GVC 同步性预期效益。从创造经济效益最小群体的企业出发，通过对企业内外部环境的全面性分析，明确在现有社会下企业发展的 SWOT 关键点，以各关键点作为突破路线，解决当前企业在国内乃至全世界范围内市场中出现的路径依赖化、价值贫困化、战略边缘化、竞争恶性化的风险，从人力、技术、市场、资源等角度全面探索，为企业提供完整的可行性转型升级落地建议，为企业的长久性发展做出预期和风险防控。在企业做好相关转型升级的规划后，根据各类产业下不同地区的异质性，本书结合中国地缘优势，对中国几大重点产业区域进行地域性分割，将每个区域内的企业整体进行考虑，在企业转型升级战略的基础上进行战略配合，从集中性优势突出向配合型优势突出转型，利用各自侧重点的区分为区域转型升级提供良好氛围，从而更好地服务于政府部门的宏观调控。在区域战略协调的基础上，本书仍将行业单元作为一个转型升级战略制定的固定整体，将不同区域的相同行业分门别类地进行划分后，运用总体统筹的思想对其进行宏观性调研，使其在行业门类下进行全方位、多角度、深层次的升级发展，在良性发展的基础上，运用理论与行业独有特质相结合的方式，为国家和社会整体的生态进步搭建和谐、互补的战略桥梁。从社会角度来看，一个社会所涵盖的经济、政治、生态等方面十分广泛，而行业整体战略的制定更应与当今社会的整体价值观、利益角度保持高度一致，全社会才能对此类转型升级的路径和模式给出高度认可，从而对其进行地毯式推广，力图惠及未进行转型升级或是进行过失败的转型升级的企业和行业。社会是一个大生态系统，本书得出的战略方案便是对其生态系统的补充和润色；由企业转型、区域升级、行业同步到社会共生，转型升级路径和作用机理已经为社会提供了价值最大化的发展通路。从国家层面来看，一个国家的发展要内外共治，而转型升级生态系统的提出不仅能使国内经济发展处于健康、有益的状态，更能够打破中国的低附加值弊端，从技术、市场和二者结合的三条路径强化自身优势，逐步提升在国际市场的地位和环节，从产业、功能、环节和工序完成中国企业在世界舞台的华丽转型，这对中国的国际性影响十分深远，一个真正属于中国的升级时代即将到来。

四、转型升级的创新点

1. 用 SNM 理论与方法解决企业转型升级问题

一直以来，生态位理论多数都应用在自然生态系统中，它强调生物群落或生态系统中的每一个物种都会拥有一定的空间，发挥一定的功能，每个生态位都是先从自己的微环境出现、发展、培育最后得以延续，从而形成新的生态位。而 SNM 理论创造性地将生态位理论从自然生态系统中引入到社会生态系统中，将每个新型技术看成是一个生物主体，借助外部学习机会的力量对新技术进行"培育—建位—实验—撤位"，从而形成新型技术生态位，再推出"技术生态位—市场生态位—战略生态位"的生态位链条，将其嵌入企业转型升级的内在过程并作为其连接产业转型升级的桥梁，为企业转型升级研究开辟了一个新视角。

2. 结合国家战略要求和企业转型升级内外需求

当前，国家顶层设计在以民生至上为基础的核心下，不断将国家改革和治理推向新高度，在提出"深水期""攻坚期"的思路后，我国在新常态的总体形势下，全面深化改革不断由量变转向质变，如何将国家改革进行到底成了政府部门出台政策辅佐国家战略的中心难点之一。因此，本书在全方位分析国家政治、经济、文化的内外背景下，不仅用 GVC 解析中国外部所处位置，更就 SNM 逆向推导，得出中国企业内部环境的总价值链。在双重背景的铺垫下提出针对技术、市场等转型升级关键要素的实验性战略方案，而不是与以往一样对中国局部企业、产业进行方案落地和作用机理的推理。此外，在创建出适合中国企业总价值链的模式机理后，经过代表性企业推敲反馈后，以此通路为模板进行二级企业的深入挖掘和资源互置，保证中国各产业、各企业能够寻得适合企业现状且符合国家战略的转型升级模式，让国家顶层战略成为企业发展的助推器，从企业内外部共同打造动态升级的良好态势，真正让国家战略落地生根，也真正将企业的静态摸索转化为政策扶持的持久性升华。

3. 论证网络时代企业转型升级的完整逻辑思维

本书通过逻辑一致地论证网络时代企业转型升级的"为什么""做什么"和"怎么做"的问题，在每个问题中都将背景、目的和实施办法进行详尽论述，其中重点深刻论述企业转型升级的资源能力内在作用机理、技术生态位与市场生态位的协同，以及互联网与企业转型升级的融合机制，并提出企业转型升级的基于"互联网＋"的技术化、市场化、协同化路径；值得一提的是，本书创造性地将 SNM 理论与企业转型升级进行融合式创新，借助主成分分析等统计方法，对影响企业转型升级能力的核定指标进行权重配比、模型构建、要素测算和路径预测，经过缜密推导和实践检验相结合的方式，给出企业转型升级的具体措施、支撑体系及政策建议，保证由该模型和该理论分析出的转型升级逻辑思维适用于各类企业，同时尽可能保证模型预测结果与未来企业走向趋于一致。

第一章 网络时代下企业转型升级的现状分析

在网络时代下，信息技术的发展变革有力地推动了国民经济的持续发展，深刻影响着国家竞争的实力与优势。当前，新一轮科技革命和产业转型正在全球范围内兴起。随着第四次工业革命的到来，应运而生的大数据、云计算等新一代信息技术有力地促进了实体经济和虚拟经济的结合，也正全面改变着中国传统制造企业的原有运行模式。目前，"互联网＋制造"模式使中国制造业的发展不再仅仅依靠劳动力等要素优势，在更大程度上依靠互联网、智能硬件等IT产品来驱动创新，被视为释放产业红利的新出路。互联网作为制造业与IT深度融合的产物，正成为深化"互联网＋先进制造"改革的重要基石，是新一轮工业革命的关键支撑因素，对未来全方位的产业变革具有深刻的启示和深远的影响。

着眼全球，由于受到大数据等智能信息技术的冲击，众多国家的企业乃至产业正处于后金融危机的深度调整期，主要发达产业的不同表现加深了国民经济的不确定性程度。为达到保持经济中高速稳定增长、实现高质量发展的目标，当前阶段诸多国家国民经济工作的重点已转向积极推动、深化供给侧结构性改革，促进产业结构优化升级。其中，三大制造强国——美国、德国、日本均向制造业提出了战略转型要求，以应对当前新的经济形势，即美国的国家制造创新网络、德国的工业4.0、日本的工业价值链计划。综观世界的科技发展与工业进步，由于在科技创新与工艺提升上的持续投入和不断实践，多数发达国家在科技创新方面已达到颇为成熟的水平。

目前，在欧洲范围内，德国拥有一套完整的制造体系，并且正在不断推进制造业生产、业务流程管理和技术创新，目标是利用工业 4.0 概念达到其工业发展史上至关重要的高度。在北美范围内，美国几乎垄断了核心互联网技术，并正在积极发展新的工业技术领域，逐步将工业互联网发展为其自身优势，促进国民经济的进一步发展。再工业化和能源互联网的口号是美国制造业发展目标的体现。美国工业巨头 GE、Cisco、Intel 等联手发起了工业互联网联盟，联盟成员已超过 90 个。在东亚范围内，日本偏重于工业机器人的研发，向相关领域投入了大量成本以提升本国工业机器人的整体技术水平；而韩国则注重对机器人在深度智能方面的研究，以确保本国在深度智能方面的领先地位。

一方面，不难看出，全球范围内主要经济体正处在从信息时代迈向数字时代的历史进程中，固有秩序被突破，新的格局正在形成，科技在这一轮调整变革中发挥着重要作用。新一代 IT 主要包括 5G 通信网络、云计算、物联网、AI 等相关技术，对社会变革的各个方面都产生了前所未有的影响。与美国、德国等制造技术较为先进的发达国家相比，中国的制造业整体显现出技术水平低下、高能耗、劳动密集型加工制造企业所占比重高，企业的核心竞争力主要取决于三个主要特征，即低劳动力成本驱动、高生产力驱动、创新驱动。相比之下，德国制造带有严谨可靠、标准精良的标签，美国制造带有技术尖端、自由创新的特点，而中国制造主要分布于全球价值链（Global Value Chain，GVC）的头尾两端，也就是说，在研发和品牌上缺乏比较优势。GVC 主要被制造业强大的发达国家主导，中国的制造业面临着两头受挤压的困境，如何更好地融入全球制造业价值链分工是我国未来需要面对的重点难题。

另一方面，着眼于国内经济发展形势，经过改革开放 40 多年的发展，在第十二个五年规划期间（2011～2015 年），我国已初步显现出经济增速放缓、经济结构优化升级的经济新常态，逐步由要素投资驱动向创新驱动转变。在第十三个五年规划期间（2016～2020 年），我国经济发展已全面进入新常态。面对国民经济增速明显放缓、能源和劳动力等要素成本全面上升、环境保护形势日益严峻的局面，显然以要素投入为主的粗放型经济发展方式已不再满足我国经济发展的深层次需求。为了保证我国经济的长期可持续增长，党中央自 2015 年起已开始积极谋划，如何能够在世界经济的大背景以及互联网时代复杂多变的网络环境影响下，充分彰显出"十三五"时期所倡导的创新、协调、绿色、开放、共享等发展理念。同时，将调结构、转方式、促升级作为具体要求，不断寻求企业转型升级的最优路径。这一命题显然在中国经济发展最优级待解决问题清单中占有一席之地。

习近平总书记在党的十九大报告中强调，建设现代化经济体系，必须把发展经济的着力点放在实体经济上。要想在实践中振兴实体经济，就需要企业实现转型升级，充分结合实体经济与技术创新。从中国特色社会主义实践中吸取的经验教训表明，创新驱动发展战略的实施是时代的大趋势。有效运用创新理论，促进国家创新体系的建立，是在新时期和深化改革阶段实现经济发展的重要基础。在中国特色社会主义发展的新时代到来之际，制造业作为我国实体经济的主体部分，也需要达到新的发展高度。为了促进我国制造企业和中国制造形象的同步转型，突破创新的趋势势不可当。

第一节　中国产业转型升级的战略要求

一、中国产业的发展趋势

制造业在一国的国民经济中具有重要地位。制造业是立国之本、兴国之器、强国之基。促进制造企业的高质量发展才能建设稳定富饶的制造业强国。实践证明，没有强大制造业的国家不可能具有真正的竞争力，也不可能成为真正的强国。通过转型期现代化升级提高我国的制造业质量，在国际层面上建立具有竞争力的制造业，是提高国家综合实力的必要手段，也是保障国家安全和建设世界强国的必要路径。

在中国，产业结构的演化和转型升级古已有之，并从春秋时期一直探索至今。由于现代社会主义的本质特征，中国管理模式的每一步尝试均为三大产业的发展提供导向，而商业模式的筛选、创新与再造均与国家政策息息相关。中华人民共和国成立至今，70多年的不懈奋斗与蓬勃发展已经让中国从一个以农业为主的国家转变成一个工业化国家，接下来的奋斗目标将以创新驱动为原动力，驱动中国向着工业化强国和民族伟大复兴的目标前进。回顾中国产业结构的转变历程，大致可分为三个阶段：物质要素驱动下的重工业优先发展阶段

（1949～1977 年）、产业结构协调发展阶段（1978～2012 年）和创新驱动下的
技术创新阶段（2013 年至今）。

第一阶段（1949～1977 年）：物质要素驱动下的重工业优先发展阶段。从
中华人民共和国成立之初到改革开放的前夕，中国的经济状况持续处于飘摇动
荡的状态。如图 1－1 所示，三大产业的工业占比数据可见一斑，"大跃进"
时期中国第二产业在国内生产总值中的占比从 1953 年 "一五" 初期的 23.3%
激增到 1960 年 "大跃进" 结束时的 44.4%，工业产值迅速增长。与此同时，
工业的发展态势也对第一和第三产业的正常发展产生了较为重要的影响。第二
产业的畸形增长导致第三产业产值从 45.9% 降至 24% 以下。"大跃进" 过后，
国民经济经过一段时间的休整迎来了短暂的复苏，逐渐迈入正轨。但 "文化
大革命" 的十年又加深破坏了国内产业结构的平衡，使产业结构的调整和国
民经济生活陷入泥沼。其结果是，第二产业在产业结构中的比重明显偏高，而
第一、第三产业的发展却远远落后（郭旭红、武力，2018）。由此可见，中华
人民共和国成立初期以物质要素投入为主的粗放型产业结构调整导致的产业结
构失调给下一个时代的产业结构转型增加了一部分负担，但不可否认，在特定
背景下选择优先发展重工业也是我国产业发展的最优解。

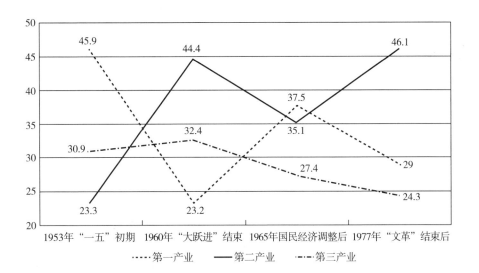

图 1－1　1949～1977 年三大产业结构占比情况

第二阶段（1978～2012 年）：物质要素驱动下的产业结构协调发展阶段。

1978 年，改革开放的浪潮结束了我国多年封闭和局部开放的经济局面，正式拉开了全面开放的改革新篇章。劳动力、资本等实物型要素借助外部资源，实现了对中国内部产业结构转型升级的推动，为我国经济腾飞创造了良好的契机，也为中国产业结构转型升级打开了大门。在这段时期内，产业结构的升级与上一个时代以牺牲第一和第三产业换取第二产业进步相比有了本质的变化，在改革开放后的这一阶段，重工业的单一化发展目标已经不再拥有导向，其目标更能为长远发展谋划，追求全方位的、多产业协调的经济发展，通过把加强对产业之间的协同演化视为要务之一，以此保证国民经济平稳运行。

1992 年，邓小平南方谈话，为我国的宏观经济改革提供了强大动力，中国的经济体制正式开始了向社会主义经济市场化的转型，市场在经济建设的进程中发力，逐渐成为了经济发展中配置资源的决定因素。我国经济制度改革加速了欧美各发达国家的经济结构调整，中国经济进入快速发展期。高新科技的研发和引入造就了大量新兴产业，自主创新和科技进步给我国经济发展注入了前所未有的活力，进一步刺激了产业结构的转型升级。此时，我国市场经济的发展给了政府和国内企业更高的发言权，成功实现了从卖方市场到买方市场的初级阶段转变，不断开发国外市场，提高境外市场份额，同时提高了国产商品自身具有的附加价值，逐步用科技为产品赋能，进一步增强了中国企业的市场竞争力。2001 年我国成功加入世界贸易组织是中国市场经济体制建设和改革开放另一个里程碑，世界贸易组织成员国的身份和我国自身的积极合作使得资源在国际范围内可以得到更合理的配置和更高效的使用，这样的合作关系也进一步促进了中国经济结构的优化和产业结构的转型升级。而中国在人口红利的鼎盛时期凭借劳动力过剩这一契机，在全球价值链中获得了进入的资格，成为全球性产业加工生产环节中的一环，也成为了整个链条中附加值最低的国家之一。

改革开放的脚步随着全球化进程的深入逐渐走向新的阶段，中国在产品走出去的同时，也实现了资金和技术引进来的目标。这些国外相对先进的思维观点和精湛的科技创新通过消化吸收，因地制宜进行再创新，使其能为己所用并成为发展与改革进程中的中坚力量。"十一五"规划（2006～2010 年）明确指出了自主创新能力和自主知识产权对于国际竞争力的重要性，以创新作为推动中国产业结构转型升级关键动能的思想已经开始形成，以我国自有品牌以及自主知识产权为双重渠道的两自路径已初具雏形。在以有形要素投入为主体的状态下，经济发展服务化特征已经初步显现。国家顶层设计层面和基层企业层面已经纷纷意识到两自路径能够进行融合交互产出高附加值的产品，使国家嵌入GVC的处境由低端向中高端迁移，最终实现"两自一高"的宏伟目标。

第三阶段（2013年至今）：创新驱动下的技术创新阶段。技术创新和管理创新这两种创新模式被称为企业发展的双翼。随着我国的经济发展面临新常态下的瓶颈，有效劳动力供不应求，资本投入干涸增速下行，粗放型的经济增长方式充分显露出其自有弊端。在此关键时间节点上，要立足创新驱动，创造经济发展新动力，开辟新的经济增长点，扩大经济发展空间，实现保持国民经济中高速增长和产业向中高水平发展迈进的双重目标。党中央在"十二五"规划（2011~2015年）中提出，要通过科技的进步来发挥我国经济层面的比较优势，实现发展现代产业体系的目标。先进技术是当前时代产业升级与企业转型的必要因素之一。而在"十三五"规划（2016~2020年）中，党中央把创新列为国家发展的重点目标，明确指出创新是发展的第一动力，要求经济发展的基础和侧重点必须聚焦于创新，借助全面性实施的驱动发展战略和科技创新的力量为整个产业竞购转型赋能，以此充分释放它的引领作用。同时，我国逐步推行"放管服"政策，力图通过简政放权，释放企业自身活力持续深入创新，以原始、集成、引进—消化—吸收—再创新三种主要创新模式齐驱并进。通过以上三种创新模式的协同作用，不断增强自主创新能力，不断突破现有工业化瓶颈，以最普适的政策和手段让我国的制造业企业与国际全面接轨，按照高端、智能、绿色、服务大方向前进，寻求企业转型推动产业创兴的机遇与最优方式，以此来改造传统产业，提升产业动能，依靠全面战略支持新兴产业发展等。

由表1-1可知，中国高新技术产业在生产经营和科技活动两方面均表现出迅猛增长的趋势。在生产经营方面，高新技术产业的主营业务收入从1995年的3917.1亿元迅猛增长到2020年的220000.6亿元，年均增长22.4%，利润总额年均增长12.3%；在科技活动方面，高新技术产业的专利申请数从1995年的612件增长到2020年的67302件，年均增长34.32%；有效发明专利从1995年的410件增长至2020年的306431件，年均增长33.33%。增长速度较快，说明中国的产业创新取得了较好的效果，以创新驱动助力技术变革，从而推动中国产业结构转型升级，其良好的发展前景为世人瞩目。

表 1 - 1　中国高新技术产业基本情况

指标	1995 年	2000 年	2005 年	2010 年	2015 年	2020 年
生产经营情况						
企业数（家）	18834	9758	17527	28189	29631	225000
主营业务收入（亿元）	3917.1	10033.7	33921.8	74482.8	139968.6	220000.6
利润总额（亿元）	178	673.5	1423.2	4879.7	8986.3	55075.1
科技活动及相关情况						
研发机构数（个）	2138	1379	1619	3184	5572	33840
R&D 人员全时当量（万人年）	5.8	9.2	17.3	39.9	43.6	48.5
R&D 经费内部支出（亿元）	17.8	111	362.5	967.8	2219.7	3080.8
新产品开发经费（亿元）	32.3	117.8	415.7	1006.9	2574.6	4421.3
专利申请数（件）	612	2245	16823	29683	46559	67302
有效发明专利数（件）	410	1443	6658	50166	199728	306431

二、中国产业的发展特点

改革开放以来，制造业一直是我国经济快速增长的重要动力和国家安全的保障基石，具有带动社会发展的重要功能。然而，近十年来，在我国国民经济三大产业中，工农业比重持续下降，服务业所占比重不断攀升。2012 年，服务业在国民经济三大产业中所占比重最大；2015 年，服务部门的份额首次超过 50%；2018 年，服务部门占国内生产总值的比例达到 52.2%。而 2010 年工业占比为 46.5%，2018 年降至 39.7%。2010～2018 年，制造业占我国 GDP 的比重由 32.4% 下降到 29.3%。值得注意的是，自 2012 年服务业成为第一大产业以来，我国的经济增长率一直在下降。

目前，我国经济特别是制造业的下行压力不断增加，制造业份额的下降时间趋早、速度趋快。我国的服务部门超越了制造部门成为国民经济的第一大产业，对此，有学者提出，这一现象标志着我国经济正从工业主导型产业结构向服务主导型产业结构转变。同时，我国工业化进程的高峰期已成为历史，去工业化的趋势正初露端倪。然而，该现象并非意味着服务业已经成为我国经济发展的全部动力来源，更不代表中国已然进入服务经济时代。在当前阶段，中国制造业仍然为经济发展提供了源源不断的动力，是国民经济的主体，也是国家竞争力与竞争优势的核心。其原因在于，就所处的发展阶段而言，中国的工业化程度还不够高，同时仍处于发展中国家的行列。如果选择去工业化的时点过早，就会导致服务部门的过度扩张，并导致制造部门的份额被挤出，实质上是在以低生产率部门取代高生产率部门。就长期而言，产业空心化的潜在风险将大幅增加，这将不可避免地导致保持经济高增长、高质量发展的驱动力减弱。著有代表作《美国制造》、位列《外交政策》杂志全球百位思想家之一的加拿大学者 Vaclav Smil 曾指出，为了使经济真正繁荣，就必须拥有内容多样、实力强劲且善于创新的制造部门。倘若缺少一个如前文所述强大、多样、富于活力的制造业系统，则无法真正实现经济繁荣，即便是其中较为先进的经济体。因此，制造业的持续发展仍应为我国当前经济发展的重心，我国制造业的高质量发展在国民经济的可持续性和稳定的高质量发展中起着重要作用。

1. 中国产业的发展方向

综观世界各国发展历程，没有任何一个发达国家不是通过发展壮大工业而富裕强盛起来的，而工业中则是以制造业为主要代表。几乎所有的强国崛起和衰落史都是其工业的兴盛和凋敝史。任何国家都不能超越工业化的发展过程，中国的近现代史实际上就是中国工业化的发展历程。18 世纪末，英国发起了第一次工业革命，以大规模的工厂化生产方式，淘汰了原有的手工作坊模式，现代制造业的迅速崛起，使英国率先步入工业文明，成为日不落帝国。德国、美国两国则在 19 世纪末第二次工业革命期间，把握住历史机遇，在电力等领域形成领先优势，步英国后尘实现了工业部门和制造部门的现代化。二战后，日本以钢铁、汽车和电子产业的高速发展为基础，在 20 世纪 90 年代初期跻身发达国家行列。根据世界工业现代化进程的历史经验，上述发达国家都经历了制造业体系不断升级完善的过程，即把制造企业做大做强。然而，一些新兴市场经济体陷入了经济增长停滞的中等收入国家陷阱，表现为极低的经济增长率。其原因正是在于这些国家忽略了制造业的重要地位，忽视了制造业的现代化升级转型。在最近的几十年里，主要发达国家基本上实现了从制造部门向服务部门的转变。却在近几年内纷纷调转方向，转向了制造业复苏战略，不难看出，在国际产业竞争中，制造业始终处于焦点地位。

虽然中国的经济体量大、经济增速快，但仍具有大而不强和快而不优的特征。然而，我国原有的粗放型发展模式，主要依靠资源等要素的投入来促进经济增长和规模扩张，已经难以为继。这种经济发展方式亟待深化改革，最终成为加快新旧动能转换和产业转型升级的内生动力，使我国尽快从以廉价资源和优惠政策为主向以完整的产业链和完善的市场制度为主转变，在可能的情形下，我国应该培育新的国际竞争力，努力推动我国制造业的高质量发展。

就目前发展阶段而言，制造业仍然是我国国民经济的主要支柱和经济发展的重要动力。中国要建设制造强国，实现四个现代化目标，都离不开先进制造业的支持。因此，制造业的发展依然是我国未来经济建设发展的重中之重。

在改革开放的政策优势下，我国制造业的整体发展水平快速提升，发展增速也远超同时期世界平均水平，我国的生产制造进入了一个蓬勃发展的时期，水平提升、规模扩大，有力地提升了我国的国际地位和国际影响力。在我国制造业发展卓有成效的基础上，产业结构开始从单一门类向多元门类发展，从低层次制造业向中高端制造业发展，形成了门类齐全、具有一定技术水平、比较完整的产业体系，特别是在航天航空、生物科技等领域，装备的制造水平和能力显著提高，在短期内产业呈多元化发展趋势。

时至今日，科学技术发展迅速，对制造业的发展环境产生了深远影响，尤其是以云计算、物联网等新一代 IT 为代表的高新技术的广泛应用，为传统制造业的发展变革提供了新工具、新思路，并对制造业在生产技术、生产方式和生产规模方面产生了深刻影响。传统制造技术与互联网的结合生成了智能制造概念，已引起了许多国家的关注。据全球最大的上市咨询公司 Accenture 于 2017 年发布的报告，在中国制造业相关企业中，仅有 4% 的企业能将数字化投入直接转化为产出效益，19% 的企业刚刚进入数字领域，还未在该领域获得可观的进步，而在运作中，该类企业的主要优势是传统的制造经验，并未对企业在数字方面的优势进行挖掘。此外，还有 58% 的企业在数字领域基本不具有任何发展优势。过半企业在数字化投入和经营业绩两方面均不尽如人意，这一现象意味着大量企业尚未加入智能化行列。制造业企业的数字化转型速度将取决于企业改造原有进程的速度。部分发达国家已通过柔性自动化管理模式进行高效生产，基本形成了机械产业化模式，并向着制造智能化的方向稳步迈进。相对而言，我国制造业目前还处于初级阶段，多数制造企业停留在单机自动化、刚性自动化模式。

2. 中国产业的发展困境

综观我国制造业，其在总体发展上呈稳定趋势，但是整体质量发展欠佳，主要存在两大问题：一是产业结构不合理；二是资源利用率低。因此，我国虽已迈入大国行列，但若要达到强国水平，制造业转型升级刻不容缓。作为制造业大国，我国应该尽快找到适合自身的发展道路，结合自身的发展情况，向技术研发和创新倾斜，为制造业的转型发展奠定基础。在新时期供给侧结构性改革的推动下，中国整体经济环境稳步发展。但我国的制造企业现今仍处于大而不强的基本状态，与工业发达国家相比仍有一定差距，尤其是美国、日本、德国等老牌制造强国。

我国制造业规模虽然居世界首位，但结构上主要集中在中低端产业。在高端制造业与老牌工业强国相比，还有较大差距，特别是在高精尖行业中。例如，中国在服装纺织、化工冶金、家电等低附加值制造业领域处于领先地位，但在特种材料、航空制造、医疗设备等高新科技领域则实力不足，这一领域主要被相关发达国家所垄断。即便是在高科技产品中，中国制造的部件或参与制造的流程多处于价值链低端，由于各类限制，无法参与关键技术环节，导致我国制造业出现产值高、附加值低的问题。目前，我国制造业需要的大量先进生产设备和核心零部件，包括芯片、高端医疗设备、精密实验仪器、航空发动机、光刻机等，都依赖于外国技术，长期受制于人。但由于发达国家制造业振兴和部分发展中国家制造业扩张的双重压力，我国低端制造业的竞争优势正在下降。除去这些因素，我国制造业高消耗、高污染行业较多，行业环保生态化程度较低，导致制造业可持续性较弱，影响整体竞争力水平。

虽然中国已经是世界上最大的制造业国家，但从品牌建设的角度着眼，中国还是一个品牌小国。与我国制造业的规模和发展速度相比，我国制造业的品牌建设明显滞后。许多企业缺乏足够的战略管理和营销能力，没有形成自己的品牌和营销渠道。一些企业对品牌的认知还停留在形象和广告上，缺乏正确的品牌价值观。另外，大多数企业缺乏品牌培育能力，难以将能力优势转化为品牌价值，因而我国缺乏享誉世界的优质制造品牌。2018 年，世界 500 强品牌中，美国占据 185 个，稳居榜单第一位。相比之下，中国的入选品牌不足 40 个，与世界第二大经济体、制造业大国的经济地位不相符。2019 年，世界 100

个最具价值品牌中，超过半数为美国公司所有，德国、法国、日本位居美国之后，分别有 11 个、7 个和 6 个上榜品牌。华为是中国唯一的上榜品牌，排名第 97 位。中国企业以量取胜而非以质取胜的局面在本质上没有改变，现有自主知识产权品牌比例较低，缺乏美国的 McDonald's、Apple，日本的 Sony、Panasonic，韩的 SAMSUNG、LG 等享有广泛国际知名度的企业品牌。尤其是产品质量，已成为中国制造的发展痛点所在。工业制造强国如美国、日本、德国，其产品的技术性能、适用环境性、使用周期等指标均居于前列。近年来，中国制造的整体质量正在提高，部分产品的质量已经接近或达到世界前列，但总体水平还不高，与上述制造业强国还有较大差距。

在创新能力方面，我国许多制造业企业尚未成为技术创新的主体，创新能力和创新意识不强，导致科技创新对制造业发展的支持不足，这就使制造业出现了大量低端低效环节。国家统计局数据显示，2018 年，我国 R&D 经费投入强度为 2.19%，比 2017 年提高了 0.04%，连续五年高于 2.00%，创历史新高。但是，与世界科技强国美国 2.79%、日本 3.21% 的投入强度相比，还有很大差距。我国能够真正形成关键核心技术的重要科技成果仍然不足，即投入效率不够高。欧盟的报告显示，中国对国外关键核心技术的依赖度高达六成，仅华为入围全球 R&D 投资 50 强。2019 年财富世界 500 强排行榜中，中国上榜企业数量首次超越美国。但从行业角度分析，上榜的美国企业主要分布在前沿科技、生物医药、互联网等行业，而上榜的中国企业大多分布在以资源或规模为主导的传统产业，包括电力电信、石油钢铁、军工基建和银行金融等，且 500 强榜单中的房地产企业均来自中国。

在地区分布上，我国产业发展的状况也有所差异。以上海为例，其市区范围内企业产品技术水平较低，机构设置不合理，发展严重失衡。根据调研，上海、北京等城市的企业多数属于劳动密集型企业，且企业生产较为分散，与技术含量较高的国有企业和民营企业相比，普遍处于粗放式发展阶段。除了技术密集型企业严重缺乏的问题，企业内部机构设置也缺乏合理性，导致企业整体生产效率低下，严重影响了地区经济正常发展。企业经营指标涨跌互现，总体规模增长相对稳定，但盈利水平持续下降。受制于国内政治环境和市场环境，销售模式问题突显，国内市场营收缩水明显，处于竞争集中行业、抗风险能力差的企业生存处境艰难。

3. 中国产业发展的影响因素

从外部因素看，我国制造业面临的问题主要包括两个方面：制造业发展环境有待改善和产业政策有待改革和调整。随着新型工业化持续推进、人口老龄化形势严峻、人口红利趋于耗竭，我国低成本的劳动力优势不再显著。劳动力成本的提高是转变发展观念、发展方式的必然要求，因为低成本的劳动力优势不能促进由数量增长向质量提高和由要素驱动向创新驱动的经济发展方式转变。因此，中国企业在转型升级过程中，要把低廉的要素成本优势转化为创新优势，把要素成本增长的压力转化为创新动力。此外，中国制造业还面临产业政策调整的问题。未来中国产业调整的方向和内容将由两大要求决定：一个是经济发展形成的新技术经济范式的要求，另一个是供给侧结构性改革的要求。产业政策的调整也围绕着这两方面展开：首先，随着网络时代 IT 浪潮的推进，成本导向的传统产业政策已不再适应经济发展模式，必须根据新技术经济范式的要求，适时出台技术创新导向的新型产业政策；其次，产业政策是产业发展环境供给体系中具有重要意义的环节，政府应适度进行市场干预，弥补市场体制和市场监管的漏洞，提升产业的有效供给。

中国的历史发展经验表明，科技创新兼具历史性和继承性，既立足于经济体的前期技术积累，又涉及经济体的当前经济环境。我国制造业通过技术积累，已经具备了一定程度的产业基础和发展能力。因此，我国制造业要以科技创新推动制度创新，正确处理科技创新与产业政策调整的关系，不断提高供给质量，完善供给体系，优化产业发展环境，实现企业转型升级。实践证明，产业政策调整应转向技术创新方向，以适应经济发展中新技术经济范式的要求。

此外，中国的产业扶持政策偏向依赖财政补贴和税收优惠。然而，没有任何一项政策能够保证效果的最优化。因此，政府需要进行产业政策的合理组合，最大限度地发挥产业政策的作用。首先，技术经济新范式和供给侧结构性改革的要求，决定了中国企业要在新一轮产业革命中胜出，必须通过技术创新促进制度创新。其次，从内部因素看，我国制造业面临的主要问题表现为发展方式和工业文明建设滞后、产业结构层次和整体素质不高，这两者密切相关。目前，我国制造业企业虽然发展体系达到了完整水平，但产品质量和品牌优势不足是制约企业转型升级的重要因素。2019 年的《政府工作报告》中再次提出，我国要深入实施创新驱动发展战略，进一步提升创新能力和企业效益，旨在推动中国企业打造自主知识产权与自主品牌的双自协同发展的高附加值产品，为企业发展输送新鲜血液，从而改变 GVC 中的地位格局，提升自我价值，寻求自我发展的最大化效益。

综上所述，与发达国家的制造业水平相比，中国制造在产业结构、产品质量、品牌建设、技术创新等多个方面还存在较大差距。我国企业的基础科研处于相对弱势，技术成果主要来自深化应用、推广研究等方面，对原创性科学技术的贡献较少，直接关系到现代社会的发展。我国制造业如果无法打破目前大而不强的僵局，将在整体竞争优势的形成上受阻，造成产业竞争力削弱，制造业企业被迫停留在 GVC 的低层环节，阻碍我国的社会主义现代化进程。

因此，转型升级是中国工业未来发展的关键，也是中国经济发展摆脱 GVC 低端锁定所不可或缺的要素。然而，由于矛盾的长期积累，我国制造业企业面临诸多问题，总体而言，实现中国制造业的转型升级，既要立足于内部的阻碍因素，也要着眼于外部的制约因素，基于二者进行自主创新。

第二节　中国企业转型升级的战略要求

企业是经济的微观组成，也是保证经济正常发展的重要元素。改革开放以来，我国经济得以快速增长，与世界经济强国之间的距离不断缩小，并逐步赶超。与此同时，企业在国内市场上的竞争也日渐激烈，时代的脚步在推动企业不断地自我发展。我国在改革开放后历经数次调整变动，逐渐将非公有制经济作为市场运行的主体。多数企业通过其灵敏的嗅觉准确地抓住商机，找到市场切入点快速发展起来，逐步扩大规模完善管理，迎来了发展过程中的黄金时代。

然而在我国企业高速发展获得可观成果的同时，也存在着一些问题，尤其是在复杂多变的国际市场环境下，我国企业也经历着严峻的挑战。根据现有研究，在 GVC 的分工协作中，行业龙头企业一般依靠庞大的内需形成市场驱动的 GVC，凭借品牌、设计等优势，向全球供应商大量下单采购或者依靠企业技术水平和研发创新能力，形成厂商驱动的 GVC。对于属于典型的速度经济型企业的中国企业而言，由于其发展在很大程度上依赖于政策等支持，企业的高速发展更多的是借力于我国宏观经济的高速增长，呈现出水涨船高的局面，企业的发展严重依赖于宏观经济的变化。因此，当外部环境发生改变，企业内部未能及时做出相应提升，没有形成自己的核心竞争力，缺乏核心竞争优势，最终将如空中楼阁难以抵抗外界风险。尤其是在网络时代带来的复杂因素影响下，企业的发展开始逐渐进入瓶颈。

目前，我国企业大多依靠垄断资源的开发或经营生存。对于这些企业来说，由于缺乏市场竞争压力和优化升级动力，其内部管理水平落后，企业进步和发展缓慢。再加上部分企业的市场化发育程度不高，一些企业从诞生、成长到壮大，都生活在国家的保护伞下，没有经过激烈的市场竞争的考验，制约了企业各方面的发展，尤其是在市场竞争能力和市场开拓能力两个方面。

另外，中国的制造企业大多是劳动密集型企业，与国际企业相比，技术水平较低而且创新能力弱，与发达国家之间的差距悬殊。企业管理人员缺乏创新意识，对技术投入重视程度不够等问题限制了企业稳定的可持续发展。从整体层面进行分析，我国企业还存在着一些共性方面的问题，包括企业发展模式不合理、缺乏品牌效应、经营模式缺乏创新、管理者水平受限、大小企业间关系不合理、信息化进程存在误区等多个方面。

首先，我国大多数企业的快速发展过于依赖庞大的内需市场和市场的快速增长，企业自身缺乏持续增长能力，难以向世界先进水平靠拢。部分企业对外围环境与资源只是单纯索取，没有对等回报，当企业发展到一定的阶段时就会难以为继，无法进行可持续发展。同时，我国企业普遍缺乏品牌意识，在前期发展中持续处于 GVC 的低端，主要依靠贴牌与代加工等方式进行原始资本积累，缺少属于自己的品牌文化和价值，缺乏品牌观念和品牌战略思想，难以打造具有国际影响力的品牌，不利于企业的长期发展。

其次，我国企业经营模式缺乏创新性，随着世界范围内竞争激烈形势的加剧，我国企业也明显感受到了竞争的压力，然而在紧张的竞争形势下，我国许多企业在未能充分了解竞争形势的前提下，只注重一味地加大生产数量，缺乏经营模式创新，忽视了产品内在的质量要求，从而产生了企业生产与市场需要不平衡的情况，导致企业在进行生产的过程中，虽然投入了大量资金，但却难以获得相应的经济效益的不良后果。企业不能按照市场的需要进行生产与调整，给我国许多企业带来了难以估计的经济亏损。现今国际环境纷繁复杂，在科技的持续发展和市场的不断变化中，我国大多数企业仍然存在短视、近视现象，只注重攫取短期利益，未对企业的长足发展做好规划，从而造成企业难以在复杂的市场环境中健康长久地生存。从资本结构来看，我国现有的很多企业都是产业资本，不能熟练地运用金融资本产生竞争优势，实现企业的扩张，与国际上大型企业雄厚的金融资本背景相比，我国企业在全球市场竞争中更容易遭遇融资瓶颈。大型企业由于其内部结构复杂，人员数量众多，提升管理水平难度较大，在资源整合方面也缺乏突出能力。多数大型国企长期在政策保护下运行，在市场经济中的历练不够，企业整体效率也不高。而一些民营企业由于长期在低成本的市场环境中粗放经营，缺乏集约经营经验，造成企业竞争力不足。

最后，我国企业在信息化进程方面存在误区。随着大数据、云计算、物联网等为代表的新兴信息技术步入集成突破阶段并加速向制造业领域渗透融合，"互联网＋制造业"融合创新的新一轮产业变革已经到来。以工业大数据为驱动，数据挖掘、工业云服务和融合应用解决方案作为制造企业和互联网企业融合创新生态体系中的重要载体，正不断推动生产、消费和服务方式等各方面的变革。然而，面对这些变革，现在我国的大多数企业都没有抓住网络时代所带来的变革新机遇，实现企业的信息化建设，只注重表面的硬件建设，不能从企业自身的战略出发进行总体规划，企业内部没有统一的 IT 技术和应用架构，难以完成信息的即时流通和共享，出现企业信息系统的孤岛现象，甚至还存在着企业信息系统建设落后于企业发展的问题。总体而言，我国企业信息化建设方面的投资普遍不足，与发达国家大型企业在信息化上 8% ～10% 的投入比例相比仍存在较大差距。根据现有研究，我国企业利用网络渠道开展商业服务的水平不高，大多数企业只是通过网站或者邮箱来进行企业形象的宣传，而未能充分利用网络资源和计算机平台进行电子商务活动，未能实现企业内部信息、物流、支付等多个系统的再造与整合。

一、企业普遍面临的发展困境

全球价值链是世界各国与他国进行经济交流的重要途径。全球经济领先的英国、美国、日本等国家大多是通过在产业转移的过程中嵌入 GVC 而实现了经济的快速增长，我国也不例外，通过大力发展加工贸易快速融入到 GVC 分工当中。我国加入 WTO 后，积极投身于经济建设中，利用人口红利大力发展加工制造业，跟上第四次全球产业转移的步伐，叠加改革开放带来的机遇，打开国家大门，拥抱经济全球化，发展外贸型产业，实现对外贸易额的快速增长，造就了制造大国的世界地位，并稳步迈入 GVC 中。产业转移实质上是经济全球化背景下产业布局变化引起的产业结构调整。二战后，随着世界经济结构的变化，世界经历了四次大规模的产业转移与结构调整。

1. 产业转移驱动企业快速发展

第一次产业转移发生在第一次工业革命中后期。正是这一从英国到欧洲大陆和美国的国际产业转移，为美国领导第二次工业革命奠定了物质和技术基础，从而促进了美国工业的快速发展。19 世纪末，美国成为世界上最大的工业国和第二个世界工厂。

第二次产业转移发生在 20 世纪 60 年代，美国在第三次工业革命的背景下对传统工业结构做出重大调整，主要致力于发展精细材料、精密仪器等资本、技术密集型产业，将服装纺织、钢铁冶金等传统的劳动密集型产业向日本、西德转移。第二次国际产业转移推动了世界工厂的第二次变革。日本和西德逐步成为世界经济强国，其中日本还成为了第三个世界工厂。日本和西德通过承接从美国转移而来的产业，大大加快了本国的工业化进程。

第三次产业转移发生在亚洲东部。20 世纪 70 年代末，日本、西德的快速发展使两国与美国的经济差距逐步缩小，劳动力成本不断上升。在此情形下，日本和西德作为主要输出国，将不适合本国发展的劳动密集型产业，如服装纺织、机电加工等转移到了亚洲东部和拉丁美洲国家。中国香港、中国台湾、韩国、新加坡四个东亚经济体作为主要承接地，产生了东亚崛起的"雁阵效应"，催生了"亚洲四小龙"间相互影响、促进的经济发展奇迹。

综上所述，前三次产业转移在地理空间上表现为经济发达的经济体向欠发达的经济体转移，产业生产要素的密集度呈现由劳动密集型逐步向资本密集型、一般技术密集型和技术密集型转变的趋势。国际产品的生产工序也有较大的调整和转移，呈现出发达国家已从加工制造转向技术创新和品牌赋值，而发展中国家则从终端加工装配的中下游生产环节转向关键零部件的上游生产环节。至今，在世界范围内已有三次产业转移成功完成，目前正处于第四次大规模产业转移的进程当中（张云，2011）。

第四次产业转移开始于20世纪90年代，并且持续至今。这一阶段的国际产业转移相比前三次具有更大变化和更多特征，主要体现在产业转移的输出地和目的地上。与第二次、第三次国际产业转移的主要输出地美国、日本、西德相比，第四次产业转移增加了以韩国、新加坡、中国台湾和中国香港为代表的东亚经济体。"亚洲四小龙"的经济因在原有产业的发展基础上承接了第三次产业转移而取得快速增长，但由于受资源、市场等多方面的限制，掀起了第四次产业转移的浪潮。在这次产业转移中，韩国、新加坡、中国台湾和中国香港扮演了排球运动中的二传手的角色，把历史上承接的大部分产业转移到了菲律宾等东南亚国家和中国大陆。在此次产业转移浪潮中，部分亚洲发展中国家因承接新兴发达经济体迁出的劳动密集型、部分技术密集型产业，迎来了经济快速发展的黄金时期，加快了国内产业结构调整升级，推动了产业化进程。而"亚洲四小龙"等新兴经济体在将低附加值产业向周边地区转移的同时，也继续吸纳着从发达国家转移出的高新技术产业。原有发达国家则为占据新一轮技术革命中的制高点，争相把发展重心集中到新能源、新材料等尖端科技产业，继续推进劳动密集型和部分低附加值技术密集型产业向境外迁移（童兴辉，2014）。

从第四次国际产业转移的结果来看，我国是本次产业转移中的最大受益者，我国国内制造业迅速发展，除了承接"亚洲四小龙"的转移产业外，还以巨大的市场容量吸引了美国、日本、欧洲企业的大量投资。随着改革开放的深入，我国在此次全球产业转移中凭借着低成本优势，以GVC低端环节为切入口，逐步嵌入GVC，成功奠定了世界制造大国的国际地位，不仅推动了我国工业化的进程，也为国际社会的发展奉献了不可忽视的力量。在经济全球化的大背景下，我国加入WTO后对外开放的进程不断提速，我国企业积极发展自身走出国门，紧跟时代步伐，融入世界市场，在国际社会分工中扮演着重要角色。改革开放后，借助产业转移的机遇，中国企业的发展取得了令人惊羡的成绩。

在国有企业层面，随着国有资产管理体制的完善，国有企业法人和股份制、国有独资公司董事会试点、中央企业重组等工作取得了长足进展。国有经济结构优化、国企改制、国有产权转让进一步规范，形成了一批具有国际竞争力的大型国有企业。中央提出国有经济的战略性布局调整，必须在关系国民经济命脉的重要产业和关键领域占据主导地位。其他方面，通过资产重组和结构调整以加强重点，提高国有资产整体质量。经过改革创新，国企运营的质量和效益显著提高，企业创新能力和市场竞争力不断增强，国有资产大幅增加，上缴利润和上缴税金大幅增加。相当数量的大型国有企业已成为世界级或行业知名企业。国有企业作为中国特色社会主义的重要物质和政治基础，是党执政兴国的重要支柱和依靠力量。通过改革，国有企业的这一地位得到了有效巩固（李华等，2020）。

在民营企业层面，改革开放后我国的民营企业得到了健康良好的发展环境，不仅在数量上快速增加，在质量上也不断提升，长期积累的资本、技术、人才、市场和管理已成为推动我国经济持续增长的重要力量。2018 年初，我国的民营企业数量接近 2800 万家，个体经营者超 6500 万人，注册资本达到 165 万亿元，民营企业数量占市场主体数量的 95%。与此同时，民营企业已成为国民经济中一股重要力量，民营企业占 GDP 的比重从改革开放初期的 1% 提高到目前的 60% 左右。

如上所述，民营经济是我国经济发展不可或缺的推动力量，是就业创业的主要领域，是国家税收的重要来源，也是技术创新的重要主体。它在发展社会主义市场经济、转变政府职能、开拓国际市场、转移农村剩余劳动力等方面发挥了重要作用。改革开放后，民营企业贡献了我国发明专利与技术创新中的七成以及八成以上的新产品。从投资总额的比重来看，我国固定资产投资的主体正是民间投资。特别是自 2012 年以来，我国民间投资占固定资产比重连续 6 年超过 60%，目前已超过 80%。民营企业紧邻市场、机制灵活，在产业发展上具有绝对优势，能够有效优化产业结构、促进技术创新、推动转型升级。

2. 企业经营所面临的困境

当前我国宏观经济发展进入新阶段，整体调整方式要从规模速度型向质量效率型转化，经济结构调整要由增量扩能向做优增量、调整存量并举转型，发展动力要由依赖资源和廉价劳动力等转为创新驱动，经济增长速度须由高速转为中高速。改革开放后，我国企业虽然借助 GVC 的嵌入得到了快速发展，然而快速发展也造成了目前存在的多方面问题。综观外部形势，目前国际政治局势动荡、经济不稳定、社会问题频发、大环境复杂多变、中美贸易摩擦不断，商业全球化进程受到百般阻挠，商业霸凌行为剧增，更使我国企业经营压力、经营风险均有所增加。再加之互联网大潮汹涌袭来，"传统基因"沿袭的企业更加举步维艰，企业面临生存难题。库存积压、销路变窄、产能过剩、利润无法维持增长等众多危机迎面而来，即使是规模庞大的大型传统企业在现今复杂多变的市场大环境下也面临着业绩大规模下滑、亏损严重甚至门店关闭的生存考验。

在对外贸易方面，中国进出口贸易总额位居全球中上水平，然而针对外贸商品结构的分析发现，在外贸领域中，中国以进口高技术商品、出口低技术商品为主，仍然处于从低端工业化向中高端工业化过渡的进程中（辛娜，2021）。虽然近年来我国的贸易出口额一直保持在领先地位，但需要认识到我国出口的很多产品都是劳动密集型产品，外贸企业核心技术缺失、品牌资源和国际营销渠道不足，产品技术层次低、盈利能力差。即使目前我国部分企业也出口了一些技术资本密集型产品，但在核心部件上也离不开外国技术，我国大部分企业依旧处于 GVC 中的劳动密集型制造环节，企业的自主创新能力较弱，竞争能力受到严重制约（张向阳、朱有为，2005）。我国大部分企业就位于这一区域。产品生产出来以后的营销和服务等环节，属于信息与管理密集的产业，国外大型企业在这一环节通过品牌优势形成垄断，能够产生较高的经济效益，这一环节也位于 GVC 的上游阶段。参与 GVC 是一国国民经济发展的重要依托，在 GVC 上的地位也在一定程度上决定了一国国民经济发展的质量（高艺荣，2017）。

放眼国内，我国许多大型企业或多或少出现了大企业病，致使企业在发展过程中止步不前，出现停滞现象。而中小企业内部结构体制不健全，企业抗风险能力低下。与国际企业进行对比可知，我国部分企业在治理水平、经营效率和风险控制等方面都与行业领先的国际竞争对手存在较大差距（谢志华，2007）。

从大企业角度来说，不可否认的是，目前我国许多大企业实际上仍然是"大"而不"强"。在 GVC 分工中，主要分为市场驱动型 GVC 和生产者驱动型 GVC。市场侧的大型跨国公司以其自身的品牌、渠道、营销等为依托在全球范围内发出巨额采购订单，形成市场驱动型 GVC；而生产侧的大型跨国公司则从创新性技术角度出发推动生产者驱动型 GVC 形成。目前，进入世界 500

强的中国企业大多数是金融类、资源类企业，真正的制造类企业很少。我国大型企业的高速发展更多的是借力于我国宏观经济的高速增长，呈现出水涨船高的局面，企业的发展严重依赖于宏观经济的变化，而在企业内部没能及时做出相应提升，缺乏不可复制的核心能力，企业无核心无竞争优势就如空中楼阁难以抵抗外界风险，抗击外界扰动的能力较弱，应对外部冲击能力较低。经济发展优势是我国大企业的经济支柱，速度经济型企业特征明显，对外部冲击的抗风险能力低，主要依靠经济发展速度，速度越高越景气，一旦经济出现问题，企业利润就会明显下滑。企业自生能力不够，无法抵御世界范围内的经济波动和外部打击。目前，我国部分国有企业的市场化发育程度不高，一些企业从诞生、成长到壮大，都未曾经历过残酷的市场竞争，始终生活在国家"无形的大手"保护下，导致企业无法形成自我核心能力竞争力和市场开拓力。总体分析，我国企业与发达国家的优秀企业之间的差距仍然是全方位的，主要体现在许多国有企业生产力水平过度依靠技术扶持，缺少技术创新和自我发展，生产力水平严重不足。部分企业依靠当地政府力量进行重组，通过人力快速生成"人造"大企业，企业重组效果不够明显，短期内难以产生"1＋1＞2"的协同效应，在激烈的市场竞争面前反应速度和能力都有待提高。政府力量仍然是目前我国部分国有企业的经济支柱，垄断性经营模式是这些国有企业赖以生存的方式，在这种情况下，企业由于缺乏市场竞争的压力和动机，导致内部管理水平落后，企业进步和发展缓慢。部分行业仍然处于政企合一的状态，部分国有企业与政府之间的关系模糊不清，治理结构复杂，缺乏竞争，经营效率低下，我国大型国有企业中能够真正在市场竞争中拼杀而成为大企业的为数不多。

从中小企业角度来说，我国中小型企业众多，与大型企业不同，中小型企业在资金来源和风险应对等方面存在着更为严峻的问题。中小型企业没有雄厚的经济背景，经济基础薄弱，企业融资渠道少，严重制约了中国中小企业的稳定和长久发展。在国内甚至国际激烈的市场竞争环境下，中小企业竞争能力不足，难以与大企业进行抗争，容易被激烈的市场竞争所淘汰。我国出台"大众创业、万众创新"政策后，降低了中小企业的创立门槛，但中小企业整体素质和能力不高，多数中小企业盲目进入市场，缺乏前期调研和企业创新，没有生成核心竞争力，难以驱动企业长远发展和经济效益提升。同时，我国中小企业由于预算资金有限、初期创业艰辛等因素，在薪资待遇水平上很难与大企业相抗衡，因而难以吸引到高素质人才，面临着企业人才资源储备不足的问题。企业内部的人才管理机制不够完善，激励制度不够有效，中小企业普遍面临着招人难、留人更难的局面（蒋膨屹，2019）。我国中小企业大多属于劳动密集型，与大企业相比技术水平较低而且创新能力弱，与发达国家之间的差距明显，企业管理人员缺乏创新意识，对技术投入重视程度不够，企业难以实现稳定的可持续发展。

从整体层面进行分析，我国企业还存在着一些共性方面的问题，包括企业发展模式不合理、缺乏品牌效应、经营模式缺乏创新、管理者水平受限、大小企业间关系不合理，信息化进程存在误区等多个方面。大多数企业缺乏持续增长能力，在其高速发展的道路上过于依赖我国巨大的国内市场需求和 GDP 的高速增长拉动，难以达到世界先进水平。我国很多企业对周围资源与环境都只是一味地索取，没有回报与付出，这与我国所提倡的可持续发展背道而驰，导致企业发展到一定的阶段就会出现青黄不接的现象。我国企业普遍缺乏品牌效应，在之前的发展中，我国许多企业一直处于 GVC 的低端，主要依靠贴牌与代加工等方式进行原始资本的累计，而没有自己的品牌文化与价值，缺乏品牌意识与品牌战略思想，不利于企业长远发展。具有国际影响力的品牌，包括我国进入世界 500 强的许多企业也都还没有创造一个全球性的企业品牌。我国企业经营模式缺乏创新性，随着世界范围内竞争激烈形势的加剧，我国企业也明显感受到了竞争的压力，然而在紧张的竞争形势下，我国许多企业在未能充分了解竞争形势的前提下，只一味地加大生产数量，缺乏经营模式创新，忽视了产品的内在质量要求，从而产生了企业生产与市场需要不平衡的情况，导致企业在进行生产的过程中，虽然投入了大量资金，但却难以获得相应的经济效益的不良后果。企业不能按照市场的需要进行生产与调整，给我国许多企业带来了难以估计的经济亏损。现如今是经济全球化的时代，市场动态变幻莫测、科技创新一日千里。在这种国际背景下，如果企业目光短浅、一味索取，只顾眼前的蝇头小利，忽略企业发展之根本，企业就难以在复杂的市场环境中健康长久地生存。从资本结构来看，我国现有的很多企业都是产业资本，不能熟练地运用金融资本产生竞争优势实现企业的扩张，与国际上大型企业雄厚的金融资本背景相比，我国企业在全球市场竞争中更容易遇到融资瓶颈。我国部分国有大型企业长期处于国家政策的保护伞下，缺乏直面市场竞争的能力和勇气，存在内部人员繁多、组织结构复杂、企业自身的管理水平有限且提升缓慢、资源整合效率低等问题。一部分民营企业依赖流水生产和人口红利，长期位于低成本环境，缺乏集约化经营经验所打造的核心竞争力。

事实上，我国大多数企业中管理者的悟性有限，管理水平相对欠缺，管理模式不够完善，许多企业在管理模式方面仍然处于传统阶段。虽然企业家的数量和素质在不断增加和提升，但无论是从社会角度还是从专业角度进行评价，我国企业家队伍的发展都处于较低水平。随着社会经济发展水平的不断提升，对企业家队伍的要求也逐渐提高，而我国企业家队伍的发展水平并不能与需求保持一致（彭泗清等，2014）。大部分企业实施着一成不变的管理模式，发展模式不够合理，即使有所创新，也只是表面化的改变，照搬照抄一些先进企业或国外企业的管理模式，没能结合企业的自身情况而建立起科学、有效的发展模式，对企业的生存与长远发展不利。而通过重组并购方式进行跨国经营的公司，对并购企业没有充分的了解，常常会遇到与收购企业不能兼容的问题。受到这些问题的影响，我国大型企业的跨国经营能力还有待提高。

因此，在国际竞争环境多变、我国经济发展进入新常态、发展中国家抢夺市场的大背景下，企业面临的形势日益严峻。中国企业要想在发达国家大型企业和发展中国家新兴企业的压迫下打开国际市场，唯一的出路就是进行转型升级，以形成健康良好的发展模式。

3. 企业所存在问题的原因分析

根据价值链理论，企业价值活动的核心包括基本活动和辅助活动两部分。其中，基本活动是指创造主要客户价值，包括内部后勤、生产和运营，外部营销和服务等，基本活动包括了产品的生产制造、销售、产品支持、售后等环节。在缔造价值的过程中，上述活动相互联系，共同组成企业价值链（Porter，1985）。而在这中间，最具价值的环节集中在价值链的首尾：R&D 与营销。若企业研发能力不足，就只能成为代理商或代工厂家，盈利能力薄弱。若企业缺乏市场能力，就会造成企业产品滞销，当到达产品生命周期的终点时，滞销产品将变得一文不值，企业将面临巨额亏损。如图 1-2 所示，生产制造环节位于企业附加值曲线的底部，利润最为微薄，要想使附加值回报更为丰厚，企业就必须将其所处的价值环节向产业链的两端延伸，抑或朝后向的研发、材料、部件或设备端延伸，抑或朝前向的销售、传播、网络或品牌端延伸（龚甲伟，2014）。自我国主动嵌入 GVC 以来，经济发展主要依靠制造业中的加工环节，长期处在 GVC 的低端。

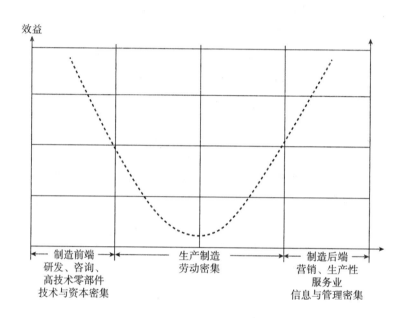

图 1-2 产业的"微笑曲线"

因此，中国企业出现发展问题的根本原因在于我国产业乃至企业长期处于 GVC 的中低端环节。在价值流通的环节中，每个环节创造的利润价值是有所差别的（李奕，2018）。从利润创造角度来看，呈现出由高到低再到高的"U"形变化过程。产品生产前端的研发设计等环节，属于兼具技术密集型和资本密集型的产业，对资金及人才投入有着较高要求，位于整个 GVC 的上游阶段，经济效益较高（霍玉强、黎群，2010）。产品加工制造属于劳动密集型产业，行业的进入壁垒低、进入难度小，位于 GVC 的下游地带。

全球产业转移增强了中国与世界各国的依存度，也加剧了发生经济摩擦的概率。在产业全球化的背景下，越来越多的产品成为全球协同生产的结果，使我国企业的发展逐渐依赖国际市场，对外贸易依存度不断提高。根据价值链理论，在整个价值循环过程中，最具价值的区域集中在研发和市场两个环节（陈伟、高宇明，2003）。我国企业长期以来在 GVC 中主要参与制造工作，在研发和市场两方面的实力薄弱，向国际社会出口的产品在科技水平含量和附加值方面的含量较低，企业大多数处于 GVC 的低端环节。中国世界工厂的说法，正好充分说明了我国企业研发和品牌建设能力的薄弱。国内企业依靠生产加工，以劳动力密集型生产为主，在世界市场上竞争，作为 GVC 上的弱者，处于较卑微的地位。在全球范围内金融危机的爆发后，许多发达国家都开始发展自己国内的生产制造业，美国、日本和欧洲经济体中的德国等发达国家实施制造业振兴战略，使中国与上述发达经济体在技术装备和高技术含量、高附加值产品生产等方面的差距不断扩大。同时，现阶段由于我国资源低效使用、环境破坏严重、劳动力成本提高等一系列劣势的出现，越南、柬埔寨等东南亚国家的比较优势逐渐显现出来，如劳动力价格和土地、能源等要素成本，以贴牌生产（Original Equipment Manufacture，OEM）或生产外贸商品为代表的劳动密集型制造业呈现出从中国向低成本优势国家转移的趋势。

综上所述，从宏观角度对我国企业在 GVC 中的地位进行深入剖析，认为主要存在以下三个方面的原因：

第一，从发展角度和发展时间来看，我国企业发展的起步时机较晚，在原始资本积累和技术方面都与发达国家存在着较大的差距。我国企业为了进行原始资本的积累，在 GVC 中只能从下游环节切入，依靠低廉的资源和劳动力成本获取竞争优势。最终就会导致我国企业被发展中国家与发达国家制造业双重挤压。发达国家为确保在世界制造业中的强国地位，纷纷运用信息网络技术，大力发展智能制造，掀起了"再工业化"浪潮。美国于 2012 年率先实施"先进制造业国家战略计划"，重点发展新信息技术、生物产业、绿色能源等高新技术产业（胡斌武等，2016）。德国政府于 2013 年正式出台"工业 4.0"战略，借助信息物理系统实现信息网络技术，大力发展智能制造。日本先后提出5 轮经济振兴政策，并于 2013 年实施"再兴战略"，将产业再兴战略列为三大重点发展战略之一（丁纯、李君扬，2014）。发展中国家的制造业发展也在紧锣密鼓地跟进。俄罗斯提出并实施了"创新国家战略"，积极转变经济增长方式（韩爽，2009）。东南亚地区的许多国家也积极加入了国际制造领域的市场竞争中，凭借其庞大的劳动力优势和丰富多样的物产资源，加工制造业水平加速发展。我国企业如今处于俘获型网络困境中，主要由于国际买家和发达国家垄断企业的阻碍，使我国企业长期禁锢于价值链低端，造成我国多数企业产品附加值低、利润微薄（刘志彪，2011）。我国企业被迫在价值链低端发挥价值，这就限制了企业在 GVC 中的活动空间和发展能力，只能定位于价值链低端。

第二，在我国企业嵌入 GVC 的过程中，政府对宏观经济管理的经验不足，前期存在一定的难点和痛点，整体工作比较薄弱，管理水平和管理机制难以与我国经济的发展相适应。我国企业宏观管理协调能力较差，对变幻莫测的国际市场适应能力较低，出现了许多经济乱象，如哄抬国外商品价格、对外削价、出口秩序混乱等。一些国家特别是欧美发达国家出于自身利益考虑，不断通过反倾销、特别保障措施、技术性贸易壁垒、社会责任认证标准等手段限制发展中国家对其输出产品。总之，当前并在将来很长一段时间内，我国所处的贸易环境将持续严峻，大大阻碍了我国企业尤其是利润微薄的传统企业进军国际市场的进程。

第三，从企业角度分析，在政府的保护下，我国多数企业竞争意识薄弱，缺乏自主研发和创新能力。改革开放以后，我国企业如雨后春笋般涌现。但在此之前，我国并没有企业管理的经验可以借鉴，甚至企业管理的概念都是模糊的。这些企业通过在实践中不断试错、总结经验，摸索出一些管理思路和管理方式。然而这些理念和方法，多强调惩罚专制，以企业、管理者自身为中心，呈现出人治为主、碎片化不系统、缺乏理论基础的特点。在此之后，虽引进、学习了西方国家的管理理论，但受中西方文化理念等因素的影响，企业难以根据实际情况进行相应的创新。另外，创新是企业发展中不可或缺的重要推动力，我国企业习惯了从发达国家引进先进技术的模式，缺乏自主创新意识，在高层次技术和高端设备研发方面少有涉猎。我国企业在技术设备、工艺流程、专利等技术方面依然鲜有突破。我国许多企业急功近利，而新产品研发周期长，资金投入多，风险水平高等原因使企业不愿意投入资金与精力，缺乏自主创新意识，使我国企业在 GVC 中难以通过技术升级向上游延伸。

4. 低端锁定下企业的不良影响

长期被困于 GVC 中低端环节对我国制造业造成了多方面的不良影响，主要表现在技术发展受制、资源过度消耗、品牌效应低下、环境污染严重四个方面。如图 1-3 所示，我国制造企业被困于 GVC 低端，不仅面临上述四大威胁，同时技术发展受制和品牌效应低下两大问题又会反作用于我国制造企业，使我国制造企业被持续困在 GVC 低端，造成恶性循环。

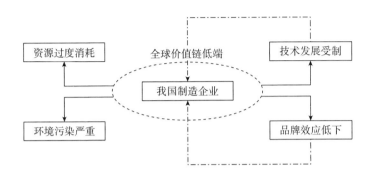

图 1-3　GVC 对我国制造业的影响

　　第一，资源过度消耗。中国是一个资源不足的国家，我国城市环境卫生协会公开的资料数据显示，从资源总量来看，我国油气资源不及全球储量的 2.0%，铁矿石占不到 10.0%，铜矿资源占比在 5.0% 以下。就人均资源占有量而言，我国由于人口基数大，人均资源相比全球平均水平显得更为匮乏。

　　第二，环境污染严重。中国劳动密集型产品的长期大规模生产在加速资源消耗的同时，还对生态资源和环境造成了难以挽回的破坏。在经济全球化的大背景下，环境污染也逐渐发展成为世界性的问题，发达国家将高污染产业向境外转移后，许多承接高污染产业的发展中国家的生态环境遭到了严重破坏，形势堪忧。我国是世界上最大的发展中国家，多年来作为发达国家高污染产业的承接国，虽然加快了经济发展速度，但也以生态资源为代价而付出了极高的筹码。我国长期以加工制造为途径位于价值链低端，造成了我国生态环境的不断恶化。随着高消耗、高污染产业的不断进入，我国在生产过程中污染物的排放量逐渐超过了生态环境的承载能力，各地的区域环境和区域生态遭受了不同程度的破坏和失衡。由于被困于全球价值链低端难以突破，我国环境恶化的问题日益严重，受污染地区的范围也在日益扩大，从东部沿海地区逐渐向中西部地区扩散，上至大气层，下至海洋深入地底，自然环境受到了全方位不同程度的污染。

　　第三，技术发展受制。在经济发展前期，我国的制造企业主要为代工企业，在多年的生产代工中并未形成自己的核心竞争力。另外，发达国家的企业凭借核心关键技术获得长期垄断地位，不仅对我国制造企业的国际市场份额和盈利能力进行蚕食与打压，并且也从根源上削弱、抑制着我国制造企业的自主创新能力。目前，中国的大部分制造企业缺乏自主创新能力，在专利技术层面上处处受制于人，严重阻碍着我国制造企业向高层次迈进目标的实现。在开放竞争水平下，大型跨国企业凭借规模优势持续挤压中国企业，打破了我国制造企业利润稳定的现状，造成企业利润水平下降、经营风险上升。尽管我国的制造企业已经认识到了转型升级的必要性，但在技术门槛、资金支持、员工素质等因素的影响下，技术水平成为我国制造企业转型升级的重要制约因素。

之前，我国制造业在嵌入 GVC 的过程中主要依靠的是低成本竞争优势，在全球 GVC 中处于低端，如果这些企业要进行跨国经营的话就需要实现经营业务高端化，这一过程必然会对位于全球产业链高端的企业产生冲击，势必招致这些企业的抵制和阻挠。加上中美贸易战的上演，我国企业也必定会受到牵连，特别是在通信、装备、石油石化等行业。在如今波诡云谲的国际形势变化里，各国对自己国内的贸易保护不断加强，整个国际市场上的竞争态势日益激烈。我国制造企业为了提高自身的竞争优势，也在不断地进行 GVC 升级模式的探索，力争实现从 GVC 低中附加值环节到高附加值环节的跨越。然而，发达国家大型跨国公司为了维护现有地位，在我国企业进行价值链攀升的过程中，一旦感受到我国企业进入技术、品牌和销售终端时，就会想尽办法利用技术参数和品牌优势来控制和阻碍我国相关企业的升级进程。

第四，品牌效应低下。与技术一样，品牌也位于企业价值链攀升的高端环节，一个好的品牌对于企业的经营来说至关重要，品牌是企业难以替代的竞争优势，也是保持其在国际市场上的竞争优势和领先地位的关键。中国制造的"最后一公里"就是品牌。在全球化的大背景下，带来的不仅是全球市场，更是全球竞争。在国际上，除了大国之间的政治较量外，经济之争也极为激烈，而在经济之争中最耀眼的无疑是位于企业关键位置、能使企业迅速崛起的品牌之争。我国制造业正处于由大到强的跨越期，在当前阶段，如果中国制造想长久屹立于国际市场，就必须在企业的品牌建设方面进行升级，不能再仅仅依靠低成本优势扩大市场，而是要依靠品牌走向高端环节，扩大中国品牌的影响力和传播力，进一步提升竞争力。从国家软性实力来说，知名品牌是国家形象和实力的代表，对于企业自身，品牌也是企业能力的代名词。品牌是企业发展的灵魂，不仅承载着企业之前积累的宝贵财富，也是企业之后发展的力量来源。提升企业品牌建设，不仅是打造中国企业"走出去"的名片，也是我国国家形象建设的重要一步。

过去，在人均收入低、国内需求少的历史背景下，我国经济增长的动力主要来自国际市场的外部需求。当时主要的发展内容是较简单的国际代工，缺乏技术含量，不利于国内自主品牌的发展和创新技术。如今，我国制造业企业已经发展成熟，我国作为制造业大国不能仅仅满足于代工制造的发展模式，而应该打造自主品牌，提升出口利润率，逆转在 GVC 上的不利地位。我国制造业受到经济全球化的冲击，在国际市场举步维艰，在这种情况下，多数企业开始认识到要想提高产品附加值，增加利润收入，就必须依靠品牌的无形价值，打造属于自己的品牌。在全球化、国际化的大背景下，企业若要在激烈竞争中立于不败之地，就必须将注意力集中到企业品牌的建设上来，将企业品牌转化为自身的核心能力，形成强大的品牌优势。然而，由于我国制造企业在之前的发展中被禁锢于 GVC 低端，企业的盈利大部分是依靠为国际化的全球大公司做代工所获得，在这种模式下，我国企业难以打造自己的品牌，尽管产品质量不错但品牌效应低下。

如今，虽然我国已经发展为世界制造业大国，但我国本土的自主品牌却相对较少，出口利润率低，在全球价值链上处于不利地位。中国在品牌建设上实力屡弱。2018 年世界品牌 500 强中，中国品牌仅占整个榜单的 7.6%，与排名第一的美国存在着明显差距。眼下，我国外贸企业拥有自主商标的不足两成，自主品牌出口额占出口总额的不到一成。随着经济全球化的不断推进，中国企业在全球市场上的竞争日趋激烈，中国企业若想在全球贸易的激烈挑战下占有立足之地，就不得不打造自己的企业品牌。然而，由于我国企业长期被禁锢于全球价值链的低端环节，企业的盈利大部分是依靠参与国际化的全球大公司产品的代工环节所获得，造成了我国企业品牌效应低下的现实问题。当消费者面对全球市场上琳琅满目的产品时，能脱口而出的、属于中国自主品牌的产品实在屈指可数。

在经济全球化和互联网发展的大背景下，跨国公司的扩张对我国制造企业的生存造成了巨大的威胁。一方面，随着中国 2001 年加入世界贸易组织（WTO），越来越多的跨国公司以知名品牌敲开中国市场的大门，互联网发展更是为外国品牌的传播提供了有利渠道，外来品牌逐渐占据了人们生活的各个角落。由于我国制造企业长期进行加工生产，缺乏充分的创新和品牌能力支持，企业的发展动力不足，产品附加值低，长久被禁锢在 GVC 中低端陷阱之中，生存能力差。受外来品牌的影响，我国许多本土企业在市场打压下难以存活。这些跨国公司通过各种方式以自身的名牌产品作为"开山刀"，快速进军并抢占我国市场，有计划、有组织地对我国原有的自主品牌进行围剿，使我国本就寥寥无几的自主品牌更是饱受摧残。另一方面，企业品牌在很大程度上受到企业核心技术的影响，受到发达国家对我国的技术打压，我国许多企业科学技术人才储备不足，研发人员水平受限，开发力量薄弱，难以打造出满足市场需要的新产品，缺乏竞争优势。受到技术能力的限制，产品附加值低，企业难以依靠产品打造出具有含金量的企业品牌，不仅造成了我国制造业国内市场的流失，也限制了我国制造业发展海外市场的能力与潜力。近年来，随着产品制造成本的不断攀升，我国许多企业的盈利能力不断下降，由于企业产品缺乏技术含量和创新优势，消费者往往对企业品牌的认可度与忠诚度不够，在互联网发展和外来产品的不断冲击下，我国许多本土企业已经岌岌可危。

因此，为摆脱价值链的低端锁定，使中国企业拥有品牌自主运营、技术自主创新的高端高附加值产品，转型升级迫在眉睫。

二、互联网对我国传统企业的影响

我国传统企业在积极响应党的十八大提出的创新驱动发展战略的进程中，发展"两自一高"产品产业，发挥技术创新和管理创新对经济的支撑和引领作用，是企业转型升级的着力点，而互联网的蓬勃发展对这一进程有着深远的影响。如何深刻地理解互联网的本质，根据互联网的新型思维方式，探究互联网与企业经营管理的关系对研究企业转型升级的路径至关重要。在深刻剖析互联网时代传统企业经营思路应如何变化之后，便可以提出网络与企业转型升级的融合机制，从而为企业转型升级提供更具现实意义的具体措施、支撑体系及政策建议。

1. 互联网的本质特征

在首届世界互联网大会上，国家主席习近平所做的贺词中指出："当今时代，以信息技术为核心的新一轮科技革命正在孕育兴起，互联网日益成为创新驱动发展的先导力量，深刻改变着人们的生产生活，有力推动着社会发展。"关于互联网的内涵，不同的专家学者给出了不同的定义。这些定义大多从技术层面入手，逐渐过渡到思维和哲学层面，最后将互联网上升到时代的高度，视其为全球经济增长的引擎。

互联网是一种复杂的多层网络组织，是一种信息技术网络，它在信息交流和传递方面发挥着不可替代的作用（汪明峰，2005）。除了进行信息传递，互联网的本质是由两类网络（公众的与私人的）和互联网相关协议而组成的全球性通信网络，可以为人们提供商务、通信、娱乐等一系列应用（刘兵、王雪莲，2007）。随着互联网技术的深入发展，我们发现互联网并不仅仅有表面网络的含义，它更是一个联系全世界的信息系统，以互联网协议（TCP/IP）为基础，互联网覆盖全球的信息系统，形成一种全球统一的地址逻辑（邬贺铨，2011）。从意识形态领域来看，我们可以称互联网为一种生活方式、思维模式，但它更像是一种哲学，可以从哲学论的视角来解读互联网思维（李海舰、王松，2014）。互联网以其强大的互联互通互融性，成为了国民经济最大的增长点，正深刻地改变着人们的生活。互联网的存在拉近了人们之间的距离，改变了知识传播的途径和范围，影响了知识生产的难易程度，进而促进商业模式的更新与迭代（罗珉、李亮宇，2015）。实际上，互联网已经不只是一个工具，它已经作为核心引擎在促进社会发展，互联网带来的新型技术已经被应用于多种场景，不断引领产业革命与转型升级（杨继瑞、薛晓，2016）。

综上所述，互联网的基础建构在信息的交流沟通上，将网络的流通作为其发展的载体，逐步改变着现有的商业模式与创新方式。同时，互联网以其连接、开放、共享、去中心化、去等级化等特性，不仅为消费者带来了更符合自身需求的产品，还为企业提供了更多创造价值的可能和空间。互联网为传统企业带来了大变革、大颠覆的机遇，但这同时也是一种挑战，传统企业必须在变革中思变求生，突破现有的发展瓶颈，加速企业的转型升级。同时，在发展过程中，互联网具有的一些特征开始逐渐显现，企业必须在认清这些特征的基础上，逐步实现互联网化的转型升级。

（1）以用户为中心。互联网以其突破时间与空间限制的特性，消除了以往信息和距离的不对称问题，再加上移动互联网和社交网络的发展又是以人为核心而展开的，因此为用户赋予了前所未有的权力，消费者的王朝已经到来。

虽然单个互联网用户的力量仍然较为弱小，但移动互联网以快速、连接一切、实时、无处不在的网络系统将所有的用户连接在了一起，使之成为一个能够改变消费者地位的强大整体，逐渐动摇了原本处于优势地位的企业组织，消费者可以掌握更多产品、价格方面的信息，拥有更大的自主选择权。

实际上，以用户为中心就是传统经济学概念中的消费者主权，另一个则是生产者主权，消费者主权的含义是消费者有足够的信息来保证不被生产者蒙蔽，能够自主选择购买的权利（王燕、蒋露，2012）。《国富论》中有这样一个观点：处在一个自由市场中，满足消费的需求是生产的唯一目标，那么生产者的利益只有靠尊重与维护消费者的利益才可能变得重要。这是第一次开始关注消费者主权，为之后有关消费者主权理论的发展奠定了坚实的基础。完全竞争市场的存在是消费者主权实现的前提，当商品数目繁多、消费者可选择的空间增大时，生产者会开始想方设法地吸引消费者的注意，以满足消费者的需求。但是消费者主权所适用的完全竞争市场在现实中并不真实地存在，因此它只是理论上的一个概念。随着互联网慢慢与日常生活相融，互联网技术迎来了飞速发展时期，信息的不对称问题和资本获利的途径也发生了改变，从而使生产者和消费者之间的权力关系发生了深刻的转变。首先，基于网络的实体市场向虚拟市场的过渡，改变了信息的不对称性。在以往的市场活动中，消费者处于被动位置，他们可能由于成本高昂等一系列问题无法对生产者及供应者的行为进行观察与监督；而如今在虚实结合的市场中，信息传播的快速与高效使消费者能够以更低的成本获取更多有用的信息，使监测变为可能。另外，在互联网还未出现之前，信息的闭塞使生产者依据自己的设想来进行产品的设计与生产，结果就是消费者并不买账。当技术升级带来的信息传播发生彻底变革之后，消费者就具有了话语权来表达自己的想法，因此流向企业的资本就必须依赖消费者的逻辑进行立场的转换，站在消费者的角度，一切依据消费者的意愿，满足消费者的需求与利益，在此前提下，企业才能实现资本的增值与规模的扩张。

进入互联网时代，企业除了需要改进产品与服务使之更优质以外，更重要和更普遍的是将目光聚集在消费者的需求上。围绕用户提出适合的解决方案，将出发点锁定在消费者的需求之上，以消费者为中心，才有可能得到用户的认可。现代企业越发需要的是匠人精神，它是一种追求极致的精神，即提供极致的产品、提供极致的用户体验等，使之达到甚至超越用户的预期。因为互联网时代下的竞争，只有成为第一才会被关注，只有做到极致才会收获更多的消费者。因此，以用户为中心的认知及成就方式，需要企业在实践中不断培养。

（2）以平台为基础。Chandler 说工业资本主义时代的发展基础和原动力是规模与范围经济，当进入互联网时代时，其发展的根基和动力已经成为了建立平台和平台化的转型。"全球最佳品牌"是由 Interbrand 每年评选出的，结果显示，近年来品牌价值增长最快的公司不外乎国际巨头，如苹果、谷歌和亚马逊。近年来的结果一致表明，最著名和最具价值的 31 家企业中平台型企业有13 家，占比为 40%，这些企业都具有独特且运营良好的平台生态系统，而剩下的一些企业却因为不具备平台化的因素而使其发展受到限制。另外，平台化企业在当今全球排名前五位的企业中占据三家，在互联网技术深刻发展的今天，这些企业的发展态势是良好的，其未来的发展前景也越来越广阔，甚至超越了传统优势行业的地位，如金融和能源类等。当今时代，经济发展的最高境界不是做产品，不是重质量，也不是搞标准，而是打造平台。

平台型组织建立在平台概念之上，与传统科层制组织相对立，打破原有的组织边界，能够进行双边甚至多边（人才、资源等）的连接从而创造独特的价值（陈威如、徐玮伶，2014）。平台型组织的最大特点莫过于打破传统科层组织的边界，产生连接效应，使原来分散的人才、资金、机会等资源直接实现对接，它所产生的价值远大于原来某一方单独的价值，因此平台型组织可通过定位多边市场、设定不同用户方、激发网络效应等汇聚闲散的资源，实现商业模式的创新。平台型组织的优势主要体现在它所产生的网络效应和具有的演化能力上。平台组织的网络效应包括两种：一是同边网络效应。指的是某一边市场群体用户规模的增长会影响同一边群体内的其他使用者所得到的效用。与之对应的是一边用户的规模增长将影响另外一边群体使用该平台所得到的效用的跨边网络效应。二是平台的演化能力。指的是优胜劣汰、不断进化、择优发展的能力，因为平台是由三部分（核心成分、互动成分、可变成分）组成的，性质决定了它能在快速变化且不确定的外部环境中将资源进行合理的配置，主要是将内部资源与外部多种资源进行有效的对接，使资源最大化地被利用（韩沐野，2017）。

通过打造平台来盈利的新兴企业不胜枚举，但传统的零售业一直通过平台来经营和扩张确实会让人感到惊讶。透过 7 - ELEVEN 普通的便利店的表面,可以看到的是一个包含互联网因素的共享经济平台,经过多年的发展,走出日本,走向世界五百强。基于日本最大的 B2B 共享经济模式,7 - ELEVEN 搭建了一个利益一致、运营良好的生态平台,在树立独特的价值主张的同时,为合作伙伴创造了良好契机,打造共享平台。在日本的 7 - ELEVEN 公司,正式的员工只有 8000 多人,而剩下的员工均是价值链上下游如制造商、加盟店等的雇员。由于其体量大、数量多,它在日本共设有 171 家工厂来提供货源,而这些工厂的投资费用与日常运营费用均由制造商或者供应商承担,他们往返于加盟店所设立的 150 多座物流配送中心,负责高频、及时地将商品送达。由于运用的是平台商业模式,所以它在全球经济严重衰退时,仍然能保持持续的增长。

根据竞争优势对企业进行分类,可以将企业分为两类:一类是具备明显相对竞争优势的企业,这些企业可能在创新、品牌、供应链等方面十分出色;另一类是竞争优势不太明显的企业。根据这两类情形,企业在搭建平台时就有不同的选择及侧重点。对于第一类企业,可搭建跨界的外向型平台,企业所具有的核心竞争力和相对竞争优势都是企业独特价值主张的体现,企业可以据此设计平台运营机制实现内外部价值共享,同时开放的平台有助于企业内部资源与外部资源的互换,能够以最低的成本将产业链延伸,提高企业的获利能力,形成正向的循环。对于第二类企业,可将现有资源进行整合,搭建整合型产业平台,即用新方法划分总部和下属经营单位各自的职责。如图 1 - 4 所示。可通过重新设计平台规则明确集团总部与业务板块之间的利益分配和内部交易机制,对于本行业相关企业或团队,可参考合伙人的经营模式进行整合,使之趋向扁平化和形成无边界的自组织形态,提高组织的整体效率(陈春花,2018)。

(3)以数据为原动力。这是一个无时无刻不产生着成千上万数据的大数据和高流动的时代,而企业的生存与发展每分每秒都在受这些数据的影响。对于企业来说,首先要确保数据来源的准确和可靠,与此同时要拥有一定的大数据储存能力,不断增强利用大数据的技术能力,建立分析大数据的研究队伍,数据分析以 IT 系统架构为支撑,强化数据分析和应用,如实了解消费者的购买行为和消费特点,优化客户体验、提升产品质量、加强市场营销、挑选合作对象、提高平台流量。这一过程实际上形成了以数据挖掘与分析来改善企业商业模式各个组成要素的数据循环，在这一过程中，企业通过价值发现形成了自己独特的竞争优势，从而驱动价值链的高效运转，据此被数据所驱动的商业模式创新就形成了。

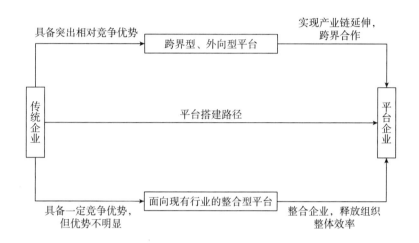

图1-4 传统企业平台搭建路径

数据是互联网时代企业发展的原动力，在企业经营和管理的过程中，逐渐形成了三个被大数据深刻影响的阶段：一是大数据驱动的决策阶段，通过收集大量的数据，如消费者行为偏好数据、市场上现有产品的相关数据等，帮助企业减少预测未来的不确定性，提高决策的成功概率；二是大数据驱动的业务流程整合，通过业务流程中产生的数据，来分析和解决其中的问题，以求进一步提高效率和降低成本，形成营销闭环战略，实现销售漏斗转化率进一步突破；三是大数据驱动的产品，从产品的设计到产品的运营，大数据所产生的动力使产品可以根据消费者的要求定制生产，充分彰显个性化的要求，同时强调迭代式的创新。

Google、Facebook、阿里、腾讯等国际和国内著名公司凭借天然的互联网基因，吸纳了大量的注册用户和数据信息，因此均属于互联网大数据公司这一梯队。当大数据的价值逐渐被人们所真正认知，IBM、惠普等传统的大型技术企业也纷纷进军大数据行业，利用大数据传递的信息和应用方法，为下游客户提供一体化的解决方案。另外，有一些传统行业的传统企业，巧妙地将电子类产品融入公司产品的更新迭代中，从而产生大量的数据，建立属于自己的数据库，再通过数据库获得的信息给予产品以反馈，改进产品和服务。例如，通过"Nike +"成为大数据支撑的新型创新公司的传统企业耐克。"Nike +"是将传感器用到耐克的跑鞋或腕带的一种产品，穿着这种跑鞋或手戴这种腕带运动时，iPod 就可以记录下运动的时间、距离、路线以及热量值消耗等数据并储存在云端，用户可以随时将数据上传到平台，与其他人分享。随着参与人数的增多，耐克公司可以基本掌握有关城市最佳、最热门的跑步路线，从而形成庞大的数据库。据统计，目前已有近 600 万活跃用户每天登录平台分享数据，与他人交流，使企业与消费者之间更加亲近，保证了顾客的忠诚度。此外，这些被收集的数据能够极大地帮助耐克了解消费者习惯偏好，对创新产品具有不可忽视的作用。

（4）以生态协同为目标。自然界具有生态性，企业同自然界一样具有生态性，生态性是企业生态系统中不可缺少的一环。企业生活在这个生态系统中，要直接或间接依赖其他企业或组织而存在，企业间形成了互相信赖、互相影响、协同发展的整体。在传统的竞争环境中，企业一般只关心自身的盈利状况，并希望最大限度地获取竞争者手中的客户和资源。如今，随着互联网及其他技术的发展和进步，企业不得不把目光放得更加长远一些，企业必须关注价值链、市场链、供应链、产业链上的各个组成部分，因此企业可以建立企业生态系统来进行信息交换、价值传递、优势互补，以促进共同发展，提高生存能力，实现整个商业生态系统的协同发展。

在生物学的领域中，要想实现生态系统的平衡，首先要确保物种的多样性，在此基础上，实现差异性和广泛性。对于企业生态系统来说，这也是必不可少的条件。在互联网时代，传统商业中你死我活的竞争可以转变为开放、协作的生态体系，除了以往竞争中残酷的比拼外，企业间应该追求生态圈的和谐与共赢。传统企业依靠的是企业的独特优势，尽可能开发各种资源，利用自己的核心能力进行横向或纵向的合作，但在互联网时代，传统企业开始搭建自己的平台，在这个平台上有各种各样的自组织和项目，把各个企业的核心竞争力用一个纵横交错的网络连接在一起，从而形成一个有机的生态圈，企业的边界会逐渐消失，企业各自的优势与特点将会逐渐显现出来，最后被产业的新形态锻造成产业链上的单个节点，再通过互联网的连接作用形成网络形态下的生态型产业，从而使整个行业的发展更加良性。在互联网时代，建立生态协同的企业生态系统既是目标，也是趋势，传统企业要推动自身顺势而为，致力于实现整个行业内的协同发展，实现共赢。

2. 互联网对传统企业的冲击

根据 G. 道斯（Dosi）的技术规范理论，可以把技术活动分为传统技术和高技术。因产业的支撑是靠技术，我们可以把相应技术所支撑形成的产业称为相应的产业。因此，可把产业划分为传统产业和高技术产业（台冰，2007）。传统产业是相对于信息产业、新材料产业等新兴工业而言的，主要包括钢铁、煤炭、电力、建筑、汽车、纺织、轻工、造船等工业。使用传统技术规范来解决各种生产问题而形成的产业称为传统产业，而运用新的技术规范即高新技术解决生产中出现的、无法用传统技术解决的问题而出现的新产业称为高技术产业（王稼琼、齐嘉，2018）。传统产业是以传统技术进行生产和服务的产业，是指工业化过程中起支柱与基础作用的产业，主要是工业，也包括传统农业和第三产业的一部分。工业经济时代的支柱产业是纺织、钢铁、机电、汽车、化工、建筑等物质生产工业（刘世锦，2003）。

传统企业是一个伴随经济社会发展进程的相对概念，至今还没有统一周延的定义。各种定义如：传统企业指主要通过非互联网形态提供产品或服务并取得相应收入的企业。传统企业的部分产品或服务也可能通过互联网提供并取得相应收入，但其主要业务并不依赖于互联网（夏清华、娄汇阳，2018）。传统企业一般是指进行生产制造以及进行流通服务的各种经济组织（刘善海，2010）。传统企业是指在传统产业边界内经营的企业，主要相对于高新技术企业而言，大多从事有形产品的生产制造、运输及其相关服务，例如，机械、冶金、木材、服装、纺织、烟草等行业属于传统企业生产经营范畴。而与之相对应的高新技术企业，为市场所提供的产品以高科技、无形产品居多。

自从1978年党的十一届三中全会指明了我国要逐步建立起成熟的适应社会主义市场的经济制度，贯彻执行改革开放，经济社会发展、市场建设再次焕发了活力，企业经营环境从原来的计划经济逐步转变为市场经济。在40多年的改革开放大潮中，比较具有代表性的我国传统企业，是依靠人口红利、资源丰富等优势，发展对外出口贸易，由贴牌代工 OEM 做起的"小作坊"，现在它们已经发展成为颇具规模的制造业传统企业。按照全球竞争力专家 M. 波特在《国家竞争优势》一书中对各国竞争力发展的划分，传统企业的发展对应于国家发展的第一阶段和第二阶段，即由生产要素驱动和投资驱动的阶段，竞争优势主要来源于低成本的劳动力和自然资源。

传统企业在组织架构、管理制度理念、生产经营方式、产品结构和产业定位等方面，都与互联网时代的现代企业存在巨大的差距。受制于发展路径和范式刚性依赖，我国相当一部分传统企业对外界市场大环境变化感应相对迟钝，至今依旧按照它们惯用的老一套方式进行管理与经营，表现出一系列与时代不相适应的鲜明特点。

第一，从价值链层面来看，传统企业以企业自身价值链为中心，忽视企业外部 IVC 或以狭隘视角审视上下游利益相关方，不具备 GVC 思维。每个企业都是一种集合体，该集合涵盖了设计、生产、销售、配送以及辅助活动等，这些功能同相互关联的生产活动构成了一条能够创造价值的生产链，即企业的价值链（Porter，1985）。单个企业的内部价值链，即企业的创造价值的动态过程。受长期计划经济观念的影响，有的传统企业在经营管理过程中思维局限、视野过窄，以企业自身价值链为中心，形成了"管窥"或"近视症"。许多传统企业的痛点在于价值链条过长，协同性不高，整个行业过于强调标准化而难以满足个性化需求，以及专业化发展导致"独善其身、各自为政"（陈威茹等，2017）。例如，在成本管理方面，传统企业过分关注企业本身，不断试图通过降低设计研发投入、提高生产效率、压缩人工成本等路径使得成本降低，以提高企业利润。而事实上，削减研发投入不利于企业获取竞争优势；在技术条件保持不变的情况下，生产效率的边际提升率是边际递减的；过度压缩人工成本也会产生负的外部性，如员工流失率增加、士气降低以及消极怠工的出现等，最终损害企业的长期效益。

当企业处于客观环境中时，则该企业就与产业中的供应者、其他制造者、产品分销者以及消费者之间相互关联，企业不仅拥有内部价值链，还面临着一条外部价值链（Porter，1985）。宏碁电脑董事长施振荣（2005）提出了"微笑曲线"（Smile Curve），对产业链上各个环节附加价值的形态加以描述，曲线左端为技术、专利研发，中段为组装、制造，右端为营销及服务。"微笑曲线"的左右向上弯曲，显示整个 IVC 条中高附加值、主要盈利部分是在其两端的创新研发和营销服务部分，而位于中段的大规模组装制造部分，实际上仅获得极低的利润。而我国传统企业主要做的就是"微笑曲线"中段的大规模生产加工部分。此外，传统企业忽视企业外部价值链，没有与IVC上下游企业建立起长期战略合作共赢的关系，以实现供应链一体化，促使IVC的整体价值提升。更有甚者，将企业外部价值链上的利益相关方视为竞争者或威胁源，将本企业获利的提高建立在无限挤压对方利润空间的基础上，致使供应链效用下降。如采购原材料时对上游供应商选择时力求低价，而忽略了低价可能带来的低质，以及对本EVC上最终产品质量及价值的影响。

在经济全球化背景下，在各参与国或地区之间同时形成了一个基于产品的价值创造和实现的GVC（Gereffi，1999；Humphrey & Schmitz，2000）。价值链上每个节点的利润程度都不同，每条GVC上总是存在一些能够创造更高效益的战略节点（Kaplinsky & Morris，2000）。我国大部分传统企业，在管理思维、企业能力等方面还没有做好参与国际竞争的准备。少部分企业在规模上和盈利能力上已初具国际竞争力，但受限于传统经营管理思维，还没有将本企业置于GVC视野中进行合理的优势定位。

第二，从商业模式层面来看，传统企业长期以来发展形成的基于实体交易的商业模式"基因"，不断复制遗传形成刚性，造成难以改变调整或创新突破的路径依赖。20世纪50年代，商业模式（Business Model）作为一个管理学概念正式被提出。90年代，电子商务浪潮逐步兴起且蓬勃发展，"商业模式"这个术语得到了广泛的传播与应用。但迄今为止，学术界还并没有对商业模式的定义和组成框架的达成共识。Alexander Osterwalder在《商业模式新生代》一书中，将商业模式定义为描述了企业如何创造价值、传递价值和获取价值的基本原理，提出描述商业模式工程的九大模块，分别是：客户细分、价值主张、渠道通路、客户关系、收入来源、核心资源、关键业务、重要合作和成本结构。这就大模块涵盖了一个商业体的四个主要部分：客户、产品或服务、基础设施以及金融能力。Zott、Amit和Massa（2011）认为，企业商业模式由价值主张、价值创造、价值索取三个要素组成，其核心逻辑是价值创造和价值索取，不同企业在各自发展阶段价值要素各有侧重。

首先，拥有什么资源。企业拥有核心竞争力资源，是各种资源的总和，也是综合资源，包括管理资源、文化资源、财政资源、人力资源、技术资源、信息资源、品牌资源等内部资源和行业资源、合作资源、政府资源、自然资源、市场资源等外部资源。资源条件主要是由企业引领的进行生产运营或提供生产运营服务时需要的各种能力和条件，包括人、财、物、技术与组织管理等。其客观的制约作用在企业运营活动中发挥着重要力量。这种制约作用主要表现在提供符合企业战略需求的资源条件，创造对应的价值和价值水平的高低。一般传统企业的核心优势资源主要是有形资源，并以财务资源和实物资源为代表，无形资源涉及很广，技术资源、品牌资源、文化资源和管理资源等资源方面，传统企业往往不具备或相对薄弱。然而，在互联网时代，相对于有形资源来说，技术、文化这些无形资源更能够为企业带来长久的、可持续的战略优势。

其次，生产什么样的产品。产品是指能够提供给市场，被人们使用和消费，并能满足人们某种需求的任何东西。产品既可以是一样物品，也可以是一种服务。产品的形态可以是实体的，也可以是虚拟的。实体产品主要是需要生产制造的产品，如服装、电器、汽车、手机等。虚拟产品主要针对实体产品无法替代的功能，大部分是由人类的体力和智力转化成的产品或功能，如电子游戏产品、专业培训等。产品根据其所处消费阶段和功能可分为三个部分，即产品的核心、产品的形式、产品的延伸。产品的核心是产品主体，可以提供给购买人直接利益和效果；产品的形式是指该产品的包装、商标、品质、特征和造型等；产品的延伸是指产品在承运、安装、维护、维修、保障等一系列服务领域给予消费者的利益。传统企业主要产出有形产品、实体产品。传统企业的产品品类较为单一、同质化严重。大多数传统企业的选择是以提高生产规模的方式大幅降低单位产品固定成本，从而扩大市场份额、提升在市场上的竞争力。采用这种模式的企业，一般是以单一产品去满足广大消费者的需求。许多传统企业通过这种提高规模降低成本产生高经济效应的战略，在与其他企业的价格竞争中获得优势。传统生产方式的优势在于生产效率高、产品产量大，劣势在于同质化的产品无法满足个性化的需求，"中国制造"产品在相当长的一段时间里给消费者留下的印象是廉价和低质。传统企业没有核心技术研发，仅靠提供一些没有技术门槛的核心产品，既不注重形式产品，也基本没有延伸产品，提供的是市场竞争力弱、可复制并极易被取代的低端产品或服务。

最后，通过什么盈利。传统企业的盈利模式主要是通过成本驱动，盈利模式是简单垂直的规模经济和薄利多销。企业竭尽全力发现和发掘自身的资源优势，着重强调生产的大规模和同标准化，这样一来便可以以同行业产品价位的低水平为其生产的产品定价。中国的传统制造业，基本上都是依靠规模生产的低成本效应起家的。传统企业的商业模式主要依托于实体交易，经济活动严格受到时间和空间范围的限制。买卖方必须是在同一真实的空间环境中、特定时间内共同完成某项生产或交易过程，强调时间与空间的共同性。然而，在网络时代的背景下，这种时间、空间上的同步，导致传统企业的经营成本居高不下，从而挤压了盈利的空间。传统企业从采购原材料到生产商品，到渠道物流、商品出售，产品价值在生产经营的整个链条上的传导效率低、产生消耗大，再加上实体店铺的高租金、维护成本，更使传统企业的薄利多销盈利模式变得越发艰难。

互联网时代的到来，使企业所面临的竞争环境日益动态化和复杂化，企业与其供应方、销售方、竞争方、消费方、互补产品提供方以及其他利益相关方的联系日趋紧密，企业之间的竞争方式也正在发生颠覆性变化，单纯的产品竞争将被商业系统间的竞争所取代。在简单静态对抗竞争环境中发展起来的传统企业，擅长单打独斗，同质化竞争导致了企业与企业之间彼此拆台、相互打压，竞争的结果往往不是单赢就是两败俱伤。然而，互联网时代使得经济全球化进一步发展，信息技术、前沿科技突飞猛进，产业边界逐渐模糊，日益激烈的竞争在企业间展开。倘若依旧依赖于搞同质化竞争、压低价格的办法，传统企业是难以在当前市场环境下立足的。互联网时代的企业间竞争，早已不再是以往的单打独斗、你死我活，而转变为在商业生态系统中精准定位、融合共生、协同进步，以及同一商业生态环境内部和不同商业生态环境之间的竞争。假设将工业时代传统企业之间的竞争比作"点对点"的单兵作战，那么，随着科学技术、市场经济的发展，竞争的参与者、考量因素沿产业链条扩展，逐渐地"点对点"的竞争被拉长成为"链对链"。大数据、互联网加快了竞争模式的迭代，共享经济、平台经济、社群营销、长尾经济、跨界思维成为当下的热词，如今企业间特别是大企业间的竞争，必须置于商业生态系统的思维中来考虑，竞争模式早已超越产品和市场本身，而发展成为"网络对网络"的全商业生态系统场景。

因此，对于中国企业而言，如何抓住网络时代发展机遇实现转型升级、摆脱发展瓶颈是当前亟须解决的重点问题之一。

三、网络时代下企业转型升级的主要动力

企业作为市场经济的主体，其转型升级是产业结构和国民经济增长模式调整的缩影和微观表现。长期被困于价值链低端使我国企业的发展显得较为缓慢，当前，受国际、国内等诸多因素的制约，我国企业经营状况恶化，进入了前所未有的瓶颈期。然而，世界范围内的产业转移加强了我国与其他国家之间的联系，国际分工合作开始变得明确，也不可避免地带来了国家间的经济摩擦。在全球经济化时代，每个产品的生产流程不再由某个国家或区域独立完成，而是在多个国家之间进行流通，这迫使国家与国家间的经济联系增多，对外依存度提高，也加强了我国对国际市场的依赖。通过嵌入 GVC 低端的方式参与国际贸易制约着我国制造企业的发展速度，在国际和国内环境的多重影响下，我国制造企业的生存环境进入了前所未有的瓶颈期。在国际压力的推动下，我国企业开始进行反思，在压力下追求转型升级成为我国众多企业殊途同归的选择。

1. 企业转型升级的外部驱动力

随着国际形势的变动，发达国家制造业回流的出现使我国制造企业可获资源减少，新进的发展中国家凭借更高的比较优势与我国制造业争抢资源，从下端挤压我国制造企业。国际背景下的多方面原因致使我国制造企业生存空间不断减少，从外部压迫我国制造企业转型升级。另外，随着我国经济水平的稳步提升和科技产业的逐渐发展，中国一跃成为仅次于美国的世界第二大经济体，国内要素成本的比较优势逐渐降低，之前的加工制造模式已经不再适合我国的经济发展。并且，在之前多年的发展过程中，我国企业从技术、人力资本和生产能力等方面都进行了一定程度的积累，部分代工企业已经走过了简单生产的阶段，生产能力有了大规模的提高，技术水平也有了一定的提升，有些企业还拥有了自己的核心技术，打造了自主品牌，已经具备了转型升级的条件和基础，加上"一带一路"倡议的提出为我国企业参与全球经济提供了新思路，国内形势的转变从内部推动我国制造企业进行转型升级。具体而言：

（1）发达国家的制造业回流迫使我国企业陷入发展瓶颈。发达国家虚拟经济泡沫的破灭，造成了世界范围内的需求萎缩，全球大部分国家经济发展动力不足。为重振本土经济，美国、日本等发达经济体纷纷提出了再工业化、制

造业复兴概念，以促进制造业回流。从政策视角出发，欧美等发达国家为了吸引制造业的回流都相继出台了一系列的优惠政策，涵盖土地、电力、基础设施、人才资源等多个方面。尤其是美国税收减免优惠政策的出台大幅度降低了企业生产的成本，成功地吸引到了一批制造企业的回流与新资本的投入。德国、英国等欧洲国家也出台了相应的优惠政策，发达国家进行生产制造的成本与我国之间的差距不断减少，受优惠政策的影响，许多发达国家的企业开始将生产线迁回本国，或直接在本国修建新厂。从发展角度来看，发达国家制造业的回流是新一轮产业转移的标志，从发展中国家迁回本国的并非传统的制造业，而是经变革后的制造业。以智能制造为代表的新一轮工业变革已然拉开序幕，制造企业扮演着不可或缺的重要角色，高技术含量、高附加值的生产制造成为新一轮工业化发展的重点。发达国家想要抓住这次机会，寄希望于新兴先进制造业的发展能够带动实体经济，实施再工业化战略、工业物联网战略，在技术层面处于领先地位，在新一轮产业革命中继续占据竞争制高点的意图不言而喻。发达国家提出的再工业化，并不是单纯的传统制造业复原，而是改革原有制造业，推动新兴和先进产业发展。自动化生产的普及为制造业的振兴和升级创造了条件。美国制造业从中国的回流不是简单的产业回归，而是一种制造业的升级变革。在制造业向发达国家回流的过程中，不仅劳动密集型的企业转移出我国，GM、Caterpillar 等高端制造业企业也大批量地从我国迁出。此外，在网络时代下，一批使用全新技术、推动全新模式的高端制造设备正迅速占领制造业生产设备市场，而这些新设备大多由发达国家主导，依靠其在技术上的优势占据着有利地位。为了巩固其优势地位，加强经济发展活力，解决就业问题，发达国家颁布多项优惠政策甚至使用强制措施加速高端制造业回流，给我国制造企业带来了较大的冲击。由于我国许多制造企业之前都是贴牌生产的代工模式，过度依赖海外企业提供的技术支持而没有形成自己的核心技术，只能依靠生产时对国外技术的吸收与模仿创新来进行升级。如今在发达国家制造业尤其是高端制造业回流的大背景下，我国这些企业失去了技术依靠，原有的升级模式被打破，企业未来的发展堪忧，整体上必定会滞缓我国企业的技术进步与所处行业的发展。不难看出，发达国家制造业回流对我国制造业产生了负面影响，制造业的外资使用规模开始萎缩，长期影响不可小觑。我国凭借储量丰富、价格低廉的劳动力资源，受到发达国家转移产业的青睐，在产业转移中所承接的主要是处于 GVC 低端的加工制造环节，主要包括劳动密集型制造业，解决了大量闲置劳动力的就业问题。因此，随着发达国家制造业的回归，我国基础产业将出现供需不匹配、产能过剩等重大问题，导致部分制造业工人下岗失业等社会问题，这将增加农村剩余劳动力转移的障碍（吕靖烨等，2017）。为保持社会稳定、降低失业率，这部分农村剩余劳动力将分配给劳动密集型产业（胡峰、王芳，2014）。

欧美等发达国家制造业回流给我国企业带来了巨大的压力。由于长期处于GVC 的中下游环节而缺乏自主创新能力，随着发达国家制造业回流带来的产业转移，我国原有低端产业移出回流，而高端产业创新能力不足，企业转型升级的战略机遇期大幅缩短，中国制造业企业正面临严峻形势，转型升级的迫切需求不可阻遏。

（2）发展中国家的劳动力优势压缩中国企业的市场竞争力。如今世界全球化程度已经大幅度提高，资金、技术等生产要素的流动性也越来越高，企业产业的转移早已不是什么难事。我国的经济发展水平持续提升，因此也带来了劳动力、土地等生产成本的不断增加。与其他发展中国家相比，中国制造业的比较优势正处于下降区间。越南、孟加拉国等国家以低廉的生产要素成本承接了来自中国的制造业转移。观察越南等国家的经济发展趋势，下一轮世界经济增长的亮点可能转向这些低生产要素成本的经济体。在新一轮全球产业转移的趋势中，关于产品劳动密集型环节承接之间的竞争愈演愈烈。之前在华进行投资的跨国公司开始将目光瞄准成本更低的发展中国家，将产业线向周边国家进行转移，同时与之配套的上下游环节也相继转移。根据王晓红对长三角和珠三角的调研结果可知，如今我国国内制造企业的吸引力明显降低，吸引外资困难程度增加。与周边发展中国家相比，我国的劳动力资源优势已不复存在。伴随着更多发展中国家借鉴日本、韩国、中国大陆和港台地区的发展经验，利用后发优势对我国现有制造企业进行挤压，全球范围内承接劳动密集环节企业的竞争趋于白热化。在部分劳动密集型行业的产品中，以纺织品、服装、鞋履、家具、箱包、玩具、塑料制品为代表，研究发现我国这些行业的产品在发达国家的市场份额不断下降，在新兴国家的不断挤压下，我国制造企业在国际市场上的立足之地越来越小。伴随着原有劳动密集型制造业向东南亚、南亚等国家的产业转移，短期内我国经济增速将趋于放缓，国民就业水平下降。

在发达国家制造业回归、新兴发展中国家低端制造业比较优势的双重竞争压力下，我国制造企业的生存空间持续受到挤压，越来越多的企业提出进行转型升级（王婷等，2014）。如今处于 GVC 重构的过程中，发达国家正试图通过吸引制造业回归来摆脱困境，再次占据世界经济竞争的制高点。同时，我国的生产要素成本增加导致低成本优势削弱，一些劳动力密集型制造业正在向具有低成本比较优势的经济体转移（庄志彬、林子华，2014）。全球产业布局变革转变的背后都是技术创新的支持，如今全球大部分国家都在为本国的经济发展谋求新出路，期望以新能源、新材料、低碳等高新技术作为发展重点，世界步入了空前密集的技术创新时代，战略制高点的争夺愈演愈烈。上述提到的现有价值链重构现象无一不给我国参与全球产业分工的格局重塑提出了严峻挑战。我国不得不加快经济结构调整的速度与提高技术创新的要求来倒逼我国制造企业先一步进行转型升级，努力向 GVC 中高端攀升。

从企业自身角度来说，制造企业更应该主动把握 GVC 重构这一历史机遇，主动融入 GVC 环节，通过转型升级建立起完善的技术创新机制与体系，实现企业独立创新能力的跨越与抗风险能力的提升，在激烈的全球竞争中站稳脚跟，提升在 GVC 中的地位，打造由我国企业主导的 GVC。在全球分工的格局下，我国制造业需要从"中国制造"向"中国创造"转变，提高制造业企业参与 GVC 的能力水平，实现从低成本导向的低端切入向创新驱动导向的高端切入的转变，将治理角色从被动锁定转变为主动参与、主动控制。

（3）国家政策鼓励企业积极转变。在互联网时代的背景下，中国的政策、市场、技术和创新氛围等良好的外部环境为我国制造企业实现转型升级提供了优渥条件。

首先，在政策层面，政府下发相关通知，开展智能制造试点，并在方案中推出了六项试点活动：一是将智慧企业作为制造试点；二是采用数字化车间对分解后的各类任务进行加工并作为示范点；三是将融合信息、制造和智能技术的智能装备作为试点；四是打造个性定制，强调以网络协同开发为代表的试点项目；五是通过物流信息化管理作为智能管理试点；六是以远程监测诊断为代表的智能服务试点。因而，随着互联网技术进入集成突破新阶段，中国企业未来的发展应当顺应新一轮产业变革中"互联网＋制造业"的融合创新方向积极转型，加快新型 IT 技术向制造业的融合渗透。

其次，在市场层面，中国在全球智能制造业的优势主要体现在完整的供应链和庞大的市场需求上。结合《智能制造装备产业"十二五"发展规划》中的具体内容看，在网络时代的背景下，智能制造将成为我国的支柱产业，并使我国制造企业在寻求海外市场业务发展的过程中具有一定竞争优势。结合智能制造市场具有的无限潜力，不难看出，当互联网时代的浪潮来临时，中国企业只有抓住机遇积极转型，才有希望在全球竞争中快速崛起。

最后，在技术层面，凭借网络时代信息技术的发展，生产环境中人—人、人—物、物—物三种连接将日益紧密，而支持这种生产环境所需要的技术无疑将更加多元化，企业必须具备相关技术能力以拓展现有市场和开辟新市场。随着新一代网络技术的普及应用，智能硬件能够随需接入网络，极大地丰富了智能硬件的产品功能和应用场景。同时，我国已形成较为完善的，包含硬件代工、芯片及零配生产、应用程序开发、云计算服务、整体解决方案、平台渠道等在内的互联网生态圈。企业唯有打破原有的组织边界，将互联网作为企业基础性、平台性的工具，通过协同创新、协同制造，方能实现技术多元化升级。

2. 企业转型升级的内部驱动力

在理论研究上，传统企业理论更多地认为企业转型升级是企业的价值链不断延伸的结果，强调企业的技术创新、企业家精神、产业价值链、商业模式等作用，很少关注互联网的作用模式等创新研究。随着企业外部环境变化，企业为适应环境变迁，其转型升级也随科技变迁发生着相应变化。尤其是在网络时代下，随着互联网经济的快速发展，网络技术已经渗透到传统制造业领域，推动着制造业企业的转型升级。

随着新型 IT 技术的进步，以云计算、AI、物联网等为代表的新型互联网技术正成为推动传统制造企业转型升级的强劲动力。这些新技术的应用正逐步渗透到传统制造业的方方面面和产品的整个生产周期。借助网络平台，企业、市场、消费者之间的互动程度不断加深，互动范围全面扩大。传统制造业与新型网络技术融合的新模式、新形式层出不穷。网络正在重塑传统制造企业和制造模式，重构企业与消费者的关系，其创新成果与经济社会的各个领域深度融合，不断推动技术进步和组织变革，有效提高企业效益。

在国内经济进入新常态，制造技术在新一轮产业转型中日益网络化、智能化的背景下，中国企业的生存和发展环境发生了重大变化。原材料和劳动力成本的大幅上升，使本土制造业企业在全球市场竞争中失去了比较优势。而发达国家制造业企业采取的机器换人和智能制造战略，使其在成本、产品等方面都优于中国企业。我国制造业企业低成本、低利润、高消耗的发展模式难以为继。

（1）网络时代下企业转型升级存在的问题。在网络时代下，虽然制造业企业与互联网技术间的融合已取得了一定进展，但是两者的深层次融合仍存在加深的空间，互联网技术对制造业企业的促进作用尚未被完全激活，多数制造业企业对于"互联网＋"模式的认识内容尚不够充分。网络时代下，我国制造业企业向 GVC 的中高端转型升级存在以下问题：

首先，企业的创新能力不够、核心技术对外依存度高，导致企业生产技术简单、技术层次低，生产设备、生产工艺和生产管理基础羸弱。历观世事，各国之间的竞争最终是科技竞争。目前，发达国家普遍在研发费用投入与科技发明专利数量上位居世界前列。虽然我国的制造业增加值已居世界首位，但由于前期秉持以市场换技术的发展策略，我国在制造技术发展上存在着重引进、轻创新的观念，在许多行业中只见短期利益、忽略长期效益，完全依靠国外先进技术的直接引进。因此，我国制造业的技术水平远远低于世界平均水平，缺乏在世界上具有话语权的高科技企业。许多企业处于价值链低端，核心技术被发达国家企业控制，没有独立生产重要产品的能力，因此不得不时常从发达国家进口高技术附加值的设备。而我国许多低附加值的工业产品供过于求，但关键技术含量高的产品不能满足国内市场的需求，需要大量进口，在技术上缺乏创新机制，造成专业技术人才缺失和培养渠道缺位。相比之下，美国对先进技术研发和人才培养给予了高度重视。2012 年，美国 60% 的研发人员从事制造业，制造业增加值超过 GDP 的 10%，制造业研发投入占全国研发投资总额的 75%，产生的专利数量超过总专利数的 50%。就高新技术产业而言，企业的创新能力与其设计研发、生产学习活动密切相关。而在创新能力方面，我国制造企业与发达国家难以相提并论，客观上导致了我国制造业技术水平与发达国家差距较大的局面。总体来看，在网络时代下，我国企业未来的发展路径不明确，缺乏主控式创新。由上可知，目前制造业企业应以用户的明确需求为前提，专注核心业务，通过海量网络大数据分析与挖掘，对现有产品技术和运维服务做经常性改进或突破新技术。但两种创新均需要企业明确发展目标，迅速将技术商品化，抢得市场先机，以确保该市场不会被竞争企业的产品所取代。

其次，我国的成本优势不再亮眼，制造业发展遭遇瓶颈。以往，我国企业具有粗放式的经济发展优势，但是目前需要逐步向集约式的经济发展转型。这一转型过程受到了网络时代带来的多方面威胁。从全球发展规模来看，众多发达国家相继进入了智能制造领域，意味着这些发达国家将逐步减少在价值链中的投资（杨叔子、丁洪，1992），对发展中国家的直接投资将进一步缩减，我国的劳动力优势将逐步降低，我国企业的发展将面临瓶颈期一系列的制约因素（黄群慧、贺俊，2015）。

再次，我国产品趋于同质化导致竞争激烈，企业亟须实现产品差异化。在互联网不断发展的时代背景下，网络经济特点明显，如将经济模式去中心化、交易虚拟化、规模报酬明显递增、附加消费免费性、高度动态化等。网络交易具有非常与众不同的特征，如交易只需要在虚拟空间进行，其主要支持是技术资本支持，实体资本支持占比较低，呈"轻量化"特点。互联网时代的到来，催生了多样化的消费者个性需求，使个性生产、产品定制成为现实，消费者参与到产品设计、生产、销售的各个环节当中。很显然，廉价单一的产品已经难以满足多样化的市场需求。传统企业在以往很长的一段时间内积累起来的重量不重质、薄利能多销的经营优势和经验，反而成为互联网时代传统企业转型升级的桎梏。

最后，中国企业品牌难以被国际承认。中国实施"引进来""走出去"的对外开放基本国策40多年来，成功塑造了制造业大国形象，但世界知名的国际品牌屈指可数。尤其是在新型互联网技术高速发展的时代背景下，国际品牌是企业走向世界的形象。我国大多数制造企业只注重效率和规模，而发达国家的企业更注重打造自己的品牌，然后通过品牌效应将自己的品牌外包出去以获取利润。相比之下，中国制造业目前缺乏具有广泛国际影响力的品牌形象，国际知名品牌更是寥寥无几。很多制造业企业只是发达国家国际知名品牌的代工厂，而自身品牌的国际竞争力较低。

总体而言，品牌问题关系到企业的未来发展方向，却没能引起我国企业的高度重视。许多中国企业制造的产品在功能、质量等方面与国际知名品牌几乎相同，部分国际知名品牌的产品都是在中国代工生产的。由于我国制造企业缺乏品牌形象，单件产品的盈利能力只有名牌产品的 1%～10%。没有品牌就没有市场占有率和市场控制力，创新成果也很难转化为产业活动。中国制造要走向世界，就必须有自己的国际品牌形象。因此，中国迫切需要从国家层面正视和塑造自己的国际品牌形象。

（2）网络时代下企业转型升级面临的机遇。虽然网络时代给企业的转型升级带来了诸多困难，但也提供了发展机遇。传统制造业与新一代IT的融合，正悄然改变着产业生态和产业分工形式，企业面临的消费市场也在不断变化，具体来说：

首先，网络技术突破了时空限制，企业与消费者之间实现了实时的、便捷的信息沟通。原来由渠道和地理位置分隔开的若干个小市场，正整合为统一的大市场。信息更加开放透明，渠道经营者的作用弱化，企业和消费者的地位得到提升。以往，消费者习惯于被动接受企业产品，能做的选择极其有限。目前，由于产能过剩行业的大量存在，消费者的选择更为多样。因此，能否快速感知并满足消费者多样化、个性化的需求，是决定企业竞争成败的重要因素。

其次，新型IT与传统IT的交织叠加，带来了更广泛深入的互联互通，制造企业间的供应链协作更加紧密灵活。一方面，网络协同能做到迅速响应消费者需求。在传统制造业中，产品的R&D、原材料供应和生产制造必须串行完成。供应链企业间的网络协作，使供应链企业能与协作伙伴共享R&D、管理、客户资源等信息，使原有的串行环节并行完成、交叉完成，从而实现新产品从研发到上市所需的时间最小化，可以大幅缩短生产周期，提高设计和生产的灵活性。另一方面，网络化协同制造为供应链制造资源共享和优化整合创造了更多的可能性，有助于企业以更低的成本实现柔性制造，满足消费者的多样化、个性化需求。过去，企业为争取更多市场机会，需要针对消费者需求配置多种不同的制造能力，企业在发展中产品规模逐渐增加，变成小而全或大而全，使企业成本的控制难度不断上升，企业自身因变得庞大笨重而失去灵活性，在多变的市场环境下，转型战略难以实施。在新型网络生态中，企业可以灵活开放地处理制造资源和制造机会。作为产业链和供应链的节点，制造企业不需要拥有广泛而全面的资源，非核心资源可以通过显著的成本优势取自企业外部。企业可以根据消费者多样化、个性化的需求，快速整合自己不具备的制造资源和制造能力，确保成本可控。综上所述，网络协同可以实现制造能力快速组织和柔性组织的优势，满足消费者需求。因此，在复杂多变的市场环境下，网络协同是促进企业间形成具有竞争力的柔性供应链的有效方法。

不难想象，未来将会有更多的社会资源接入制造体系，使企业具有比以往更充分利用外部资源的能力。互联网的开放性和平等性将使每个分散的个体、每样分散的社会资源补充并融入制造体系之中。企业可以通过众筹广泛吸纳资金，实现社会融资，也可以利用网络众包集思广益。阿里巴巴联手数家物流商共同扶植培育菜鸟驿站，利用互联网平等开放的特点，将临街散布的彩票店、便利店、小型商超等实体店铺接入淘宝物流系统，利用外部资源优化物流，有效提高消费者对物流服务的满意度。

因此，企业的转型升级应当解决技术创新、管理模式创新、制造水平提升三个问题，需要对企业在网络时代下的变革中能够把握的机遇和可能面临的挑战进行详细的分析，才能做出方向正确的路径选择。

第二章 网络时代下企业转型升级的
内涵与能力要求

　　自改革开放政策实施以来，为抓住国际要素分工带来的发展机遇，中国开始以积极主动的姿态去接受西方发达国家的技术转移与扩散，从而实现了中国产业的快速发展与升级。但是，这种传统纳入要素分工体系的产业发展模式，对中国的环境资源产生了过度消耗与损坏，引发了一系列不平衡、不协调以及不可持续的环境问题，最终导致中国企业以要素驱动经营的发展模式受到影响。与此同时，随着网络时代的来临，资源稀缺性的加深、市场竞争激烈程度的增强给现有社会和企业经济发展带来了巨大的影响，创新已成为我国经济社会发展的新动力。事实证明，企业创新对产业链转型升级有重要的促进作用，具体体现在知识与新技术的创造和交流对社会发展所带来的巨大推动力。因此，为适应网络时代的经济发展需求，转型升级成为了未来中国企业发展的必然选择。

　　那么，中国企业如何转型升级？现有研究结论表明，中国产业发展特征为两头在外，而且是以低端嵌入的方式被置于 GVC 低端，这就意味着中国企业未来的发展很有可能被发达国家主导的世界价值链俘获而长期处于 GVC 低端，即所谓的低端锁定（聂正安、钟素芳，2010）。所以，从本质上理解，中国企业转型升级的最终目标就是通过向"微笑曲线"两端攀升来提升在世界 GVC 的地位。而解决转型升级问题的关键就是要放弃以外需为主导的发展模式，通过提升中国企业自主创新能力来建立起基于内需为主导的国家价值链（刘志彪，2005）。

　　尽管企业转型、能力升级等字眼频繁地出现在企业项目报告、新闻报刊等各类权威媒体中，但学术界依然缺乏相应的研究成果，与中国企业转型升级的实践形成鲜明的反差。首先，现有资料更多地倾向于关注企业转型升级的概念、特征、动因、意义、能力、模式、路径等，然而传统理论面对网络时代企业层出不穷的新现象时，其缺少对企业转型升级过程机理的研究。其次，从动态角度来看，网络时代下企业转型升级仍然存在过程黑箱，这就导致已有的研究结论无法很好地解释网络时代下企业进行转型升级背后的逻辑与规律。所以，深入研究网络时代下企业转型升级具有重要的指导和借鉴意义，也是学术界目前关注的重点问题之一。

第一节　产业转型升级相关研究

20世纪末，在贸易一体化和生产非一体化的国际贸易新模式和全球利益分配格局下（Feenstra，1999），中国利用资源禀赋和人口红利，在产品制造和装配过程中形成了比较优势（蔡昉，2014），逐步嵌入美国、日本等发达经济体主导的GVC体系分工，创造了中国经济发展的奇迹。但是，在基于利益驱动的当前GVC治理者的压制下，我国产业普遍被发达国家大购买商或大制造商所俘获（刘志彪，2007），导致我国长期被禁锢于全球价值链低端（Cramer，1999）。低端锁定的地位给我国带来了诸多负面影响，包括企业缺乏提升出口竞争优势的能力（刘志彪、张杰，2009），落入经济活动报酬持续降低的悲惨增长（卓越、张珉，2008）导致内生知识积累路径的弱化消失，遏制本土产业在设计、营销和品牌建设方面的功能升级，抑制了中国产业体系的现代化发展（郝凤霞、张璘，2016），中高端科技产业面临锁定效应（王岚，2014）容易造成贫困增长和经济依赖现象，导致国家出口贸易结构失衡，引起区域经济发展不平衡的现象加剧。低端锁定使我国产业面临路径依赖、价值贫困、恶性竞争、产业空心化、战略边缘化等诸多风险（胡大立，2016），导致本土企业无法通过与行业龙头企业建立直接关系来实现知识转移和功能升级，创新空间被限定在GVC领导者所设定的技术范式之中（梁运文、可克夫，2010），使国家创新体系中支柱产业和下游产业间创新驱动循环的支撑机制严重受损（陈爱贞等，2008）。在科技产业中，发达国家掌握了重点领域的关键核心技术，以品质在国际市场竞争中取胜，掌握着创新设计、行业标准等领域的话语权。近年来，我国由于环境破坏、人口结构老龄化等问题，原有要素成本优势逐渐难以支撑经济持续高速增长。根据国家间投入产出数据库的公开数据显示，2006 年，中国低技能劳动力的工资超过了周边发展中国家，在周边国家的工资洼地中，中国失去了逐底竞争优势，被挤出 GVC 的风险持续增加（Sturgeon，2004）。在低端锁定和挤出风险并存的压力下，中国被迫进行产业转型升级，加快经济转型和产业升级迫在眉睫（李克强，2013）。因此，党的十九大报告提出，要构建现代经济体系，支持传统产业优化升级，推动我国产业向 GVC 的中高端环节迈进。

一、产业转型升级的主要动力

自 2008 年国际金融危机以来，产业转型升级成为一个高频词汇，但《产业经济辞典》《西方经济学大辞典》《英汉西方经济学词典》等主流辞书中均未收录产业转型升级这一词条，可见该词内涵尚待厘清。现有文献对产业升级的概念主要从微观和宏观两个角度进行研究，并没有对其内涵进行系统、全面的界定。

基于宏观视角的产业转型升级主要从产业结构视角进行阐述。1691 年，威廉·配第发现相比于农业，工业能够获取更多利润。他的研究指出，随着经济发展，产业的生产重心将逐渐从物质产品转向服务产品以持续攫取更多利润。20 世纪 30 年代，霍夫曼在《工业化的阶段和类型》一书中对国家工业化进程中工业部门的结构演变进行了深入分析，提出随着经济体工业化进程的深入，消费品部门与资本品部门的净产值之比将趋于下降，即霍夫曼定理。克拉克于 1957 年率先采用了三次产业的分类方法，将所有产业划分为三个部门。库兹涅茨（1971）结合各国统计数据认为，随着农业部门产值和劳动力比重的下降，工业部门的比重将先上升后缓慢下降。霍利斯·钱纳里（1988）通过比较分析法描述了发展中国家的产业结构变化，认为服务业比重将呈现先慢后快的发展趋势。在此基础上，我国学者进一步开展研究，将产业升级定义为产业结构升级，即迅速淘汰劳动密集型产业，转向技术密集型、知识密集型产业（吴崇伯，1988）。产业升级不仅需要考虑农业、轻工业、重工业的比重，还需要考虑服务消费部门不断增加的供求数量（李江帆，1985），要稳定农业基础地位，结合农业、轻工业的需要，改变重工业的生产结构（杨坚白、李学曾，1980）。产业升级具有产业结构升级和产业深化发展两个不同方向的平行内容（李江涛，2009）。产业升级也代表改善产业结构、提高产业质量和产业效益。前者表现为产业的结构改善、协调发展；后者表现为生产要素的优化，产品质量和管理水平的提高（李晓阳等，2010）。国内学者主要关注产业地位和产业结构关系在更高层次上的协调，从生产率和组织、资源、技术、产值结构等多个角度进行分析讨论（杨治，1985；杜传忠、李建标，2001；郭克莎，2003；宋国宇、刘文宗，2005）。

产业结构调整为从宏观角度分析产业发展轨迹提供了可行路径，但其局限性显而易见。一是分析路径的微观基础不牢固。由于缺少对企业的深入分析，产业结构调整无法解释企业面临的特定约束造成的产业结构异质性变化。二是分析路径将产业简化加工、同质化加工，这种加工方式可能导致产业升级偏离正确方向。由于产业结构调整中缺乏对产业链的详细分析，忽视了产业链不同环节间的差异和科技创新对产业升级的影响，可能导致产业升级路径选择错误。

基于微观视角的产业转型升级主要从价值链视角进行阐述。Gereffi（1999）正式开启了基于价值链思路的产业升级研究。在价值链理念下，产业升级可以看作企业和产业在价值链上或价值链间的攀越过程，意义包括增加价值获取以及一系列条件的改善。Gereffi 等（2001）将产业升级定义为企业从低利润或劳动密集型实体向高利润或资本、技术密集型实体发展的过程。它是价值链上的增值活动从低价值向高价值转变的过程，也是制造企业从生产低成本劳动密集型产品成功转型为生产高价值资本、技术密集型产品的过程。产业升级促使新兴工业化经济体中的制造企业从装配商迅速转变为外国买家的完全供应商，而企业则转向利润更高、技术更复杂的生产活动（Hobday，1995），是产业由低技术、低附加值状态转变为高技术、高附加值状态的过程（Ernst et al. ,1998）。受 GVC 研究方法和国外生产性服务业研究的影响，国内学界开始出现基于价值链视角的产业升级研究（张辉，2004；程大中，2005；王岳平，2007）。具体来说，价值链现有研究可以分为以下几类：

1. 企业价值链

企业价值链（EVC）理论最早是由迈克尔·波特在《竞争优势》一书中

提出的，该理论将企业的价值创造行为和企业竞争优势进行了剖析，将一个企业分解为与战略相关的多个活动，而正是在多个相关活动中，企业或多或少地获得了竞争优势。具体而言，企业是通过比竞争对手更低的价格或者通过开展更紧要的战略活动的方式来获取竞争优势的（Porter, 1985）。EVC 并不单单是一些活动的集合，而是通过企业之间复杂的相关关系和内部联系来优化企业之间资源配置的机会，并且增加协调价值链上各主体之间、各活动之间以及企业内部各事业部之间的可能性。

EVC 指的是一个价值链系统，它的核心是包括基本活动和辅助活动两部分在内的所有企业内部价值活动。其中，基本活动是指创造主要客户价值，包括内部后勤、生产和运营、外部营销和服务等，涉及产品的生产制造、销售、产品支持、售后等环节。而辅助活动指的是对企业基本活动有所帮助，但却不属于企业基本活动的那些活动，它们起到了支持基本活动的作用，涉及了采购、技术、人力资源以及企业基础架构等环节。在缔造价值的过程中，上述活动相互联系，共同组成企业价值链条（Porter, 1985）。在 EVC 中，具有供应链不具备的政策维度以及发展内涵。

企业的采购、产品研发、制造与生产、销售和服务等行为缔造了价值，企业的价值链由行为和行为联系组成。可以在价值链中创造附加值的活动被称为价值活动，它是企业价值链或战略关系的关键，即战略环节。

价值链管理可以划分为两种形式：①垂直价值链管理，是指从原材料生产到供应商、制造商和客户的所有参与者的管理。这包括管理整个价值链。②水平价值链管理，是指对价值链中同一环节内不同企业实体之间的相互关系的管理。最早的垂直价值链管理出现在日本企业中。它整合了制造过程的所有要素，以更好地管理供应商的分布，加强制造商与其供应商之间的合作并提高产品质量。优化核心业务流程是实施价值链管理、降低公司的运营成本、提高市场竞争力、提高企业的管理水平和运营效率以及交付增值的基础，最终实现增值的目标。

波特的价值链是基于单个企业的视角来分析企业价值活动、企业与顾客和供应商可能的关系以及企业如何获得竞争优势，所以波特的价值链通常被认为是传统的价值链。基于对价值链的分析，我们可以很容易地寻找到企业的核心竞争力，并帮助它们更好地把资源进行分配。一个企业可以从价值链的角度入手，在每一个企业价值活动上，力求降低成本，争取突出差别，利用供应商、厂商与顾客间的联系，探索新的发展机会。

2. 产业价值链

产业价值链（IVC）是产业为满足用户需要而达成价值所构成的链条。基于产业链，分析了产业链各个环节创造价值的活动，提出了影响价值创造的关键因素。每个企业都位于产业链的某个环节，企业获得竞争优势不仅取决于内部，还依赖于更大的价值体系，即企业价值链与客户、供应商以及分销商的联系。

IVC 是由具有一定附加值功能的企业组成的战略联盟，在特定区域，将同一行业或不同行业，或具有竞争力的不同行业中的产品连接在一起。组织一定区域范围内的特定产业实施产业链发展，能够达成生产要素的优化配置、合理的空间布局和快速的时间响应，提高产业和区域的综合竞争力（龚勤林，2004）。IVC 具有增值性、完整性、循环性、层次性以及差异性等特点。IVC 不仅是产业链背后的价值组织与创造的结构形式，也是一种产业链与价值链的整合模式（陈柳钦，2007）。

IVC 具有一定的集群效应，一旦形成集群，其内部的自我强化机制就会出现，可以促进集群的进一步成长，不仅增强了个体企业在 IVC 内部的竞争力，而且在不同 IVC 之间也会有不同的竞争优势。在以主导产业为核心的领域，大量相关企业及其配套机构出现了企业集聚于某一地理位置的现象。企业在 IVC 上的集中度，上游到原材料和组件以及支持服务的供应商，下游通过营销网络到达客户，不仅如此，在共同的投资者或技术的帮助下，可以延伸至产品互补品的制造商，在这个过程中，参与的还有政府以及各类公共机构。而由于产业中的集群企业是基于合作与信任，并依靠长期的非合同来维持其相互关系的，所以面对国外竞争时，具有独特的竞争优势，这对新企业有降低企业成本、增强企业创新氛围、发展区域经济、建设区域品牌等很多益处。

IVC 还具有链式效应，它与构成 IVC 基础的上下游企业相互关联，相互依存。链式效应不仅存在于单个 IVC 中，而且还会存在于不同的 IVC 上下游企业中。完整的 IVC 包括加工原材料、制造中间产品、组装成品、销售和服务等环节，产业需要有完整的价值链才能实现供应、生产、销售和服务，从而确保 IVC 有顺畅的物流、信息流和现金流，达到互补、互动和双赢的局面。如果

IVC 中的企业供应、生产、销售和服务处于良好的动态自我调整平衡中，IVC 就可以良好地运转。然而，如果 IVC 中存在一个环节无法满足其及时且充分供给的需求，就会将良性循环破坏，导致上下游企业无法正常经营。综上，链式效应有助于企业核心竞争力的提高，在推动技术进步与发展的同时，也进一步细分了专业分工。

3. 国家价值链

国家价值链（NVC）立足于国内市场需求，是国内企业掌握价值链的核心环节，具备本地市场的竞争优势，继而进入 RVC 或 GVC 的分工体系（刘志彪、张少军，2008）。NVC 强调企业立足于市场需求，从原材料到产品生产和分销，充分利用国内各地区的资源优势，在国内实现生产体系的完整（黎峰，2016）。与 GVC 和 IVC 相比，NVC 强调一国内部区域间分工的价值，形成一条产品间贸易只在一国内部区域间贸易，中间产品不存在跨境流动的链条。

在 GVC 体系中，我国的产品缺乏品牌和核心技术，国内配套企业能力不足，在整个产品生产链中所占比例较小，导致我国利润有限。另外，全球生产网络被发达国家公司占据，给后发企业提高在价值链中的位置带来了很大挑战（张幼文，2005）。当我国难以实现在 GVC 中定位的提高时，应加快建立以垂直分工为基础的 NVC，实现区域间协调发展的目的。尤其是在市场竞争日益激烈、外部总体环境恶化、内部生产要素成本不断升高的时期，建立基于垂直分工的 NVC 非常迫切（刘志彪，2009）。我国应加快构建 NVC，以推动我国区域间专业化垂直分工，促进市场整合（刘志彪、张杰，2007）。我国国内市场广阔，消费结构不断升级，为了在全球化背景下实现产业升级，协调好 GVC 和 NVC 是十分有必要的（刘志彪、张杰，2009）。中国在未来的发展道路上，能否保持中高速增长，提高经济实力，实现从经济大国向经济强国的过渡，取决于中国能否进一步开放，更深入地融入 GVC。除此之外，中国能否重组和完善 NVC 也是重要决定因素。

4. 区域价值链

产业升级、区域产业基础和资源特点共同构成了区域价值链（RVC）的理论分析框架，而 RVC 实际上是对 GVC 与 NVC 的不足之处的一种补充（王海杰、宋姗姗，2014）。RVC 是基于区域的关键资源能力和市场需求，本地企业引领 IVC 的关键环节，充分利用地区内的各种要素，组成从研发到销售的完整价值链条（Baldwin，2014）。

国内外很多研究已经证明了构建 RVC 对于国家产业转型升级、提升在 GVC 中的地位有重大意义，构建 RVC 是实现产业升级的有效方式。在国际局势日益紧张的情况下，一旦中国可以联合周边的新兴经济国家组合成为 RVC，就可以获得从 GVC 中相对落后的位置到 RVC 中相对先进的位置的机会，更有甚者，中国有可能触及并且控制 RVC 的中高端环节，带动 RVC 嵌入 GVC 中，进一步实现在 GVC 中的价值增值（王海杰、吴颖，2014）。

5. 全球价值链

全球价值链（GVC）是由价值链理论引出并发展形成的，联合国工业发展组织（UNIDO）将 GVC 定义为一个全球性的公司间网络组织，该组织将生产、销售、回收和其他过程联系起来，在全球范围内实现其商品和服务的价值，GVC 包括从采购和运输原材料，到生产和分配产品，再到最终消费或回收产品的整个流程。从而，GVC 轻易覆盖了所有的活动、组织以及参与者。GVC 已经成为全球经济发展的重要特征，对所有参与国的经济发展和产业升级产生了深远的影响，大大推动了全球经济和就业的增长。

目前已有的关于全球价值链的研究，主要包括价值分配、动力模式、产业升级、治理模式等。

（1）有关全球价值链驱动力的研究，大多基于格里芬等的观点而延伸，并从生产者和购买者的角度研究了两种驱动方法在产业分工和价值分配上的差异。作为纵向分工体系的生产者驱动型，以发达国家企业为代表，从生产者投资向外辐射，形成全球生产网络，研发和生产是价值链的关键环节（Gereffi，1994）。还有学者结合购买者和生产者的特点提出了第三种混合动力模式，认为在生产过程转为流通过程中增值先降后升，曲线的高点在研发与流通环节，加工制造环节处于低点，呈现出典型的"微笑曲线"形式（张辉，2006）。

（2）关于全球价值链的价值分配的研究，主要集中在价值链中不同经济活动和不同环节之间的协调机制。主要是研究 GVC 的价值创造和如何在各部分间分配的问题。价值链在不同部分产生的价值各异，利润呈现高—低—高的"微笑曲线"模式。产品的设计研发环节属于技术与资本密集型产业，经济效益高，而产品的生产制造环节属于劳动密集型产业，其附加值较低，产品的营销和服务环节属于信息与管理密集型产业，也具有较高的经济价值。跨国领军企业凭借自身优势，占据了价值链两头的关键环节，通过 GVC 治理获得大部分价值，这些企业决定了每个环节的利润分配情况（Kaplinsky & Morris，2000；Humphrey & Schmitz，2002）。

（3）对全球价值链的治理模型的研究，主要集中在对协调价值链内的各种经济活动的研究。按照核心跨国公司对价值链的控制程度的划分依据，可以将 GVC 分为四种类型：网络型、准等级型、等级型和市场型（Humphrey & Schmitz，2002）。此外，Gereffi 根据市场交易的复杂性、交易的转化程度和供应商的能力，将 GVC 治理模型分为五种类型，即市场型、关系型、模块型、领导型和层次型。

（4）对全球价值链的产业升级的研究，该研究主要认为，企业一旦嵌入价值链中，成为价值链的重要环节，就可以获得价值链所带来的市场和技术优势，从而提升自身的核心竞争力，向更高的增值环节攀升。通常认为，工业升级包括四种途径：产品本身的升级、过程升级、功能升级与价值链升级（Humphrey & Schmitz，2002）。而上文提到的 GVC 则侧重于产品、经济活动部门内和部门间的产业升级方式（Gereffi，1999）。

综上所述，现有的 GVC 研究多是基于治理模式与升级方面，然而从理论上研究不同价值链的利益分配和地理位置也是非常必要的。虽然目前对 GVC 的研究包含了产品内劳动分工的收入分配，但大多停留在对现象的描述和总结，极少深入分析其内部机制和实证分析。此外，研究表明，每个环节的竞争结构都会影响价值链中利益的分布和空间分布，但这种空间分布仍缺乏理论解释。

价值链升级的理念为产业升级提供了微观研究基础，并通过企业行为体现在实现机制上，具有较强的现实指导意义。然而，基于价值链视角的产业升级存在缺陷。第一，缺乏产业层面的分析，限制了企业沿价值链的升级路径，产业之间存在相互制约，这意味着企业层面的单边突击升级模式将受到相关产业发展水平的制约。只有将重点从企业层面提升到区域产业层面，企业才能在产业互动过程中实现整体升级。第二，价值链环节的选择主要基于企业面临的各种约束。通过自主创新竞争高附加值价值链环节的目标设定，可能与企业的比较优势背道而驰，导致企业自生能力不足。因此，直接以企业所处的价值链环节来判断产业层次的高低，而忽视企业要素禀赋约束，必然会误导企业升级目标的制定。

值得一提的是，产业转型升级作为产业经济学的基础内容，其具体概念和内涵至今仍无统一的定论。由于产业升级涉及广义的创新活动，不同产业、不同国家的产业升级呈现出不同的特点。据此，Ernst（1998）提出将产业升级分为五类：第一，产业间升级，是指从低附加值产业向高附加值产业的转移；第二，要素间升级，是指从生产要素层面的禀赋资产或自然资产向创意资产的转移；第三，需求升级，是指消费水平从必需品到便利品再到奢侈品的转移；第四，功能升级，是指从价值链层面的销售、分销到产品开发、零部件制造、装配测试和系统集成的转移；第五，环节升级，是指在前后链接的两个层级中从物质商品生产投入向知识密集型服务商品的转移。

基于前述研究，本书认为产业升级是产业资源优势从低端投入向高端投入转化的动态过程。因此，产业的转型升级有两层现实意义：一是推动新产业的建立和发展；二是帮助国家提升在全球 GVC 中所处的地位。从微观角度分析，转型升级的本质就是处于"微笑曲线"低端的企业向两端攀升，以获取更多的发展利益（李强，2017）。随着互联网时代的到来，全球化以前所未有的速度迅猛发展。除了无法移动和复制的要素之外，要素和产品在世界各地的流动使企业现有的市场竞争完全突破了国界，并在世界范围内全面展开。此外，最早的劳动分工也从各国工业发展中的明确分工扩展为全球相关产业链中的分工和合作。在新的历史前提下，产业间的激烈竞争不仅取决于当前的发展需求（张然，2016），而且包括资源要素、政策扶持、网络信息、创新能力等影响因素。除此之外，还包括现代文化环境、生态环境建设等非经济发展因素。所以，网络时代下的产业转型升级将主要涉及产业结构变化、产业布局和产业企业发展三个方面（李唯，2016）。在现有的研究中，产业结构、产业布局和企业发展具有一致的内涵和外延。因此，产业转型升级在微观层面上表现为产业素质的提高，在宏观层面上表现为产业内部结构的高级化（李晓阳等，2010；靖学青，2011）。从微观角度来看，产业升级是企业通过持续创新和技术进步，生产高附加值产品、提升产品的市场竞争能力以实现更大程度的获利；从宏观视角来看，产业升级是经济体的产业结构向服务业倾斜，在 GVC 中提升产业地位，如图 2-1 所示。

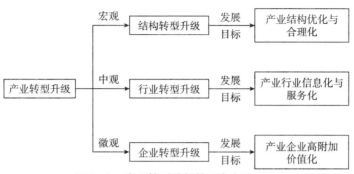

图 2 - 1 产业转型升级的三个主要层面

首先，从宏观的产业结构层面来看，产业转型升级讨论的是宏观上的产业结构变化。从产业发展过程来看，不同的产业结构对应着不同的发展阶段。当国家的经济不发达时，第一产业必然作为产业结构中的支柱产业支撑整个国民经济。然后，随着国民经济的发展，第二产业在产业结构中的比重开始增长。当国家经济发展进入成熟阶段后，第三产业将成为新的支柱产业，这就意味着产业发展过程的本质就是产业结构不断优化，使资源得到最优和高效的配置，来适应当前的经济发展。现有研究表明，发展中国家可以通过产业转移承接其他国家的发达产业来促进产业转型升级。故在一个经济体的不同发展阶段，产业转移可以看作产业结构高级化的重要影响因素，也是产业转型升级的主要载体（陈明森，2012）。

其次，从中观的产业行业发展角度来看，产业转型和升级的生命周期应当与传统企业发展的生命周期相一致。企业生命周期通常包括四个阶段，即初创期、发展期、成熟期和衰退期。同样地，产业的生命周期发展也存在着从新兴产业逐渐向主导产业、支柱产业和日落产业转变的周期。在我国工业化的早期，产业生命周期的形成与现代技术的变迁之间往往存在一定线性的关系。而现阶段，不仅是技术，网络信息等其他现代手段也会扩展产业的应用范围，从不同的角度支持产业的发展，最终形成产业的多元化融合。在网络时代面临第五次全球性的工业革命的背景下，产业的发展出现了典型的特征：服务化和信息化。产业的信息化是以高技术化、智能化、集成化为基础，通过各种方式对现存的各个产业进行了再造，促进产学研一体化程度进一步加强。同样，产业的服务化指的是传统的生产要素，如资本、劳动力、技术等被企业技术、经营模式、资产数目等服务型因素所取代，其对顾客而言复杂性和重要性日益提高。

最后，从微观的产业企业层面来看，不同于产业结构和产业行业的转型升级，产业企业的转型升级更多是从 GVC 的视角下来看企业如何向 GVC 的高端进行攀升的过程（聂正安、钟素芳，2010）。因而，对于企业而言，转型意味着将原来低价值的劳动密集型产品转变为高附加值的技术密集型产品，升级就是企业通过提高技术和市场能力来获得核心竞争力。换言之，企业转型升级的过程是随着相关产业的价值链和附加价值的提升，通过资本、技术和人力的积累来提升企业的自主创新能力，从而促进企业向价值链的高端环节发展，并带动价值链上下游关联企业共同发展，最终提高附加值。因此，企业转型升级的根本目的是通过改变现有生产管理模式，达到更高绩效，即在投入固定的条件下实现高产出。在网络时代下，信息技术的快速发展使企业的竞争环境变得越发激烈。通过转型升级，企业可以快速提升自身的技术创新能力，形成自主创新技术，并根据市场用户的潜在需求，开发创新产品的研发和生产形式，提升和优化相应的服务体验，提升制造企业现有市场竞争力。一方面，转型升级可以帮助企业推动品牌的定制化、高端化，最终增强中国自主品牌的影响力，提升中国企业在制造等关键领域的突破性创新水平，并优化更多的空间布局，使中国制造在国际市场上更具竞争力。另一方面，区域政策也是产业中企业转型升级的必要条件。通过优化发展环境和平台来吸引部分相对高端的具有上下游关系的企业形成集聚效应，协助价值链的高端嵌入，从而促进产业从低端水平向中高端水平的进一步发展，最终来带动相关产业的升级。在全球化背景下，区域环境在区域资源分配能力中起着决定性作用，它决定了特定区域对资本、技术、人才、信息和其他要素的吸引力。

如前所述，产业在结构、行业、企业层面的转型升级都表现出不同的特征。产业结构转型升级的目标是实现产业结构优化，产业行业转型升级的目标集中在行业的服务化、信息化上，而具体到微观企业，企业转型升级的目标集中在产品的高附加值上。但是，就产业发展规律而言，宏观和中观上的产业转型升级过程和目标的达成必然会受微观企业发展因素的影响。因此，产业转型升级最终目标顺利实现的关键落脚点在于微观企业转型升级的成功与否。

二、产业转型升级的相关影响因素

在产业转型升级的推进过程中，科学制定产业转型升级策略的关键在于正确理解产业转型升级的相关影响因素。然而，尚不完备的理论体系和职能高度分化的实践部门导致了企业对产业转型升级的认识差异和意见分歧。例如，科研部门认为产业转型升级的关键因素在于科技研发创新，质检部门认为关键因素在于提高技术标准，而人力部门认为关键因素在于提升人才素质。由于缺乏共识，政府在制定产业转型升级策略时难以形成合力。

首先，从技术因素角度分析。技术创新带来的规模收益递增，在产业转型升级过程中发挥着重要作用。区域要素市场的不平衡会引起技术创新，要素价格的变化会影响技术创新的方向和速度，进而影响经济结构和产业结构（Antonelli，1999）。知识创新和技术进步是影响产业转型升级的核心因素，其动力主要来自两者形成的比较生产率差异（陈敦贤，2000），技术进步可以提高企业的生产效率，从而使生产要素向行业流动，促进企业所在行业的发展和升级（丁焕峰，2006）。科技创新创造新产品，逐步形成新的产业部门，改变了原有的产业结构（Saviotti et al.，2005）。张其仔（2008）在比较优势理论的基础上，提出了非线性技术的产业升级路径。同时，技术进步的扩散效应使其对产业升级起到了促进作用。舒元、才国伟（2007）运用数据包络分析（Data Envelopment Analysis，DEA）方法对我国省级行政区的全要素生产率、技术效率和技术进步指数进行测度，指出技术扩散效应取决于扩散区域的空间距离和资源结构，技术扩散区域可以促进区域人力资本投资、产业结构调整和专业化。张杰等（2007）从产业集聚的角度研究了龙头企业和跟随企业的多维技术溢出效应，指出技术的单向溢出和双向溢出对企业创新能力的影响不同，建议改变企业间的相互依存关系，形成以龙头企业为核心的产业链，解决产业集群创新能力提升和产业升级问题。

其次，从市场因素角度分析。卢福财、胡平波（2008）提出，为促进产业升级，应从需求结构上扩大国内市场有效需求，促进消费需求升级，为企业发展提供充足的市场空间。1980年，Krugman提出了地方市场规模在工业发展中的重要作用，而后迈克尔·波特在钻石模型中也阐述了扩大市场需求对提高产业竞争力的重要性。发展中国家企业的技术进步不仅取决于干中学效应，还取决于国内市场需求对本土企业自主创新的引致作用，实现从 GVC 上的干中学向母市场效应的转变（孙军，2007）。巨大的需求规模为本土企业获得市场和终端销售能力提供了巨大优势，多元化的需求水平为企业研发设计能力和产品差异化创新提供了强大的需求支撑（Mueller，2006），也有效促进了企业大规模更新改造生产设备和进行产业创新，向价值链高端攀升（Porter，2002）。

再次，从制度因素角度分析。张杰等（2008）指出，长期以来，我国社会信用体系和知识产权保护机制的不完善导致了贴牌生产产业集群的形成，并参与发达国家跨国公司主导的 GVC 低端环节，影响我国产业升级能力，并提出要加强国内社会信用体系和知识产权保护制度建设，为我国产业在 GVC 中的升级提供保障。从新制度经济学的视角，张晖、万解秋（2009）提出产业升级是制度变迁的过程，影响因素包括规模报酬递增、协调效应、转换成本、适应性预期和利益集团。因此，企业需要从内部加强制度创新，政府需要从外部加强制度供给，只有双方共同努力，才能打破阻碍产业升级的路径依赖。实际上，在推动技术创新和产业发展的过程中，政府大有可为（刘芳、何泽军，2009；孙军，2007）。政府应在鼓励创新、提供信息和培育市场方面发挥积极作用（Stiglitz，2011）。政府应创造一种新的机制和制度，以供给高级化、专业化的科技服务、科技金融、人力资本、自主产权等生产要素，应保证资源要素的自由流动和企业竞争公平有序，应深化收入分配制度改革，完善消费政策，培育价值链管理者成长的需求规模、需求结构和需求增长率。

最后，从企业家因素角度分析。庄子银（2007）率先在分析中引入企业家精神，认为以持续技术创新为核心的企业家精神，是经济长期增长的驱动力和产业升级的原动力。卢福财、胡平波（2008）认为，企业家能力、企业家精神和心智模式对提升企业绩效、摆脱低端锁定、实现产业升级具有显著影响。陈明森等（2012）研究了企业家的冒险精神、决策偏好和升级预期对我国制造业升级的影响，指出在企业家精神中，冒险精神是影响产业升级的最关键因素。

三、产业转型升级的驱动机制

驱动产业转型升级的动力大致可分为市场推动与政府推动两类，即市场培育与政府扶持。

第一类是市场培育的主导产业，依靠市场机制推进产业升级。市场机制主要是发挥比较优势，产业升级要充分发挥现有产业比较优势，实现产业梯度升级。林毅夫等（2010）认为，经济发展应该遵循经济体的比较优势，与其固有的资本和劳动力禀赋结构相匹配，通过产业的长期积累和不断的结构升级，实现经济的可持续发展。如果一个经济体扭曲了其比较优势，经济体中的企业就无法生存，它的经济发展必然是不可持续的。张其仔（2008）支持该观点，认为经济体的产业升级路径必须遵循比较优势，并指出中国在出口方面表现为更好地利用比较优势，而不是扭曲比较优势。蔡昉（2009）同样认为，中国遵循具有比较优势的产业升级路径，可以有效实现经济可持续发展。在前述研究基础上，张其仔（2014）基于能力比较优势理论，认为中国正在以雁阵形式实现产业升级，可能面临比较优势断档风险。李天舒、王敏洁（2007）分析了东北地区的产业比较优势，指出实现区域产业升级需要依靠区域比较优势。

第二类是政府扶持的主导产业，依靠政府政策推动产业升级。不同于比较优势理论，这一观点源于以李斯特和汉密尔顿为代表的新兴产业保护理论，主要通过进口替代实现产业升级，最终实现后发国家的经济赶超。洪银兴（1997）指出，在产业发展过程中，比较优势应转化为竞争优势，因为单纯追随比较优势的经济发展会使经济陷入比较优势陷阱。政府发展主导产业的经济基础是政府推动建立产业园区所带来的产业集聚效应，从而为主导产业带来竞争优势。梁琦、詹亦军（2006）指出，规模经济和不完全竞争会产生集聚效应，使区域经济在不追随比较优势的条件下实现产业升级。并分析了长三角16地市在1998～2003年的制造业数据，结果表明，区域产业专业化能够促进该地区产业由劳动密集型向资本密集型转化，从而推动产业技术进步。

综上所述，产业转型升级主要有两种方式，即企业自发实施管理创新以及产业的转移承接。但是，无论哪种方式，其中的本质是核心要素资源在空间上的优化配置来带动企业创新，再以创新为主要驱动力，提升企业的核心能力，最后辐射到整个上下游产业链，实现产业转型升级。驱动产业转型升级需要相应的动力要素，然而在影响集群演化的诸多要素中，并非所有的要素都能推动产业集群的转型升级，只有那些以创新为目的的要素相互作用、相互结合在一起，才能真正推动产业的转型升级。可以说，创新贯穿于产业发展的始终，如果没有创新，企业将面临发展的瓶颈，无法创造更多的价值，更谈不上升级。总体而言，产业转型升级的主要驱动机制表现在以下几个方面，如图 2 - 2 所示。

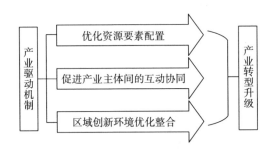

图 2 - 2 产业转型升级的主要驱动机制

第一，优化资源要素配置。资源要素是产业生存发展的基础。纵观经济社会发展史，几乎所有的管理问题都与资源的合理配置息息相关。因此，能否结合产业类型和产业发展阶段的具体要求合理配置资源对产业转型升级成功与否至关重要。熊彼特将创新定义为在整个生产系统中生产要素和生产条件的再组合。这种内部要素组合的再度优化和全新升级会进一步产生区域间的创新合力，进而提高生产效率、促进产业升级。

第二，促进产业主体间的互动协同。产业是拥有多元主体的组织形式，产业内任一主体创新能力的缺失或不同主体间创新方向的相异都可能阻碍产业整体的转型升级。因此，通过有效方式将产业内的企业联通形成创新网络，既能加强产业链中企业间的协同互动，又能使产业内具有不同功能的企业主体朝一致的产业升级方向共同发挥自身作用，在着力打造技术创新型企业、知识创新型高校、制度创新型政府和服务创新型中介的基础上，将四种创新功能集于一体，进一步促进产业持续升级与长期发展。

第三，区域创新环境优化整合。与传统以要素投入驱动的产业相比，创新驱动的产业能不断吸引区域外资金、人才和技术流入，通过外部资源要素向内在创新动力转化的形式对区域创新环境进行激励引导，进而在产业整体内形成互利互补的良性循环。

第二节　企业转型升级相关研究

一、企业转型升级的内涵

格雷菲在 20 世纪 90 年代末首次提出了企业升级的概念，并将其引入 GVC 分析模式，指出企业转型升级是企业和经济体向更具盈利能力的资本转移，向技术密集型经济领域迈进的重要过程。Kaplinsky 和 Morris（2000）将转型升级看作使企业有能力去制造更高端产品、更有效制造产品或者是具备更多生产制造技能的行为。国内学界对企业转型升级的内涵亦进行了探索。吴家曦、李华燊（2009）从转型、升级两个方面解读企业转型升级，认为前者是转行，后者是转轨。王吉发等（2006）认为，企业转型升级的动力主要来自所在行业竞争力的下降或核心竞争优势的衰减，并被迫采取组织变革等手段提高行业竞争力，抑或源于企业的发展前景堪忧，被迫进行战略性产业转移，以寻求新的获利点。

企业在遭遇发展瓶颈时，切不可盲目采取急迫的战略转型策略，而应做到战略归零、反思问题、得到痛点、系统规划，从而从经营战略层面做出根本改变，积极寻找合适且正确的转型方向。部分学者着眼于产业转型的微观层面，从行业通病中寻求企业的共同点、创新点。除企业本身所处行业内的竞争地位外，企业的成败还取决于是否处在可盈利行业中（Porter，1991），当行业本身能量耗尽，行业相关资源难以为企业持续成长发展提供足够空间时，企业应做出适时转型的决策。企业转型是企业组织认知、思维和行为的新变化，是企业创造适应未来的全新商业模式的必要过程（Klein，1996）。企业转型升级是一种企业的自救与突破自我的过程，是一种运用停下脚步、认清现实、重整旗鼓并全力奋进的过程，将引导企业对未来的经营方向进行规划，从而为企业组织注入新的发展动力，增强企业的发展弹性和发展韧性。目前，企业转型升级相关研究主要包括以下四个方面：

1. 企业转型升级的动因

企业的转型升级成为新兴经济体的独特现象，不仅在于它的新，更在于我国的企业生态环境更为复杂，我国的新兴经济体企业集群拥有着发达国家企业生态群并不具有的升级压力，当然，在众多压力之中存在的潜在机遇和动力正是我国企业迅猛发展的关键之处。王吉发等（2006）将企业转型升级的动因分为内外两种，认为只有通过转型升级的内生动因和外生动因二者的共同作用才能对企业产生影响。其中，企业所处行业的相对环境变化和企业自身外部环境的变化等都算作外生动因的范围，相对来说，行业内部的资源剩余以及其他行业的吸引因素等则可以算作内生动因范畴。毛蕴诗等（2010）通过研究近年来对转型升级做出深度剖析的文章得出，中国企业在面对转型升级时期主要在六个方面释放出压力信号：一是出口退税和加工贸易税收政策的调整；二是人民币汇率升值带来的国内通货膨胀；三是由于原材料成本控制失调导致的成本问题；四是由于我国在全球产业链中的低附加值环节和反倾销的国际大环境影响；五是近年来质量环境认证的日趋严格；六是产业核心创造出的技术壁垒。对于发展中国家选择主动嵌入 GVC 的企业，三种动力驱使其在价值链中的升级：一是企业所在集团生态内的群聚效应；二是企业生态群内价值链上的领导企业助推；三是企业自身技术的颠覆性创新。间接带动企业群聚效应出现的作用力便是企业升级，而领导企业推动和企业自身技术创新起直接推动作用（龚甲伟，2014）。影响企业升级的动因则分为内部动因与外部动因，研究过程中我们多以资源基础理论来判断内部动因，以权变理论来判断外部动因。

Barney 等（2001）通过分析沃纳菲尔特的资源基础理论得出，这一理论能够从本质上分析出企业竞争优势的源头，企业依靠那些高价值、难获取和具有独特匹配性的各方面资源进行互位配置，从而获得竞争优势。Carayannis（2004）则认为企业转型升级的必要因素是重要资源和获取重要资源的关键性能力，而后资本积累、人力资源等要素也被纳入其中。转型升级后的企业现金流充沛，并运用充足的资本积累，使其有能力在产品开发、市场推广等方面大力投入，借助高附加值产品和高需求量市场的双重作用，间接推动企业产品技术水平的升级，从而用产品说话，在市场中获得一席之地，打造企业独有品牌形象，直至打响自有品牌的名声效应。不可否认，制度因素和创新能力对企业转型升级的影响程度在中国几乎同等重要。Lahorgue 和 Cunha（2004）认为，无论是转型环境、转型动力、转型政策的需要，技术交流平台搭建、技术分享机制构建，还是高新技术企业和中小企业的互动学习，政府在当中所起的作用是十分有效的，政府作为大环境的主要定调主体，为中国企业转型升级提供的外部助力无可比拟。Restuccia 和 Rogerson（1990）研究指出，企业产出规模和全生产要素率会受到个别厂商异质性政策的影响。温铁军等（2016）着重强调了政府行为的关键性意义，认为无论是制度的变革还是创新，政府行为在其中充当的角色都可以起到颠覆性作用，尤其是在我国这样的发展中国家，它的影响程度更为巨大，因为发展中国家的新兴经济体无法像成熟经济体那样在转型升级过程中运用转移手段降低相应的制度成本，长远发展上便使制度转移更为困难，由此造成发展陷阱的困局。但李强（2017）却指出，政策的作用其实没有温铁军认为的重量级之大，其在转型升级过程中起到的作用仍然需要通过市场结构以及市场化程度来配合，政企结合在帮助企业调整产业结构向合理化与高端化发展上显得尤为重要。因此，由上述结论可以看出，在中国这一大的政策背景下，越来越多的学者已经意识到政策带给企业转型升级的动力有多么巨大，而一旦没有用到恰当的位置上，其对转型升级的阻力便会成倍递增。市场结构（Armenakis et al.，1999）、企业规模、政府研发投入（Guangzhou Hu，2004）、集聚效应（张杰等，2007）等也是政策背景下的重要因素。其实，我国企业发展多半采用的是自上而下或自下而上两种类型的产业运作模式，但基于众多事实案例可以看出，自下而上学习战略带有较主观的能动性，若自下而上成为主流趋势，则这些企业的张力及发展速度将远远超过选择自上而下学习的企业群体，最终导致它们的解体和失败。除此之外，人力资源管理体系的架构重组也是企业转型升级中的一项关键性因素。任何一个成功的企业都离不开人的努力，而实现成功转型的企业往往都会在人力三大支柱或是六大模块进行选择。而选择的方法多是企业内部培训系统的建立与更新，其中不乏借助外部高校和对应培训机构进行联盟式合作的方式。这种做法既能够为企业搭建人才平台，为企业输送大量优质人才，形成人才招收渠道，又能够保证培训出的人才与企业适需，能够实现长久性的保证。除此之外，引进外部高质量人才也是盘活人才体系的一个重要棋子，针对管理和技术两大模块分别招募优秀人才，能够改变原有公司治理格局，将新鲜血液带进企业。理论认为，基于创新驱动的转型升级能够保证企业在转型升级中的系统性、领先性、高效性。基于上述理论，潘宏亮（2015）创新性地提出企业创新能力重构、企业创新软实力的培育和企业转型升级路径的融合式创新这三点才是企业转型升级为创新型企业或是提升企业发展模式的基础性要素，应针对当前行业痛点提出破除机制障碍、加强协同创新驱动软环境和完善区域创新体系等一系列相关对策建议。技术标准化（安同良，2006；孔伟杰、苏为华，2009；孔伟杰，2012）、技术创新外环境（Gans & Stern，2003；路甬祥，2005；刘新民，2005）解释了技术自身和所处环境对企业转型升级的影响。张卫华（2017）还把企业转型升级的主要手段做出了分类，并提出技术创新才是企业永葆活力的源泉，只有拥有新型技术，工业化革新、新兴产业的涌现甚至是价值链上的升级才会有所出处。

放眼全球，全球化趋势的演进让各国的开放程度都在不断地提高，作为对外开放程度发展较为迅猛的中国，完全可以以企业转型升级的浪潮作为契机，借助此次机遇寻求到更优的解决历史问题的办法，依靠企业结构的整形式变动，来加强技术核心能力的塑造，不断开拓市场潜力，借助国际知识充实本国实力，在产业转型升级的道路上看到中国企业为之奋斗的痕迹（江小涓，2004）。但是，为了在现实中能够先存活再盘活，各跨国公司在日益激烈的国际竞争下纷纷通过技术控制战略，即打造技术壁垒以保持自身竞争优势，闭门造车让我国企业处于自主创新的被动处境，从而压制企业转型升级的顺利实施（林中萍，2006）。另外，企业战略目标是一家企业管理高度的体现，而企业家精神和企业品牌文化是加速推动企业自主品牌形成的重要软实力。企业的战略目标之于企业转型升级是十分重要的因素，而企业抱负则是企业家精神、企业文化和企业对其自主品牌认知的外在表现形式（Snyder & Spretzer，1963），将对企业升级路径的选择产生影响。此外，由于我国长期处于 GVC 的低端位置，与国际企业合作开展项目则成了中国制造业企业甚至是中国大多数行业内企业的生存现状。但这些企业想要以现有水平进行升级改造，与合作企业互换价值则是获取转型升级最快最优的方法，这种方法被称作"干中学"和"用中学"（Rycroft & Kash，2004；Carayannis，2004；毛蕴诗等，2006），通过效仿合作企业初级外部模式到逐渐剖析明确内部架构和核心竞争力，企业不断依靠不同的执行参考模板获得多种发展路径选择，而从其中选择一条继续改造路径，则比核心团队自己创出一条转型升级的道路要轻松得多。尤成德（2010）认为，企业家的思维形态是能够让企业转型升级焕发活力的核心，只有企业家认为企业需要改变的时候，企业的改革才能够彻底并且保持改革的一致性。此外，企业家也要在转型升级的过程中不断汲取外部知识，并将其用在企业发展战略的制定中，这样才能保证企业的原动力足够持久。最后，一个企业的魂是企业文化，但企业文化的风格更多来源于该企业的创始人的性格特质，若企业家的性格是敢于冒险、敢于试错，那么这个企业的发展一定更偏向于利好型，若企业家畏首畏尾，则这个企业的转型升级将停留在原地。因此，企业家能力是根本保障，企业家精神才是长远之道。Hebert 等（1989）认为，企业家精神在生产性活动上可以从两个方面进行定义：一是企业家的创业精神，即企业家推动企业从零到一的能力；二是企业家的创新精神，即企业家推动企业从一到多的能力。在原有企业家精神学术研究的基础上，学者们根据 Hebert 等的研究定义，将企业家精神对企业经济增长的影响结合实际情况进行定量分析，通过选择企业更替率（Caves，1998）、自我雇佣率（Beugelsdijk & Noorderhaven，2004；李宏彬等，2009）、企业所有权持有比例（Acs et al.，1996；Erken et al.，2008）和专利发明总数（Acs et al.，1996；Wong et al.，2005；李宏彬等，2009）等指标对企业家双创活动的比较，我们可以通过数据客观地得出企业家相关精神对企业转型升级的功能性影响，而事实也证明了企业生产活动与企业家精神具有正相关关系。Glaear（2007）对 20 世纪中叶美国的矿产和煤炭资源型城市进行了抽样研究，得出结论与上述相似，同时发现可以利用这批城市在 19 世纪 70 年代自我雇佣率等相关数据对城市未来三十年人口及劳动力收入增长水平进行预测，预测结果的信度、效度可观。

Chipalkalti 和 Niranjan（2011）在研究企业家精神对企业发展的影响时首创了三项相关性指标，将 37 个国家的面板数据进行了整理分析，并借助实证分析，得出企业家创新创业精神对经济增长的促进作用会因为不同国家金融部门的发展水平而不同。但由于受相关规制、性别以及契约执行等因素的影响，生产制造业的企业家精神对企业转型升级的影响程度依旧不会降低，即便国家经济形势不容乐观（Ardagna & Lusardi，2009）。因此，单一性金融发展和法治水平的增长不是企业家激励的必然性手段。Bittencourt（2012）认为，在拉美国家，金融发展对企业家创新创业生产性活动的促进作用需借助全方位配套性政体改革才能得以良性发展。企业家精神对经济增长的多层级促进作用能够显著论证其对企业转型升级的正面促进作用。

2. 企业转型升级的核心能力

GVC 的每一个环节都对应着不同的技术水平，因此技术能力的提高是提升企业价值链地位的关键要素之一（Humphrey，2004）。发达国家之所以拥有一大批先进企业，是因为这些先进企业在长期经营中积累了管理、技术、营销等行业的后进者难以复制的组织能力。在全球市场竞争中，中国企业多从低端进入 GVC，往往存在技术和营销缺口，难以获得默示性技术和市场前沿知识（Schmitz & Paul，2007）。在上述两种缺口背后，中国企业在提升技术能力和营销能力上的尝试不仅受到了发达国家先进公司的阻挠，而且也受到了自身知识基础的制约（Isaksen et al.，2009）。企业转型升级要根据自身资源能力和应对外部环境变化而采取不同的升级路径（毛蕴诗，2010）。针对企业所处痛点，毛蕴诗（2012）认为，应在秉持价值链理论的基础上不断提高产品技术水平、提升产品附加值，从而提高该企业的整体获利水平，以此带动相关企业的获利点出现新的增长趋势，充分借助企业是产业中最基本的单位这一基调，建立了一套完整的企业升级战略体系。杨桂菊（2010）建立了 OEM 企业转型升级路径的理论模型，认为新常态背景下 OEM 企业的转型升级是在不断提高企业核心能力的基础上，扩大其价值链活动范围的过程。刘善海（2010）基于本土企业 OEM 模式比较优势逐渐丧失的现实，从核心能力的角度构建了 OEM 企业转型升级的理论模型，认为 OEM 企业核心竞争力的构建可以促进企业的转型升级，而核心能力的构建则来自经营战略、企业文化和企业家能力的支撑和促进。但该结论主要面向民营企业得出，对国有企业是否适用尚停留在理论推测阶段。张海波等（2011）以美的为例，分析了家电制造业的转型升级，指出制造业转型升级应在技术创新、品牌强化、产品优化、战略及结构科学化等多个方向同步进行，得出转型升级有渐进式和跨越式两条路径，认为制造企业的成功因素在于以技术驱动转变增长方式，突破生产要素成本上升带来的障碍，摆脱国内劳动力供给结构的局限性，重视生产模式等柔性工艺技术，根据企业自身特点培育适合企业的核心竞争力。

3. 企业转型升级的模式与路径

从亚洲纺织服装业的角度来看，GVC 的资源配置可分为四个层次：一是单一企业内部产品升级——产品价格由低到高，生产难度由高到低，订单需求由小到大；二是多个企业之间的产品升级——从同质产品生产到异质产品生产；三是多个国家顶层设计的升级——从简单组装到成为产业链中工艺更复杂的原始设备制造商（OEM），再到原始品牌制造商（Original Brand Manufacture，OBM），在一定区域范围内获取更多的纵向延伸关联；四是全球区域转型升级——在产品制造之外，从局部性的贸易往来上升到多重区域间的广泛合作，力图将商品价值链上的各个环节通过技术的转型或市场的调节实现赋能，保证在产业链的多个环节均存在溢价空间（Gereffi，1999）。基于前述理论基础，在微观层面上，国外学者进一步界定了四种企业升级形式（Humphrey，2000；Schmitz，2002）：第一是过程升级，这种升级多半是将生产工序进行重新组合优化，对生产体系的效率进行改进，通过简单地提高产能的方式来获取更有效率的转化。第二是产品升级，这种升级将目光瞄准产品，而非生产过程，通过生产工具的改进或生产设备的更新换代，来获取更高效能的生产流水线，以数量和质量占领市场核心，总能在市场上做出快速反应，从而增加产品附加值。第三是功能升级，这种升级由关注生产方转变到关注顾客方，根据调研总结出产品功能的红黑榜，将红榜排名靠前的功能进行保留升级，提升产品相关专业化性能，将黑榜上排名靠前的功能进行淘汰，并分析顾客不接受该功能的原因，以便在升级改进过程中更大程度地贴合民意，使企业实现由生产环节向设计、营销等处于价值链两端、高利润回报的环节跨越。第四是跨产业升级，这种升级处于四种类型的最高阶。它不单单将眼光局限在一家企业或是一个行业中，而是把眼光放远到多种产业交织中，将其他行业的成功经验以及方法运用到本行业的升级中。通常情况下，企业升级均按照层级先后顺序进行尝试，然而在实践中，也会出现跨越层级乃至倒退层级的情况。如图 2-3 所示。

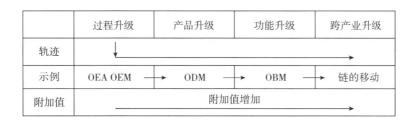

图 2-3　企业升级的过程

尽管在实践中，多数东亚国家在工业化进程中较多采用了层级阶梯式的转型方法，但很多学者不排除价值链的跳跃化升级能够改变全球化的固有进程。当革命性的技术突破出现时，相比企业转型升级的常规路径，跳跃式突破具有直接的特点优势（张辉，2004）。部分学者还对功能升级的方法给予了充分肯定，认为该升级路径相比于过程、产品和价值链升级而言更持久、更具竞争力。面对生产制造过程带来的激烈竞争，功能升级能够更好地实现转劣为优，从而能够破解那些在知识和结构深度层面带来的挑战，逐步打破企业在生产环节的桎梏（Giuliani, Pietrobelli & Rabellotti, 2005）。其实，在现实环境中，新兴工业国家的企业若想寻求转型升级，选择的方法大多还是最传统的单一链条式升级，即 OEM—ODM（Original Design Manufacture）—OBM 式升级，但也需要企业结合自身具体情况采取特定的操作策略（Amsden，1989）。

　　在多数情况下，OEM 企业的升级路径包括三个选项：第一项是技术路线，即从 OEM 企业转型为 ODM 企业。第二项是选择品牌路线，即利用 OEM 与 ODM 结合的融合式转型路径向 OBM 快速转型，或直接省略中间的 ODM 过程。第三项是 OEM 企业在技术领域的多元化转型，利用企业相关优势性资源实现横向发展，从而在其他领域获得潜在发展空间（朱海静等，2006）。需要明确的是，OBM 既非产业垂直升级的最高层次，也非企业转型升级的最高目标（陈明森等，2012），OEM 和 ODM 仍然是众多 OBM 企业的产业链的最佳选择之一（于明超，2008）。同时，OBM 企业也会提升品牌标准、产品质量，从而拓展国际市场业务，实现进一步的转型升级（毛蕴诗等，2010）。而从 OEM 企业角度出发，OEM 其实只是一个微观研究主体，在这个机制下提出阶段内升级的策略，聂正安得出 OEM 可以通过优化工艺和提高产品新颖程度来实现内部的价值链升级，从而先从内部进行上升到最优级，再向其他层级深化和转化（聂正安、钟素芳，2010）。

　　Kaplinsky 和 Morris 是对升级实践和升级绩效进行 GVC 角度分析的开拓者，如表 2 - 1 所示，众多企业的转型升级实证研究也多是使用这些指标或调整后的指标。

表 2 - 1 企业升级实践和升级绩效

升级类型		升级实践	升级绩效
过程升级	价值链环节内	R&D；物流或质量改进；引进新机器	更低成本；提高质量和配送效率；盈利能力提高；专利申请数量提高
	价值链环节间	R&D；供应链管理流程改进和学习；电子商务能力提升	成本下降、质量提升；更快抵达市场；通过价值链提升，盈利能力提高；专利申请数量提高
产品升级	价值链环节内	R&D；供应链管理流程改进和学习；电子商务能力提升	新产品销售额比重上升；品牌产品销售额增加
	价值链环节间	设计和营销部门扩展；部门间增强新产品发展	品牌产品增加；保持份额不变的情况下增加产品单价
功能升级		进入新的附加值较高的活动当中（如 ODM、OBM）	增加新的关键功能；盈利能力提高；员工技能和薪酬提升
跨产业升级		进入新价值链进行生产；在新价值链增加新功能	盈利能力提高；新市场的产品销售比重提高

权变理论认为固定的升级模式不存在于企业当中，无论哪个企业都会在范式基础上融入自身实际情况做出调整（Amsden，1989）。同时，OEM 企业的升级策略而后被印证与自身条件、所处环境有着直接的关系（Sturgeon & Lester，2002）。因此，许多学者认为企业是处于 GVC 不同治理模式中的单位，企业升级要根据其在 GVC 中所处的地位采取相应的战略（程新章、胡峰，2005）。此外，企业升级应采取适合行业特点、与自身能力相匹配的差异化战略。陈明森（2012）以制造业上市公司为对象进行了深入研究后认为，生产者驱动型产业的利润主要依赖于技术路线，而买方驱动型产业的利润主要依赖于营销路线，供求双方共同驱动的产业则以游击战者居多，企业需要根据自身的实际情况适时选择技术路线、营销路线或其他转型路径。

GVC 中企业的低端锁定效应使中国企业面临路径依赖、价值贫困、战略边缘化、恶性竞争和产业空心化等风险（胡大立等，2016）。同时，我国企业也面临着本国货币汇率的升值、原材料价格的上涨、外国政府的反倾销和贸易壁垒及互联网对传统企业产生的冲击等转型升级压力（李唯，2016）。

4. 企业转型升级的作用机理

企业转型升级的形成都需要一个完整的内在结构作为基底性支撑，而转型升级的作用机理反映了一个企业从原有状态向新生产模式或盈利模式突破的过程，不同于路径和模式，它是在综合该主体内外部因素的基础上得出的一项本质式或通用式的理论性模板。同产业间的企业可根据研究得出的作用机理进行套用，以此来改善企业固有低效运作模式，实现企业盈利新的增长点和突破口。蔡瑞林等（2014）借助程序化扎根理论方法对转型升级作用机理进行了质化研究，认为市场、技术和组织等要素的整合性统筹才能从根本上改变低成本弊端，为中国制造业实现低成本创新提出了挑战性对策。吕越、吕云龙（2016）对中国制造业的转型升级给出了肯定的答案，借助双重稳健倾向得分加权估计，深入分析了我国制造业企业在如此复杂的背景下，依旧能够通过转型升级实现跨越的原因。张剑等（2007）基于 GVC 提出了将产业升级分为三种作用机理的思路，这三种作用机理分别为市场升级、技术升级、组合升级。研究发现，包括中国在内的新兴经济体在国际生产中利用嵌入 GVC 的低端配位，利用欧美国家市场进行转型升级的契机，生产信息通信产品（市场升级）而销往他国甚至是欧美国家，这种做法被印证改变了全球信息通信产业的格局，而中国作为新兴经济体聚集国家的代表，证明了转型升级的路径可以另辟蹊径（Jiang，2015）。曾繁华等（2015）认为，传统制造业应分别从筛选期、升级培育期和发展期入手，对企业按照市场型、模块型、关系型、领导型和层级型五个特定类型进行划分，并针对企业具体类型提出异质性的解决路径建议。以工业发展的历史进程为参照物，发达国家产业结构进行转型升级通常是按照先内后外的顺序，从产业链内部升级入手，包括流程、产品和功能升级，逐步进入产业间升级，待产业升级完成后，作为主要承载体的企业也同时完成了转型升级。Schmitz 和 Local（2004）对巴西西诺斯谷的鞋类企业进行了研究，指出当发展中国家企业已逐渐摆脱"出口中学"（Learning by Exporting）的现状并向"在国内市场学"（Learning with Market）逐步迈进，从生产发展极度依赖出口转向国内市场成为竞品主战场时，发展中国家即实现了升级的第一步，瓦解了传统的购买商壁垒，意图通过在品牌、设计、市场等领域内的升级改造来对企业价值链上的价值升级起到提升作用，是一种优先占据国内高端购买者附加值、凸显市场核心地位的优先级战略。

综上所述，国内学术界对企业升级问题的研究主要基于后发国家的发展必然落后的共同假设，认为制造业升级只能通过嵌入 GVC 并向上攀升来实现（邱国栋、刁玉柱，2014）。同时，国内研究制造业 GVC 领域的学者或多或少地受到了施正荣的"微笑曲线"理论的影响。郭伟峰（2012）将协同学相关理论与实际情况进行结合，创新性地提出了政府、相关制造业协会和相关科研机构的协同治理模式，提供了以理论为支撑、在非营利组织的架构调整中进行传统行业转型升级的新思路。因此，国外学界对转型升级的作用机理已经有相当深入的研究，但国内学界在提出相关作用机理后只有少数能够形成模式化通路，在仅有的通路当中，结合实际行业环境或市场大环境的考量还是略显欠缺，且得出作用机理后，未能进入实地企业中进行实操性检验来论证作用机理的客观性和真理性，这给本书提供了较多的案例与借鉴。

二、网络时代下企业转型升级的相关研究

全球科技的快速发展使制造业的发展环境面临着巨大变化，特别是以大数据、AI、物联网为代表的新型网络技术的广泛应用，为当代制造业革命提供了许多技术手段，推动制造企业的生产技术、生产方式和生产规模变革。意味着新型 IT 与传统产业的融合正不断深化，并对制造业变革产生了深远影响，为传统企业转型升级带来了新的研究思路和研究视角。

目前，网络对企业转型升级影响的研究主要集中在转型模式上。国外最早的模型研究如：汤姆·彼得斯提出，互联网的不确定性、模糊性和不可复制性决定了制造企业的商业模式也具有高度的柔性和随机性。William 等（2003）认为，网络使企业成本降低，经营效率提高，供应链的附加值增加，指出培育企业核心竞争优势的关键是建立稳定的买卖双方社会联系模式。在国内学界，贾建忠（2012）认为，产业转型升级群体效应的主要特征包括拉动性、联动性和资源依赖性，提出了共生共享型、供应链视角型、公用生产平台型和龙头带动的资源整合优势型四种产业转型升级模式。中国的"互联网 +"模式可以有效地促进企业的转型升级，主要原因在于该模式的发展源于其自身的四重竞争优势，即渠道优势、价值优势、长尾效应优势和产业链资源优势。

在"互联网 +"模式多重竞争优势的基础上，罗珉、李亮宇（2015）

基于社群平台模式，从价值创造的载体、模式和逻辑角度探讨了传统工业经济与互联网经济的差异，指出网络时代的商业模式是连接红利。另外，互联网的作用也体现在流通领域。谢莉娟（2015）结合全球大型流通组织供应链管理经验，从渠道角度到供应链角度，对批发组织的分化、转化和转型进行了思路梳理，认为分销商主导的供应链模式对引领产业升级具有积极的意义。

在制造业领域，童有好（2015）提出了"互联网＋"模式的服务理念，认为产品 R&D 和总体方案是产业服务化的重要组成部分，服务是产业价值增值的主要环节。吴义爽（2016）针对企业在个性化定制和标准化量产间的两难抉择，以国内两家制造企业为例，论证了"互联网＋"模式职能定制的实现机理，帮助企业实现个性化定制模式与标准化量产模式的无缝对接。刘建刚等（2016）运用扎根理论，将互联网企业的现有资源分为概念范畴、初始范畴、主体范畴和核心范畴四部分，在细化凝练中研究互联网企业转型升级模式的创新路径。

国内部分学者则关注互联网对企业转型升级模式以及路径的影响。李晓华（2016）认为，"互联网＋"模式能连接万物，具有使数据成为重要生产要素的技术特征，对于整合经济生产模式、优化产业形态和商业模式、促进创新驱动转型具有重要意义，能提升传统制造业的竞争力，发掘全新触发增长点。柳洲（2015）提出了"互联网＋产业集群"模式，将其升级路径概括为整合—转型—创新三阶段渐进路径，重点关注了电子商务驱动型和新型工业化驱动型产业集群的升级路径选择。王保龙等（2016）对产业集群升级的推动主体给予较多的关注，并对"互联网＋产业集群"的主要模式进行了分类，包括政府主导型、产业巨头主导型和第三方平台型，展示了互联网在产业集群中的巨大潜力，认为互联网将促进产能消化，推动制造柔性化、制造品牌化和产业链网络化。张乃也等（2017）将产业集群升级分为工艺升级、产品升级、功能升级和跨领域升级四个阶段，提出上述产业集群四阶段升级的标准，并界定了网络在"互联网＋"背景下促进产业集群转型升级的机制。"互联网＋"模式强大的资源整合和大数据分析能力可以产生更多的零边际成本，实现供求信息匹配、资源共享，熟悉集群内部环境和外部环境，从而形成信息优势、柔性生产优势、知识溢出效应优势和集群竞

争力优势，进而推动产业集群创新，最终转化为工艺升级、产品升级、功能
升级和跨领域升级。

由此看来，在网络时代下，国外学者开始不断关注互联网对转型升级的影
响作用，并且取得了一定的研究成果。但是，从整体来看，中外学者对企业转
型升级的研究大多关注于价值链层面，现有研究成果从理论层面为本书研究思
考提供了初步思路。但是，很多研究呈现出表面化、片面化、碎片化和越级化
的问题，并未对企业转型升级的机理做出解释，也未对 GVC 治理下的我国企
业转型升级的机理与路径的内在关联进行深入的剖析，很少关注互联网对企业
转型升级的深刻影响，很少运用国内外的成败案例去比对分析以给出相关
措施。

从研究内容来看，现有研究虽然对企业转型升级的发展轨迹进行了或多或
少的分析，也提出了相应的解决方案，但起初的解决方案更多停留于对宏观框
架的说明，表面化问题严重，无法使中国企业直接运用研究结论操作实体经
济。而且，我国经济作为大背景在变化无常的当今社会显得尤为令人瞩目。对
于企业转型升级的研究应深入本质，在明确企业经营方向和范围以及目标的情
况下，对中国所有产业的企业进行归类和汇总，找出企业在 GVC 中的位置，
嵌入 GVC 的模式，结合 GVC 驱动模式、战略环节的来源、企业的价值构成和
具体分布，充分考虑产业属性、价值链类型、企业能力、产品特点等因素，对
边界模糊的企业单独进行探讨，将共性和个性均考虑在内，才能给出适合中国
国情和企业实际的可操作性升级路径，才能将路径与转型升级作用机理有效结
合，不会出现割裂化现象。

从研究方法来看，中外学者对企业转型升级的驱动因素、影响因素、升级
路径选择等研究现在还处于较为初级的阶段，相关实证研究分析参考性较少。
实证研究中少有学者对企业转型升级的作用过程和内在机理进行方法论开发，
提出一套可以量化的评价标准，用数据有力论证和解释转型升级的作用机理以
及路径，并运用可视化分析将所得定量结果嵌入企业转型升级的实践数据进行
研究与匹配分析，以求分析可信度最大化。此外，案例研究角度的单一性也是
值得注意的问题之一，当前企业转型升级的参考文献中对于成功企业的案例研
究过于冗杂，研究角度也少有向失败案例与成功案例对比拓展的。若能够借助
比较法分析从而得出企业转型升级的深层影响因素及作用机理，也能够使企业

转型升级的理论性论证更为全面及更有实践意义。

从研究理论来看，现有关于企业转型升级研究的切入角度多与 GVC 有关，理论角度较为单一，得出的结论也大多无异，对企业转型升级路径的选择性参考经验十分有限，而 GVC 理论在该研究领域的应用范围仍然占据主导地位。尽管如此，Michael Porter（1985）提出的价值链模型仅对企业价值的相关方向进行了概述，在 GVC 方面无法衡量企业转型升级的效果，亦无法指明价值链各个环节附加值具体的高低情况。同时，在当前网络时代的条件下，文献中对企业转型升级的研究也多是以某个影响因素或某个独立背景进行的，很少有研究对企业转型升级的路径、作用机理及落地建议形成一套完整的研究体系。我们不否认 GVC 给出了一条研究企业转型升级的新线索（汪斌、侯茂章，2007），但其对企业转型升级的解释力不足以为现有企业提供建设性意见。事实上由 Rip、Schot 等创立的战略生态位管理（Strategic Niche Management，SNM）理论更强调企业与环境的协同进化，企业要通过生态位管理来实现创新资源的配置与整合，克服转型升级中的制度瓶颈和界面割裂，打通技术—市场—产业通道，来弥补现有学术中对于此类系统性研究的补充与完善。基于此，本书立足于 GVC 治理视角并巧妙地运用 SNM 理论，根据相关企业转型升级的影响因素、核心能力及作用机理等方面，进行独立的量表开发并嵌入企业转型升级的实证研究，对网络时代的中国企业转型升级的机理、路径进行深入剖析，并结合国内外企业转型升级的成功与失败案例进行比较分析，对我国企业的转型升级政策提出相关建议。

从研究范围来看，由于国内外产业转移时间的差异性，导致发达国家和发展中国家的企业转型升级如同工业革命和技术革命一般，并不在同一阶段。因此，国内学者在对该领域进行研究时并未十分明确地找准我国以企业群所依托的产业应按照发达国家哪个阶段的转型升级作为事实性范式，从而导致国内某些企业对自我认知出现偏差，较为乐观地估计转型方向和升级路径，导致跨越式的迈进而出现断档情况。因此，国内学者应在中国社会主义市场经济的背景下，结合世界范围的工业4.0，加之网络时代给中国带来的颠覆式变革，合三为一，再去考虑中国特有的各体制类型企业，为其提供量身定制的转型升级的路径、作用机理以及二者的相互联系，真正研究出具有中国特色的企业转型升级标杆。

虽然目前对转型升级的作用机理已经有相当深入的研究，但国内外学者在提出相关作用机理后只有少数能够形成模式化通路，在仅有的通路当中，结合实际行业环境或市场大环境的考量还是略显欠缺，且得出作用机理后，未能进行实操性检验来论证作用机理的客观性和真理性。

第三节　企业转型升级能力模型测度

基于阶段演化规律，企业的转型升级实际上是一种积极的自主调整过程。而决定转型之后的发展路径方向以及实现发展目标难度的关键，则是各个企业在这个过程中表现出来的实力非均衡性和阶段差异性。所以，为了实现转型发展措施的有的放矢，以及系统全面地掌握企业转型发展的基础，系统构建一套合理且科学的评价指标及体系是非常必要的。从而，本书基于转型发展的基础二象对偶表征的视角，在产业转型升级的界面障碍和多层级目标的基础上，将创新效率与环境资源相结合，设计了实象—虚象的评价指标。基于此，通过灰色关联分析构建了相对应的评价模型。结合我国相应的企业数据，进行实证计算与聚类分析，最终为企业转型升级与发展路径的设计和构建提供了客观而全面的实践性依据。

一、网络时代下企业转型升级的实证研究

1. 基于二象对偶的转型升级构成

在客观评价之前，首先要明确转型发展基础是如何呈现的，这不仅是评价体系设计的基础，还是客观评价的前提。而为了能够系统且全面地表述出高新区转型发展基础是如何构成的，本书基于二象对偶论，来分析转型升级能力以及创新效率的实—虚互动关系。

二象对偶论最早是由我国著名学者高隆昌提出的，他集合数学中的属性空间论、物理学的二象论（波粒二象性）以及哲学中的对立统一论，于21世纪初创立并发展了二象对偶论的系统学理论分支。实际上，二象对偶论的提出是基于系统论大框架的，在此基础上，对上述提到的三论进行归纳整

合，并通过概念的剖析以及数学描述构建全面的崭新的理论架构，从而提供了崭新的、科学的思维方式来系统而全面地分析企业转型升级发展的基础。二象对偶论可辩证统一地认识复杂系统，不仅包含了对复杂系统过程特征的认识，也涵盖了对其具体时点的状态性的认识。二象对偶论的主要观点归纳为下列五个方面：

（1）二象对偶论中的二象结构在物质系统中的存在具有普遍性，每一个客观系统的构成都包括了空间层次具有差异性的两方面，即一虚（X^*）和一实（X），也就是实象系统和虚象系统的辩证统一，可以记为式（2-1）。

$$S = (X, \ X^*) \triangleq (实象，虚象) \tag{2-1}$$

（2）虚象系统与实象系统之间相互依赖，相互依存，而这种关系具体表现为互根性，换句话说，虚象和实象之间不存在直接沟通的可能性，这就像两个各自独立、互不相连的空间，只有通过它们公共的根（点）部分，才可以相互联系和沟通。

（3）虚象系统和实象系统存在互相影响、内在映射的关系，也就是说，虚象空间的任何元素在实象空间都存在相应的整体映射。换句话说，这种对应都是全局映射。所以从本质上来讲，元素与元素之间不存在一一对应的关系。

（4）虽然互不相连，但虚象系统和实象系统之间是存在内在的互动性的，它们之间一直在探索一种均衡的状态，两象中任意一象的变化都会使其对偶象发生相应的变化（或者可以称为共轭，随 S 而不同）。图2-4（a）表示的是在得到一个 δ 变动后，实象所产生的内在互动，而图2-4（b）表示的是虚象在得到一个 δ 变动后所产生的对应的内在互动。

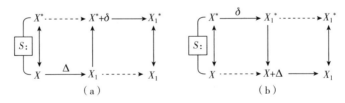

图2-4　二象互动关系示意

（5）相较于实象系统来说，虚象系统更为活跃的同时，也更容易改变。

2. 企业转型升级的二象对偶表征

依托于转型基础，不仅企业转型发展目标能够实现，企业转型的障碍也得以突破。其中，高新技术产业集群的依托，也就是其转型基础的核心则是自主创新，从某种角度来看，国家自主创新和企业转型升级的耦合关系也可以由此体现出来。一方面，自主创新是企业转型升级阶段演化的重要抓手；另一方面，自主创新满足了使命实现和当下路径纠正的需求，是企业转型发展的基础的重要决定因素。形象地说，企业转型升级发展就像是组织的进化和变革，其成功与否或是完成程度取决于企业创新体系的现阶段的成熟状态和其未来成长速度。其中，企业转型升级能力的外在表现为现阶段的成熟状态，而其未来成长速度则通过创新效率来衡量。由此，企业转型能力表示为外部环境资源与内部创新效率的一种函数关系：

转型升级能力 $=f($ 成熟状态，成长速度 $)=f($ 环境资源，创新效率 $)$

$$(2-2)$$

基于上述二象对偶论的观点，作为衡量企业转型升级能力最优指标的两个变量，即企业外部环境资源以及内部创新效率，恰当且合适地满足了上述二象对偶论的五项表征要求。同时，由于环境资源和创新效率是基于不同维度的变量，所以可以从不同维度描述企业转型发展的基础情况，而以两个关键变量为核心建立评价体系可以避免由于过于复杂的评价系统而导致的信息冗余。而且，环境资源和创新效率这两个变量并不存在线性相关性，也就是说，创新效率高不代表环境资源充足，同样，环境资源的充足也不能表明创新效率很高。但两变量在转型方面却表现出了强烈的二象互根性。综上所述，正是因为两个变量的相对独立性与二象互根性充分使评价体系的完整客观得以保证。不同的企业，其环境资源和创新效率组成结构各不相同，这种差异化的特征给企业转型发展路径的设计奠定了逻辑基础。

环境资源是企业转型升级的重要驱动力，但单独评价环境资源并不能充分反映企业转型发展的基础，所以单独选取环境资源这一指标来衡量转型发展目标实现的难度，甚至设计转型发展路径，是具有片面性的。除此之外，结合黑箱理论，对于环境资源的评估实际上是在尝试打开企业创新运行体系的黑箱。但产业不同于企业，是一种包含了众多创新要素的实体形态，无论是创新内容抑或是频率都要远高于企业这一单一集群。因此，仅选取环境资源作为单一指标的方法很难得出企业转型发展基础的真实准确水平，而这种研究所出现的弊端在过往研究中经常体现。

本书在环境资源评价的前提下，加入了创新效率这一变量，有效地弥补了过往研究的不足。作为衡量企业成长速度的重要标准，创新效率往往藏匿在企业内部，很难直观且直接地感觉到，可以被认为是虚象；恰恰相反，环境资源具有明显的外在表现性和可塑性，通常通过某一具体的时间点表现出来，带给人们的是一种直观的感受，带有明显的实象特征。其中，创新效率从时间维度上，准确地界定了企业转型发展的进程，也就是推进状态，只需针对初始投入和某一时间点的产出结果，就可以得到该时点的创新效率，具有良好的易得性和实时性。如图 2-5 所示。

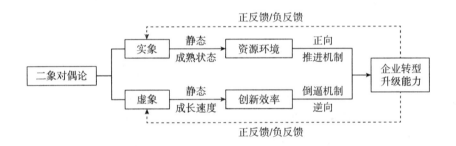

图 2-5 企业转型发展基础的二象对偶分解

企业作为一个动态系统，在转型升级的过程中兼备状态性和过程性两种角色。资源环境对应着企业的成熟状态，属于一种对系统状态的静态描述，而创新效率则代表了企业的成长速度，属于对系统过程的动态反映。上述两者都是评价模型的重要决定因素，也属于对立统一的范畴。二者的协调与否是企业转型发展目标实现难度的直接表现。两变量之间不仅存在质的差别，有互相分离的趋势，而且变量之间具有相互依赖、相互依存的关系，有相互向对方转化的倾向。从而，两变量之间维持着既相互制约又协同的二象对偶关系，而这种关系既有利于企业现阶段的稳定发展，也有利于未来的优化。近年来，从资源环境和创新效率两个维度出现了很多综合测算评价对象的研究成果，尤其是基于创新体系领域的研究，也得出了较为理想的效果，其研究思路与框架值得本书借鉴和学习。

值得一提的是，在形成了资源环境和创新效率二象之后，系统形成了正负反馈机制，基于物理学中的定义，依据影响企业演化行为的方向性进行分类，将机制分为正反馈和负反馈。其中，正反馈指的是能够使企业进一步偏离初始状态的反馈，正反馈可以通过增强动力来促进企业进一步向下一阶段推进，而负反馈则指的是能够使企业维持向原始状态发展的反馈，负反馈通过加强阻力来阻碍企业向下一阶段发展。二者通过反向交互作用，不断地修正动力与阻力的博弈结果，为企业转型升级的演化过程带来了更多的复杂性。

二、企业转型升级的能力模型

企业转型升级过程是一项复杂的系统工程，而我国目前的统计数据具有一定的局限性，且已有的数据灰度较大，很难得出数据的典型分布规律，因此采用数理统计法往往难以实现。结合现有评价方法的固有缺陷以及企业转型升级统计数据灰度较大的现状，本书在斯皮尔曼的等级相关系数研究成果的基础上，选择其中的最优方案灰色关联分析法作为定量比较方法。最优方案灰色关联分析法适用于不同样本量、有无样本规律的各种情况，并且当面对较为复杂的企业转型升级能力时，计算量相对较小。基于信息论可知，获得的信息数量和质量在很大程度上决定了评价信度和精度，这也明确了熵是决定创新要素权重的一个理想尺度。最优方案灰色关联分析法，一方面，能够较为合理地解决测度中指标多、信息不全面的问题；另一方面，也可以提高模型测度的稳定性和准确性。

在企业各要素比较优势得分的基础上，将资源环境优势与其创新效率的比较优势相结合，利用直线形或"S"形成熟度曲线运算模型，依次计算企业的各要素成分。各要素确定以后，就可根据合成规则求得企业转型升级的能力数值。

实质上，灰色关联评价是通过对关联系数的分析来实现的。第一步是求出由最佳指标组成的理想方案与各个高新区的关联系数，进而由关联系数计算出关联度。而排序的依据就是关联度的大小，并且在此基础上进行分析。如果经过比较，得出两序列变化态势相差无几的结果，即同步变化程度较高，则说明两者关联程度比较大；相反，相差较大，则关联程度较小。通过厘清创新体系中的关联性，并全面而透彻地认识体系建设水平，从而为后面设计企业转型升级发展路径奠定基础。

1. 灰色关联评价模型

顾名思义，关联度是两个不同系统的因素随着不同对象和时间的变化而变化的关联性的大小。而基于关联度这一指标的灰色关联分析法则将灰色关联度作为衡量指标的方法，即因素之间发展倾向相异或者相似程度。具体计算步骤如下：

（1）确定参考数列和比较数列。其中，参考数列是一种反映系统行为特征的数列，而比较数列指的是影响系统行为的数列，本书中的参考序列选取了企业转型升级能力，选取影响因素的原始数据作为比较序列。

（2）无量纲化处理。在进行灰色关联度分析前，为了消除因各因素意义不同而带来的影响，通常进行无量纲化的处理，其计算公式为：

$$X'_i = \frac{X_i}{X_i(k)} = \{X'_i(1), X'_i(2), \cdots, X'_i(k)\} \qquad (2-3)$$

（3）计算得出两数列的灰色关联系数 $\xi(X_i)$。关联度是指曲线之间的几何形状的差异度。因此，在测量相关度时，曲线之间的差异可以用作指标。对于一个参考数列 X_i 有若干个比较数列 X_1，X_2，$\cdots$，X_n，各比较数列与参考数列在各个时刻（即曲线中的各点）的关联系数 $\xi(X_i)$ 可由关联系数公式算出，其中 ρ 为分辨系数，$\rho > 0$，本书选定 $\rho = 0.5$。记 $\Delta_{\min}$ 为两级最小差，$\Delta_{\max}$ 为两级最大差。为各比较数列 X_i 曲线上的每一个点与参考数列 X_0 曲线上的每一个点的绝对差值记为 $\Delta_i(k)$。其中，$\Delta_i = |X'_0(k) - X'_i(k)|$，$k = 1$，$2$，$\cdots$，$n$，关联系数 $\xi_i(k) = \dfrac{\min\limits_i \min\limits_k + \rho \max\limits_i \max\limits_k \Delta_i(k)}{\Delta_i(k) + \rho \max\limits_i \max\limits_k \Delta_i(k)}$。

（4）关联度 r_i。关联系数通常不是一个，而多个分散数据是不易于整体比较的，从而对各个关联系数（不同时刻）求平均值是十分有必要的。本书将平均值作为表示参考数列和比较数列之间关联程度的数量指标，关联度 r_i 公式如下：

$$r_i = \frac{1}{n} \sum_{k=1}^{n} \xi_i(k) \qquad (2-4)$$

2. 灰色预测模型

在众多预测客观事物未来发展趋势的模型中，最为常用的当数灰色预测模型。首先建立模型，然后对该模型进行检验，确定其可靠性。

模型的建立：

（1）作一阶累加，生成数据序列：$x^{(1)}(k) = \sum_{m-1}^{k} x^{(0)}(m)$，$k = 1$，$2$，…，$10$。

（2）对 X_1 做紧邻均值，生成 Z_1：$z^{(1)}(k) = \frac{1}{2}(x^{(1)}(k) + x^{(1)}(k-1))$，$k = 1$，$2$，…，$10$。

（3）建立微分方程模型：$\dfrac{dx^{(1)}(k)}{dt} + \alpha x^{(1)}(k) = u$。

（4）利用最小二乘法估计参数 a 和 u：

$$\text{记，} B = \begin{bmatrix} -z^{(1)}(2) & 1 \\ -z^{(1)}(3) & 1 \\ \vdots & \vdots \\ -z^{(1)}(\cdots) & 1 \end{bmatrix} \quad Y = \begin{bmatrix} x^{(0)}(2) \\ x^{(0)}(3) \\ \vdots \\ x^{(0)}(\cdots) \end{bmatrix} \tag{2-5}$$

得到 $[a\ u]^T = (B^T B)^{-1} B^T Y$。

（5）根据步骤 3 建立微分方程模型，求得预测模型（时间相应序列）：

$$\hat{x}^{(1)}(k+1) = \left(x^{(0)}(1) - \frac{u}{\alpha}\right)e^{-ak} + \frac{u}{a}, \quad k = 1,\ 2,\ \cdots,\ n \tag{2-6}$$

对 $\hat{x}^{(1)}$ 做一次累减还原得到实际预测值：$\hat{x}^{(0)}(k+1) = \hat{x}^{(1)}(k+1) - \hat{x}^{(1)}(k)$。

根据上述公式建立模型，对结果进行预测，但是只有通过精度检验才能知道建立的模型是否合格，确定其合格后才能进行预测。

3. 多因素灰色预测模型

企业转型升级会受到多方面因素的影响，很显然，经典的模型很难满足多因素的综合预测以及整体分析的需求，反而比较适合应用于定性研究。基于此，本书基于线性回归原理，通过构建多因素灰色预测模型来分析、预测未来发展趋势。多因素灰色模型的步骤和基本原理为：

第一，基于多元线性回归原理，可以构建多因素灰色预测模型：

$$y_{(t)} = a_0 + a_1 x_1(t) + a_2 x_2(t) + \cdots + a_n x_n(t) \tag{2-7}$$

其中，$y_{(t)}$ 为因变量在 t 时刻的预测值；$x_i(t)$（$i = 1$，2，…，n）为各自变量在 t 时刻的预测值，估计参数为 a_i（$i = 1$，2，…，n）。

第二，利用预测模型求出各因素在 t 时刻的预测值。

第三，确定估计参数 $a_i(i=1, 2, \cdots, n)$。根据观测数据 $y(1)$，$\cdots$，$y(m)$ 和 $x_i(1)$，$x_i(2)$，$\cdots$，$x_i(m)(i=1, 2, \cdots, n)$，代入式(2-5)中，即可求得估计参数。

$$a = (a_0 a_1 \cdots a_n)^T = (X^T X)^{-1} X^T Y$$

其中，$X = \begin{pmatrix} 1 & x_1(1) & x_2(1) & \cdots & x_n(1) \\ 1 & x_1(2) & x_2(2) & \cdots & x_n(2) \\ \cdots & \cdots & \cdots & \cdots & \cdots \\ 1 & x_1(m) & x_2(m) & \cdots & x_n(m) \end{pmatrix}$，$y = (y(1)y(2)\cdots y(m))^T$。

第四，将各因素的参数和预测值代入多因素灰色预测模型，即可求得各时刻因变量的最终预测值。

4. 模型的检验

多因素灰色预测模型的检验有多种方法，后验差检验方法具有较高的准确性，在预测模型检验中被多次应用，因此本书选择后验差检验方法对企业转型升级结果的准确性进行分析，检验模型如下所示。

第一步的关键是计算出原始数列的平均值以及残差平均值 $\bar{x}$，残差平均值 $\bar{\delta}$：

$$\bar{x} = \frac{1}{n} \sum_{k=1}^{n} x^{(0)}(k)，\bar{\delta} = \frac{1}{n} \sum_{k=1}^{n} \delta^{(0)}(k) \tag{2-8}$$

计算原始数列的方差为：

$$s_1{}^2 = \frac{1}{n} \sum_{k=1}^{n} (x^{(0)}(k) - \bar{x})^2 \tag{2-9}$$

残差方差为：

$$s_2{}^2 = \frac{1}{n} \sum_{k=1}^{n} (\delta^{(0)}(k) - \bar{\delta})^2 \tag{2-10}$$

根据上述计算得到的数据，最终得出小误差概率 p 以及后验差比值 c。后验差比值 $c = \frac{s_2}{s_1}$ 小误差概率 $p = P(|\delta^{(0)}(k) - \bar{\delta}| < 0.6715 s_1)$，最终，$p$ 和 c 共同刻画模型的精度等级，如表2-2所示。

表 2 - 2　模型精度评分标准

精度等级	c	p
一级（好）	< 0.35	> 0.95
二级（合格）	< 0.5	> 0.8
三级（勉强）	< 0.65	> 0.7
四级（不合格）	≥ 0.65	≤ 0.7

三、企业转型升级的能力体系

企业转型升级的目的是更好地适应外界环境变化，因此属于战略变革行为。但是，战略变革行为并不意味着企业要盲从变化的环境，而是在对企业自身认识和分析的基础上，理性分析环境，考虑是否变革、如何变革的行为。所以，企业要想成功转型，首先必须具备全面了解环境的能力，即识别环境的能力，通过对企业面临的外部环境威胁的识别和分析，反映企业在面临外部环境威胁时，抓住机会、化解潜在威胁的能力。环境识别能力涉及一个重要的问题，即当企业在进行战略转型时方向和方式是什么。

企业资源是企业在日常经营过程中，影响企业价值创造的各种因素的组合。严格来讲，可以被企业拥有和控制的资源才是企业资源，而企业资源由内部资源和外部资源两部分构成（Amit & Schoemaker，1993）。作为维持和提升公司竞争力的资源，传统资源以及新资源组成了另一层面上的企业资源。其中，传统资源属于比较常规化的概念，既包括自然资源、物质资源，也包括一般人力资源，这些资源只能为公司提供相对竞争优势。而新资源是除传统资源以外具有增加的边际利润的资源（吕立志，2001），包括知识、信息和教育在内的新资源是人类生存和发展的决定性因素。在这个物质资源相对匮乏的社会中，新资源俨然已成为社会和经济发展的核心。它现在已成为一种核心资源，在社会和经济发展的过程中起着举足轻重的作用。

从企业的外部因素来看，企业业务环境的重大变化导致了企业转型和升级。由于政府的放松管制、全球化的影响、模糊的行业边界、不断变化的客户需求以及不断加快的技术和创新的速度，企业的外部环境逐渐趋于复杂，极具不确定性和动荡性。外部环境对企业行为起到了很大的影响作用，外部环境改变了竞争规则，从而使企业面临更严峻的挑战。更复杂、更多样、更强大和更具威胁性的环境威胁是企业不得不面对的问题。同时，由于环境信息的不对称性和不准确性，使企业在做出战略决策时，面临的难度和风险大大增加。企业不得不改善战略，提高其应对环境变化的战略转型能力以响应环境变化。从企业的内部因素来看，企业动机本身带来的变化因素主要是由组织的学习机制、企业的规模以及其正处在的生命周期阶段、高级管理人员和路径依赖等变化所带来的。通常情况下，这些企业变革和成长过程中的内生变量，或直接或间接地为企业注入了新的战略思想和思维，会导致变革的主导逻辑、战略方向以及组织结构、管理体制和组织文化的变化等。

企业转型升级能力作为一种动态能力，是由若干能力子系统组成的自组织能力集成系统。每个功能子系统也必须是相应能力要素的集成。企业获得持续竞争优势，不是仅由某一能力子系统提供的，而是通过战略转型能力各能力子系统的自组织和协同作用来实现的。而且，基于企业转型能力与持续竞争优势的密切关系，可以看出，企业为了获得持续的竞争优势，必须建立和发展企业转型能力。因此，有必要考虑从企业转型能力在竞争优势周期中各个环节的重要作用来构建企业转型能力的模型。根据企业转型能力对竞争优势的周期性影响，公司转型过程主要涉及识别制度环境、整合资源、智能化优势、新的产品优势或新的营运模式、网络介质的辅助及战略转型决策六个环节，它们分别形成制度环境识别能力、资源整合能力、智能化能力、创新能力、网络关系强度及企业家精神六种重要能力。结合上文所述二象对偶理论，构建网络时代下企业转型升级能力评价体系结构模型，如图 2 - 6 所示。

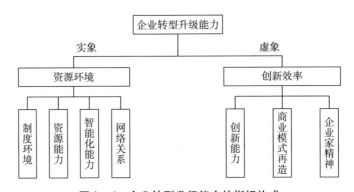

图 2 - 6　企业转型升级能力的指标构成

具体来说，企业转型升级能力的指标设计如图 2-7 所示。

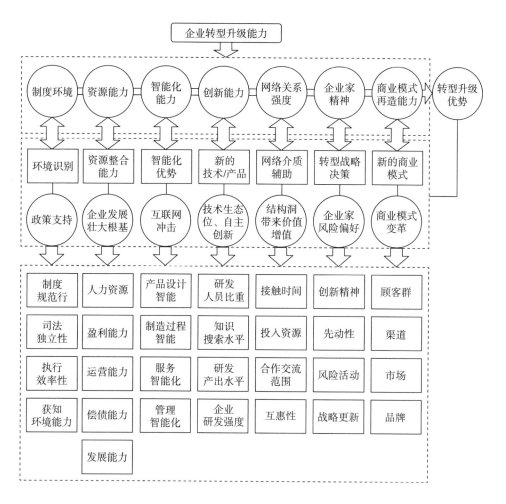

图 2-7　网络时代下企业转型升级能力评价体系结构模型

（1）企业基础资源能力。在互联网转型过程中，资源要素能否灵活配置决定了企业的资源综合能力，可以将核心资源要素具体到人力资源和财务资源。资源综合能力是企业转型基本且重要的能力。在揭示了传统企业互联网转型能力之后，从能力可以倒推公司基因的构成，并利用企业基因来衡量企业互联网转型能力的强度。企业基因决定了企业的成长能力，所以，不难理解，企业基因是企业互联网转型升级最基本的核心要素。根据资源综合能力和组织变革能力，传统企业的核心要素可以被划分为核心资源要素和核心价值观。互联网转型过程中资源元素的灵活性，结合企业能力理论，决定了公司的综合资源能力，从而使核心资源元素具体到人力和财务基因。本书基于互联网的思想，将互联网转型的核心价值要素再次分为两个部分：首先是互联网精神的概念，它是互联网发展的原动力，是一种复杂而可分割的概念，分割成为公司特征和控制基因；其次是互联网支持体系，它是互联网开发的基础，其中包括不断的创新和信息构建基因。

（2）创新能力。对于企业而言，创新能力是由多个能力要素组成的能力组合。其中，技术创新能力是持续创新能力系统中的核心能力要素；制度创新能力是持续创新能力体系的重要组成部分，制度创新能力在确保战略变革成功方面起着重要作用；支持性创新能力是持续创新能力的基本要素。因此，公司的持续创新能力可以被认为是技术创新能力、制度创新能力和支持性创新能力的协同效应而形成的。创新在新产品的发布、新思想的创造以及研发活动中显而易见，这反映了公司寻求新机会的趋势，是展示公司企业家精神的有效工具和方法。通过系统化的、有目的性的创新活动，企业赋予资源新的功能，创造了新的消费需求或独一无二的产品，最终实现改善企业绩效的目的。本书采取李若辉和关惠元（2016）的研究把企业创新能力分为研发人员比重、知识搜索水平、研发产出水平、企业研发强度四个维度。

（3）智能化能力。从某种程度上看，智能化技术的出现使整个产业向前发展，逐渐转型变革。早在20世纪90年代，美国就开始积极支持新技术的研究与开发，希望可以通过提高智能制造技术来帮助制造业实现转型升级。智能技术可以实现自分析、自组织和自处理制造过程中出现的问题（产品设计智能化、制造过程智能化、服务智能化和管理智能化都以智能技术为载体）。智能技术在制造企业转型升级中起到的作用主要有：①使用智能化的设计方法、先进的设计系统、建模和仿真技术、数字制造技术、网络协作设计技术和其他智能技术使产品设计模块化和数字化，不仅如此，智能化技术可以快速、有效地响应个性化定制模式的需求；②制造过程中对机器人技术、人工智能和先进控制技术的应用以及优化技术等，都可以在有效地提高生产效率的同时，降低生产成本，减少生产中安全事故的发生；③通过应用传感技术、识别技术、定位技术等改善环境的感知能力和服务状态，可以主动提供在线服务，扩展服务内容，提高服务质量；④云制造技术、大数据技术以及系统协同技术等智能技术集成优化了制造企业各类管理活动的数据信息，在大大提升企业管理活动系统性的同时，也有利于企业经营管理效率的提高。本书基于苏贝和杨水利（2016）的研究，认为产品设计智能化、制造过程智能化、管理智能化、服务智能化都属于智能化能力的范畴。

（4）企业家精神。通常情况下，正是由于企业家精神的存在，引领了管理变革的发起。制造企业的智能化转型和升级与整个企业的经营理念息息相关。企业领导者高度重视发展战略的变化，便可以将智能化目标提高到公司的战略水平，同时形成自上而下的连贯性与愿景的一致性。企业的价值观深受企业家的价值观的影响，企业家可以利用敏锐的市场洞察力来了解整个行业的发展方向，这有助于企业在新的工业经济时代确定新的企业价值观，并改变企业发展的理念。领导者需要有长远眼光和前瞻性思维，善于寻找发展机会，充分掌握企业的发展方向和市场风险，从而使公司在市场上获得更大的竞争优势，结合公司的实际发展情况，引导公司向价值链的较高端转移。所以，现代企业领导者的核心角色不再是指挥与命令，而是指导与服务，树立服务精神，并且指导公司内部人员与外部利益相关者共同发展创造，实现互利共赢，使企业具有可持续的竞争力。不能将智能化转型升级看作一个简单的口号，其实现与落实需要自上而下、由内而外地进行头脑风暴，最终实现组织变革，并在此基础上制定相应的转型升级策略。因此，企业领导者学习实干家的精神，充分了解企业家精神的重要性。基于李倩（2015）针对企业家精神所采用的 Zahra（2000）修订的量表，本书选取其中的题项，即风险活动、创新以及先动性三个维度，例如，本公司对于较高风险项目持有较高的支持态度、本公司仅适用被验证过或被使用过的程序。

（5）网络关系强度。在价值网络情境下，网络关系强度与竞合战略在理论上存在逻辑关系。当企业处于强关系网络环境时，处于网络中的企业之间关系紧密，有着频繁的互动、长时间的接触，相对更容易相互学习并识别共同的利益和目标。因此，企业之间互相学习、互补短板、彼此合作的可能性更大；相反地，处于弱关系网络环境的企业，由于互动不频繁、接触时间短并且关系疏松，不容易发现共同目标和利益，因此容易产生对网络内稀缺资源的争夺和相互冲突。网络内差异性强的企业所受约束较小，从而独立性也相对较强，从而新知识的产生以及创新行为出现的频率都较高。然而，也有学者认为，从交易成本角度来看，如果企业间在资源、制度、文化等方面差异性过大，必将削弱网络成员间关系并严重阻碍网络内部企业间有效沟通和知识共享，从而增加其合作成本。本书基于中国自身社会文化的特殊性，选取潘松挺和王建平（2012）构建的基于企业创新网络的关系强度测量量表，该量表在大量调研基础上结合了中国情景自主开发，更加符合中国企业的商业环境和实际情况。因此，本书选取李克特 5 级量表，包括投入资源、接触时间、合作交流范围以及互惠性在内的四个维度进行测量。

（6）制度环境。正式制度是国民经济和法律规则的制度。有两种主要的测量方法：客观方法和主观方法。客观方法主要通过特定的指标统计数据（如樊纲的营销指数）反映正式制度环境的质量或质量程度；主观方法主要通过公司对公司机构环境的判断来度量，例如世界营商环境调查（WBES）2000。本书主要采用主观方法来进行研究。李雪灵（2010）的研究中，量表摘自世界银行政策研究工作报告，并结合中国情进行了适当的修改和完善。制度环境包括四个方面：制度的规范性、司法的独立性、执行的效率性和企业准确识别信息的能力。具体来说，企业在所处的司法环境中，无太大的待遇差异性，司法机构相对于政府部门具有一定的独立性，法律机构的执行效率是较高的，企业能及时、准确地了解到法律和政策变化。

（7）商业模式再造。对于商业模式构念的研究，囿于对商业模式创新性的测度，学术界暂时缺乏大样本的定量研究。Zott 和 Amit 认为商业模式设计具有新颖性、互补性、效率性和锁定性，在此基础上构建了对应的量表进行测量。本书主要基于商业模式设计的新颖性，借鉴 Zott 和 Amit 的量表来衡量商业模式创新程度，并对已有量表进行针对性的修改：引入更多的、多样化的新客户，且提高为客户提供的产品和服务的价值，通过拓展新的交易方式以及商业渠道的手段，不断创新商业模式。

综上所述，网络时代下企业转型升级的能力包含基础资源能力、创新能力、智能化能力、企业家精神、网络关系强度、制度环境和商业模式再造 7 个重要的指标，通过这 7 个指标的测量比较各企业的转型升级能力，企业转型升级能力评价测量指标如表 2 - 3 所示。

表 2 - 3　企业转型升级能力评价测量指标

符号	一级指标	符号	二级指标	指标描述
Re	基础资源能力	Re₁	盈利能力	总资产利润率
		Re₂	营运能力	总资产周转率
		Re₃	偿债能力	流动资产比率
		Re₄	发展能力	销售收入增长率
ln	创新能力	ln₁	研发人员比重	研发人员÷在职人员
		ln₂	知识搜索水平	员工有突破式创新能力
		ln₃	研发产出水平	企业发明的企业专利数量
		ln₄	企业研发强度	企业 R&D 支出÷营业收入
It	智能化能力	It₁	产品设计智能化	产品设计智能化技术运用情况
		It₂	制造过程智能化	智能装备资源情况
		It₃	服务智能化	智能服务平台建设及交互能力情况
		It₄	管理智能化	智能化管理系统运用情况
En	企业家精神	En₁	创新精神	企业家具有主动创新的精神
		En₂	风险活动	企业家对高风险项目持较高的支持态度
		En₃	战略更新	改变了竞争战略，更新了商业模式
		En₄	先动性	企业家有主动面临市场的积极性
Ne	网络关系强度	Ne₁	接触时间	与合作者接触的频率和持久性
		Ne₂	投入资源	企业对于合作伙伴之间投入的时间和关系资源
		Ne₃	合作交流范围	企业之间交流是否涉及复杂技术及工作之外的信息
		Ne₄	互惠性	企业与合作者之间是否能够提供战略性及策略性帮助
Ie	制度环境	Ie₁	金融政策等支持	政策环境中金融政策支持力度较大
		Ie₂	制度规范性	企业在所属的司法环境中待遇差异性较小
		Ie₃	司法独立性	司法体系相对独立于当地政府部门
		Ie₄	执行效率性	法律体系执行是相对高效率的
		Ie₅	准确获知环境能力	企业能及时准确地了解到法律和政策变化
Bm	商业模式再造	Bm₁	客户群	不断引入大量的、多样的新客户
		Bm₂	销售渠道	拓展了新的商业渠道和交易方式
		Bm₃	市场	为客户提供的产品/服务的价值不断上升，拓展市场空间
		Bm₄	品牌	不断在商业模式中引进新的思想和商品

四、企业转型升级的能力测度

本书在对相关学术文献研究的基础上，采用调研报告与问卷结合的方式来分析与收集相关变量数据，以我国现有企业为主要实证研究对象，对以上涉及的一级指标进行数据测量项的设计，采用李克特5级量表，经过严格周密的前测试，最终对问卷结果采取现场问卷发放与网络问卷同时发送两种方式进行收集。2019年3~6月针对企业进行实地走访以及问卷调研，主要的对象分别是企业高层领导人员、企业单位职员、公务员等，对实施转型升级行为的企业进行实证研究，研究共收集问卷781份，剔除缺失问题答案、作答时间低于2分钟、不符合逻辑等问题的问卷后剩余612份，回收率达到78.3%。现对问卷进行基础分析：

（1）基础数据分析。本书涉及的企业性质有国有企业、民营企业和外资企业，企业成立时间为5年及以下、6~10年、11~20年和20年以上四个阶段，企业人数规模分为100人以下、100~500人、500~1000人和1000人以上四个阶段。企业性质、企业规模、企业年限不同特征下各指标及转型能力均值和标准差，如表2-4至表2-6所示。

表2-4　企业性质特征下各指标及转型能力均值和标准差

指标	企业性质	均值	标准差
基础资源能力	国有企业	3.1810	0.8502
	民营企业	3.1801	0.9657
	外资企业	3.2845	1.1353
创新能力	国有企业	2.6624	0.8821
	民营企业	2.8566	0.9773
	外资企业	2.9569	1.1102
智能化能力	国有企业	3.0417	0.7707
	民营企业	3.1409	0.8133
	外资企业	3.0776	0.8611
企业家精神	国有企业	3.1307	0.7080
	民营企业	3.2132	0.7522
	外资企业	3.2931	0.7708

续表

指标	企业性质	均值	标准差
网络关系强度	国有企业	3.0920	0.7661
	民营企业	3.1618	0.8152
	外资企业	3.1897	0.8677
制度环境	国有企业	3.0552	0.7728
	民营企业	3.1353	0.8188
	外资企业	3.1172	0.8511
商业模式再造	国有企业	3.0172	0.7858
	民营企业	3.0833	0.8465
	外资企业	3.1121	0.8467
企业转型能力	国有企业	3.0308	0.6696
	民营企业	3.0757	0.7031
	外资企业	3.0734	0.6873

表 2-5　企业年限特征下各指标及转型能力均值和标准差

指标	企业年限	均值	标准差
基础资源能力	5 年及以下	3.2188	0.9200
	6~10 年	3.1944	0.9895
	11~20 年	3.1888	0.9633
	20 年以上	3.1557	0.8631
创新能力	5 年及以下	2.8828	1.0124
	6~10 年	2.7929	1.0019
	11~20 年	2.6301	0.9273
	20 年以上	2.8136	0.8672
智能化能力	5 年及以下	3.2266	0.8430
	6~10 年	3.0505	0.8414
	11~20 年	3.0051	0.8217
	20 年以上	3.0965	0.6893
企业家精神	5 年及以下	3.2891	0.8081
	6~10 年	3.1414	0.7045
	11~20 年	3.1250	0.7498
	20 年以上	3.1820	0.6810

续表

指标	企业年限	均值	标准差
网络关系强度	5 年及以下	3.2318	0.8321
	6~10 年	3.0985	0.8282
	11~20 年	3.1250	0.8077
	20 年以上	3.0899	0.7318
商业模式再造	5 年及以下	3.2250	0.8230
	6~10 年	3.0444	0.8493
	11~20 年	3.0510	0.8145
	20 年以上	3.0842	0.7218
制度环境	5 年及以下	3.1849	0.8624
	6~10 年	3.0126	0.8537
	11~20 年	2.9796	0.8591
	20 年以上	3.0548	0.7093
企业转型能力	5 年及以下	3.0430	0.6839
	6~10 年	3.1448	0.6897
	11~20 年	2.9891	0.6981
	20 年以上	3.0486	0.6770

表 2-6　企业规模特征下各指标及转型能力均值和标准差

指标	企业规模	均值	标准差
基础资源能力	100 人以下	2.8797	0.8905
	100~500 人	3.0909	0.8885
	500~1000 人	3.6844	0.8427
	1000 人以上	3.2389	0.9413
创新能力	100 人以下	2.3703	0.9665
	100~500 人	2.7254	0.8872
	500~1000 人	3.2869	0.8176
	1000 人以上	2.8463	0.9522
智能化能力	100 人以下	2.8418	0.7918
	100~500 人	3.0057	0.8286
	500~1000 人	3.4344	0.7302
	1000 人以上	3.1741	0.7427

续表

指标	企业规模	均值	标准差
企业家精神	100 人以下	2.9557	0.7158
	100 ~ 500 人	3.1364	0.7377
	500 ~ 1000 人	3.4303	0.7775
	1000 人以上	3.2519	0.6853
网络关系强度	100 人以下	2.8892	0.8004
	100 ~ 500 人	3.0701	0.7877
	500 ~ 1000 人	3.4221	0.8691
	1000 人以上	3.2093	0.7248
商业模式再造	100 人以下	2.8734	0.8097
	100 ~ 500 人	3.0500	0.8074
	500 ~ 1000 人	3.3508	0.8219
	1000 人以上	3.1674	0.7452
制度环境	100 人以下	2.7690	0.8014
	100 ~ 500 人	2.9943	0.8291
	500 ~ 1000 人	3.3770	0.8236
	1000 人以上	3.1426	0.7614
企业转型能力	100 人以下	3.0100	0.6303
	100 ~ 500 人	3.0940	0.7139
	500 ~ 1000 人	3.0413	0.7095
	1000 人以上	3.0535	0.6858

从企业转型能力在企业性质方面的表现来看，国有企业转型能力均值为3.0308，民营企业转型能力均值为3.0757，外资企业转型能力均值为3.0734。说明目前在网络时代背景下，不同性质的企业转型趋势都比较明显。

从企业转型能力在企业年限方面的表现来看，5 年及以下企业转型能力均值为3.0430，6 ~ 10 年企业转型能力均值为3.1448，11 ~ 20 年企业转型能力均值为2.9891，20 年以上企业转型能力均值为3.0486。6 ~ 10 年企业转型能力较强，11 ~ 20 年企业转型能力相对较弱。由于长期形成的商业模式与管理模式，对于11 ~ 20 年企业来说转型较难。

从企业转型能力在企业规模方面的表现来看，100 人以下企业转型能力均值为 3.0100，100 ~ 500 人企业转型能力均值为 3.0940，500 ~ 1000 人企业转型能力均值为 3.0413，1000 人以上企业转型能力均值为 3.0535。对于不同企业规模来说，企业转型能力差异性较小，说明企业规模对于企业转型能力来说，区别性的影响不是很大。

样本涉及的行业范围为：信息传输、计算机服务和软件业，电力、燃气及水的生产和供应业，农、林、牧、渔业，金融业，制造业，批发和零售业。针对企业性质、企业规模及企业年限不同的特征进行比较分析，接下来对单因素方差展开分析，探究企业转型能力现状。

结合方差分析可知，不同的企业性质对企业转型能力不存在显著性的差异（Sig. = 0.1462 > 0.1）。不同性质的企业基础资源能力存在显著差异（Sig. = 0.0306 < 0.1），国有企业和民营企业的基础资源能力相差不大，但是对于外资企业来说，基础资源能力相对较高；不同性质的企业的创新能力存在显著差异（Sig. = 0.0761 < 0.1），其中外资企业的创新能力最强，国有企业的创新能力较弱；对于不同性质企业的智能化能力来说，存在显著差异（Sig. = 0.0488 < 0.1），民营企业的智能化能力较强，国有企业的智能化能力较差；对于不同性质企业的企业家精神情况来说，存在显著差异（Sig. = 0.0607 < 0.1），其中外资企业的企业家更加具有冒险精神，国有企业的企业家由于制度约束等原因，对于转型升级带来风险的接受能力相对较弱，战略更新的速度较慢；对于不同性质企业的网络关系强度来说，存在显著差异（Sig. = 0.0161 < 0.1），外资企业的网络关系更加紧密，接触的时间较短，越是与合作者接触的高频率和持久性，越是倾向于与合作者进行更加深入的合作交流；对于不同性质企业的制度环境情况来说，存在显著差异（Sig. = 0.0777 < 0.1），民营企业制度环境的获知能力相对较强；对于不同性质企业的商业模式再造来说，存在显著差异（Sig. = 0.0585 < 0.1），外资企业和民营企业的商业模式再造能力较强，随着企业的发展会不断引入大量的、多样的新客户，以提升企业的价值和能力。如表 2 - 7 所示。

表 2 - 7　企业性质的单因素方差分析

指标		平方和	df	平均值平方	F	Sig.
基础资源能力（Re）	组间	0.3207	2	0.1604	2.1857	0.0306
	组内	351.5262	407	0.8637		
	总计	351.8470	409			

续表

指标		平方和	df	平均值平方	F	Sig.
创新能力（In）	组间	4.6559	2	2.3280	2.5918	0.0761
	组内	363.7724	405	0.8982		
	总计	368.4283	407			
智能化能力（It）	组间	1.0190	2	0.5095	1.8028	0.0488
	组内	258.3005	407	0.6346		
	总计	259.3195	409			
企业家精神（En）	组间	1.0999	2	0.5499	3.0222	0.0607
	组内	218.9704	407	0.5380		
	总计	220.0703	409			
网络关系强度（Ne）	组间	0.6156	2	0.3078	1.4849	0.0161
	组内	258.3606	407	0.6348		
	总计	258.9762	409			
制度环境（Ie）	组间	0.7038	2	0.3519	1.5494	0.0777
	组内	260.6727	407	0.6405		
	总计	261.3765	409			
商业模式再造（Bm）	组间	0.5609	2	0.2805	1.4182	0.0585
	组内	272.9751	407	0.6707		
	总计	273.5360	409			
企业转型升级能力	组间	0.1579	2	0.0790	2.1671	0.1462
	组内	191.8221	406	0.4725		
	总计	191.9800	408			

不同的企业性质对企业转型能力存在显著性的差异（Sig. = 0.0375 < 0.1）。11～20 年的企业转型能力较弱，6～10 年的企业转型能力较强。不同年限企业的基础资源能力不存在显著差异（Sig. = 0.9841 > 0.1）；不同年限企业的创新能力存在显著差异（Sig. = 0.07 < 0.1），其中 5 年及以下企业的创新能力最强，11～20 年企业的创新能力较弱；对于不同年限企业的智能化能力来说，存在显著差异（Sig. = 0.0124 < 0.1），5 年及以下企业的智能化能力较强，这是由于 5 年及以下企业属于新晋企业，随着网络时代的发展，更加注重智能化能力的发展，11～20 年企业的智能化能力较差；对于不同年限企业的企业

家精神情况来说,存在显著差异(Sig. = 0.0271 < 0.1),其中 5 年及以下企业的企业家更加具有冒险精神,11 ~ 20 年企业的企业家对于转型升级带来风险的接受能力相对较弱,战略更新的速度较慢;对于不同年限企业的网络关系强度情况来说,存在显著差异(Sig. = 0.0123 < 0.1),5 年及以下企业的网络关系更加紧密,与合作者的合作周期与维系时间较长,合作频率也比较高;对于不同年限企业的制度环境情况来说,存在显著差异(Sig. = 0.0188 < 0.1),5年及以下企业的制度环境的获知能力相对较强,11 ~ 20 年企业的制度环境的获知能力相对较弱;对于不同年限企业的商业模式再造情况来说,存在显著差异(Sig. = 0.0776 < 0.1),5 年及以下企业的商业模式再造能力较强,比较注重企业的多样化,而 6 ~ 10 年、11 ~ 20 年、20 年以上的差异性较小。如表2 - 8所示。

表 2 - 8 企业年限的单因素方差分析

指标		平方和	df	平均值平方	F	Sig.
基础资源能力 (Re)	组间	0.1365	3	0.0455	0.0525	0.9841
	组内	351.7105	406	0.8663		
	总计	351.847	409			
创新能力 (In)	组间	3.5547	3	1.1849	1.312	0.07
	组内	364.8736	404	0.9032		
	总计	368.4283	407			
智能化能力 (It)	组间	2.8544	3	0.9515	1.5062	0.0124
	组内	256.4651	406	0.6317		
	总计	259.3195	409			
企业家精神 (En)	组间	1.8607	3	0.6202	1.154	0.0271
	组内	218.2096	406	0.5375		
	总计	220.0703	409			
网络关系强度 (Ne)	组间	1.4619	3	0.4873	0.7683	0.0123
	组内	257.5143	406	0.6343		
	总计	258.9762	409			
制度环境 (Ie)	组间	2.3523	3	0.7841	1.229	0.0188
	组内	259.0242	406	0.638		
	总计	261.3765	409			

续表

指标		平方和	df	平均值平方	F	Sig.
商业模式再造（Bm）	组间	2.5817	3	0.8606	1.2895	0.0776
	组内	270.9543	406	0.6674		
	总计	273.536	409			
企业转型升级能力	组间	1.2815	3	0.4272	0.9072	0.0375
	组内	190.6985	405	0.4709		
	总计	191.98	408			

　　不同的企业规模对企业转型能力的影响存在显著性的差异（Sig. = 0.017 < 0.1）。不同规模企业的基础资源能力存在显著差异（Sig. = 0.005 < 0.1），500~1000人和1000人以上企业的基础资源能力相对较高，而且对于100人以下的企业，基础资源能力相对较低；不同的规模企业的创新能力存在显著差异（Sig. = 0.032 < 0.1），其中500~1000人企业的创新能力最强，100人以下企业的创新能力较弱；对于不同规模企业的智能化能力来说，存在显著差异（Sig. = 0.046 < 0.1），500~1000人和1000人以上企业的智能化能力较强，由于人数较多，智能化管理及信息管理系统引入能够缓解管理与技术压力，100人以下企业的智能化能力较差；对于不同规模企业的企业家精神情况来说，存在显著差异（Sig. = 0.001 < 0.1），其中500~1000人企业的企业家更加具有冒险精神，100人以下企业的企业家受到企业规模的限制，企业家冒险精神较低；对于不同规模企业的网络关系强度情况来说，存在显著差异（Sig. = 0.039 < 0.1），500~1000人企业的网络关系更加紧密，因为规模较大的企业与合作者的交流较多；对于不同规模企业的制度环境情况来说，存在显著差异（Sig. = 0.005 < 0.1），500~1000人企业的制度环境的获知能力相对较强；对于不同规模企业的商业模式再造情况来说，存在显著差异（Sig. = 0.028 < 0.1），500~1000人和1000人以上企业的商业模式再造能力较强，随着企业的发展不断在商业模式中引进新的思想和商品。如表2-9所示。

表 2-9　企业规模的单因素方差分析

指标		平方和	df	平均值平方	F	Sig.
基础资源能力（Re）	组间	24.589	3	8.196	10.169	0.005
	组内	327.258	406	0.806		
	总计	351.847	409			
创新能力（In）	组间	30.05	3	10.017	11.959	0.032
	组内	338.378	404	0.838		
	总计	368.428	407			
智能化能力（It）	组间	13.334	3	4.445	7.336	0.046
	组内	245.985	406	0.606		
	总计	259.32	409			
企业家精神（En）	组间	8.468	3	2.823	5.416	0.001
	组内	211.602	406	0.521		
	总计	220.07	409			
网络关系强度（Ne）	组间	10.386	3	3.462	5.654	0.039
	组内	248.59	406	0.612		
	总计	258.976	409			
制度环境（Ie）	组间	8.121	3	2.707	4.34	0.005
	组内	253.256	406	0.624		
	总计	261.376	409			
商业模式再造（Bm）	组间	13.505	3	4.502	7.029	0.028
	组内	260.031	406	0.64		
	总计	273.536	409			
企业转型升级能力	组间	0.482	3	0.161	10.34	0.017
	组内	191.498	405	0.473		
	总计	191.98	408			

（2）信度和效度分析。为了确保问卷数据的可靠性和准确性，在问卷分析之前，首先做信度分析，值得注意的是，信度分析的结果仅仅代表了问卷本身的稳定与否，与测量结果的正确与否无必然联系。对测量对象的可靠性、稳定性、一致性的测量即对信度的检验。量表可使用与否的前提就是信度检验。目前，对信度检验的指标体系比较多，常用内部一致性来衡量信度高低。在信

度测量中，学者们使用较多的是克朗巴哈系数（Cronbach's α），能够准确地反映测量题项内部统一性以及题项内部结构的良好性。Cronbach's α 值越大，说明内部一致性和内部结构性越好，也就是该量表具有很高的信度。Cuieford（1965）和 Nunndly（1978）认为，只要 Cronbach's α 值大于 0.5 就说明该量表可以使用，即信度检验的结果是可以接受的。Cuieford 认为当 Cronbach's α 值高于 0.7 时，检验结果属于高信度，Cronbach's α 值低于 0.35 时，才属于低信度。很多学者认为 Cronbach's α 值低于 0.35 才属于低信度，以及只要大于 0.5 就说明该量表可以使用的要求偏低。吴明隆（2009）认为，只有当 Cronbach's α 值大于等于 0.9 时才属于信度非常高，样本数据非常理想；而当 Cronbach's α 值在 0.8 ~ 0.9 时，仅表明量表信度较高，样本数据较为理想；当 Cronbach's α 值在 0.7 ~ 0.8 时表明量表信度处于一般高的水平，样本数据是可以接受的；当 Cronbach's α 值在 0.6 ~ 0.7 时，表明量表信度勉强可以接受，样本数据应该增减题项；当 Cronbach's α 值小于 0.6 时，表明量表信度低、很不理想，样本数据需要重新编制。如表 2 - 10 所示。

表 2 - 10　量表信度适配表

类型	Cronbach's α 值	量表信度	样本数据
适配情况	α≥0.9	信度非常高	非常理想
	0.8≤α<0.9	信度较高	较为理想
	0.7≤α<0.8	信度一般高	可以接受
	0.6≤α<0.7	勉强接受	增减题项
	α<0.6	信度低，很不理想	重新编制

从本质上来看，信度和效度是完全不同的指标，即使具备信度，也不一定有效度。信度检验检测了评估工具的一致性和稳定性，而测量工具能否真正地度量研究对象，还需要进一步的效度检验。分别对内容效度、构念效度和校标效度进行检验，最终完成效度检验。本书主要从构念效度方面出发来检验。基于本书所采用的量表都来自国外成熟的量表，且量表内容在翻译的过程中进行了专家咨询、请国外研究者翻译以及企业家访谈三个环节的工作，可以得出问卷内容具备较高内容效度的结论。在构念效度的检验过程中，包含了聚合效度

和区别效度，为了检验这两个效度，本书采取因子分析方法。

区别效度用来测度潜变量与潜变量之间的差异性，不同潜变量的 AVE 平方根以及变量间的相关系数这两个指标可以用来检验区别效度。聚合效度可以通过平均方差抽取量（AVE）的大小来判断。如果提取的 AVE 值大于 0.5，可以说明聚合效度足够，而 AVE 如果大于相关系数，则证明量表区分度良好。

做因子分析之前，要先做 KMO 检验，检验的目的在于考察变量与变量之间的偏相关性，KMO 的取值范围为 0 ~ 1。而取值越趋近于 0，也就意味着变量之间的偏相关性越差，效果越差；相反，越趋近于 1，效果越好。检验结果显示，KMO 统计量为 0.935，证明了因子分析效果较好的结论。再看 Bartlett 球形检验的结果，P 值小于 0.05，从而证明了变量之间的相关性，针对 29 个二级变量做主成分分析有效。KMO 和 Bartlett 球形检验结果如表 2 - 11 所示。

表 2 - 11　KMO 和 Bartlett 球形检验结果

KMO 和 Bartlett 球形检验		
Kaiser – Meyer – Olkin 测量取样		0.935
Bartlett 球形检验	大约卡方	1390.712
	df	406
	显著性	0.000

本书在研究中对变量及题项的信度检验采用吴明隆的 Cronbach's α 值标准，即 Cronbach's α 值大于 0.7，借用 SPSS 对变量及题项进行信度检验，结果如表 2 - 12 所示。

表 2 - 12　各变量的信度检验结果

指标	项已删除的刻度均值	项已删除的刻度方差	校正的项总计相关性	多相关性的平方	Cronbach's α
基础资源能力（Re）	18.3526	19.562	0.430	0.225	0.953
创新能力（In）	18.7564	18.039	0.620	0.437	0.935
智能化能力（It）	18.4457	17.248	0.917	0.918	0.904

续表

指标	项已删除的刻度均值	项已删除的刻度方差	校正的项总计相关性	多相关性的平方	Cronbach's α
企业家精神（En）	18.3538	18.039	0.861	0.817	0.911
网络关系强度（Ne）	18.4059	17.511	0.872	0.873	0.909
制度环境（Ie）	18.4400	17.309	0.903	0.936	0.906
商业模式再造（Bm）	18.4825	16.963	0.938	0.970	0.902
Cronbach's α	0.929				

由表 2－12 可知，基础资源能力的 Cronbach's α 值为 0.953，创新能力的 Cronbach's α 值为 0.935，智能化能力的 Cronbach's α 值为 0.904，企业家精神的 Cronbach's α 值为 0.911，网络关系强度的 Cronbach's α 值为 0.909，制度环境的 Cronbach's α 值为 0.906，商业模式再造的 Cronbach's α 值为 0.902，很明显，各个测量指标的值都大于 0.9，证明各指标的测量指标信度较好。除此之外，企业转型能力的测量指标整体的 Cronbach's α 值为 0.929 高于 0.9，说明本书设计的量表具有可靠的信度。

（3）基于 PCA 法确定评价体系指标权重。针对指标测量研究，本书采用主成分分析法对各测量指标的客观值进行评价，并计算出各测量指标的权重，主要通过以下几个步骤计算。

首先，运用 PCA 方法计算主成分方差贡献率，针对 29 个观测指标计算公因子方差，可得主成分的特征值、方差贡献率和累计方差贡献率。由表 2－13 可知，提取 6 个主成分，特征值均大于 1，累计方差贡献率达到了 80.269%，大于 80%，所以提取的 6 个主成分可以代替 29 个观测指标。各成分的累计方差贡献如表 2－13 所示。

表 2－13　各成分的累计方差贡献

成分	初始特征值			提取平方和载入			旋转平方和载入		
	特征根	方差贡献率/%	累计方差贡献率/%	特征根	方差贡献率/%	累计方差贡献率/%	特征根	方差贡献率/%	累计方差贡献率/%
F1	13.32	45.92	45.92	13.32	45.92	45.92	5.273	18.183	18.183

续表

成分	初始特征值			提取平方和载入			旋转平方和载入		
	特征根	方差贡献率/%	累计方差贡献率/%	特征根	方差贡献率/%	累计方差贡献率/%	特征根	方差贡献率/%	累计方差贡献率/%
F2	2.512	8.661	54.58	2.512	8.661	54.58	4.108	14.165	32.348
F3	2.382	8.213	62.79	2.382	8.213	62.79	4.047	13.954	46.302
F4	1.967	6.781	69.57	1.967	6.781	69.57	4.037	13.922	60.224
F5	1.778	6.131	75.7	1.778	6.131	75.7	2.95	10.173	70.397
F6	1.325	4.568	80.27	1.325	4.568	80.27	2.863	9.873	80.269

其次,运用最大方差法计算旋转后的成分矩阵及观测指标的共同度。由表2-14可知各个主成分代替的观测指标及其相应的因子载荷值。

表2-14 主成分代替的观测指标及其相应的因子载荷值

指标	成分矩阵						共同度
	F1	F2	F3	F4	F5	F6	
Re_1	0.077	0.080	0.036	0.160	**0.841**	0.109	0.759
Re_2	0.141	0.149	0.075	0.116	**0.791**	0.178	0.718
Re_3	0.102	0.052	0.084	0.025	**0.845**	0.047	0.737
Re_4	0.176	0.092	0.105	0.017	**0.715**	0.250	0.625
In_1	0.147	0.143	0.194	0.142	0.294	**0.681**	0.649
In_2	0.097	0.167	0.144	0.160	0.141	**0.788**	0.725
In_3	0.123	0.188	0.108	0.135	0.116	**0.773**	0.692
In_4	0.197	0.252	0.157	0.174	0.134	**0.707**	0.674
In_1	0.259	**0.815**	0.240	0.168	0.146	0.263	0.907
In_2	0.176	0.165	0.221	**0.808**	0.102	0.213	0.816
In_3	0.250	0.203	**0.818**	0.192	0.119	0.188	0.860
In_4	**0.846**	0.229	0.229	0.165	0.154	0.161	0.897
En_1	0.209	**0.689**	0.220	0.264	0.089	0.237	0.700
En_2	0.216	0.332	0.219	**0.576**	0.105	0.093	0.556
En_3	0.244	0.240	**0.581**	0.268	0.070	0.129	0.548
En_4	**0.738**	0.211	0.242	0.217	0.131	0.190	0.748

续表

指标	成分矩阵						共同度
	F1	F2	F3	F4	F5	F6	
Ne$_1$	0.206	**0.794**	0.153	0.157	0.053	0.071	0.729
Ne$_2$	0.169	0.126	0.113	**0.869**	0.052	0.119	0.829
Ne$_3$	0.232	0.171	**0.855**	0.151	0.066	0.140	0.861
Ne$_4$	**0.872**	0.172	0.211	0.142	0.135	0.128	0.889
Ie$_1$	0.234	**0.858**	0.223	0.193	0.144	0.229	0.850
Ie$_2$	0.198	0.179	0.198	**0.872**	0.090	0.127	0.895
Ie$_3$	0.230	0.207	**0.842**	0.194	0.092	0.124	0.865
Ie$_4$	**0.885**	0.202	0.193	0.167	0.081	0.069	0.801
Ie$_5$	**0.880**	0.175	0.190	0.207	0.119	0.113	0.811
Bm$_1$	0.234	**0.859**	0.227	0.198	0.130	0.226	0.851
Bm$_2$	0.214	0.184	0.212	**0.889**	0.101	0.171	0.854
Bm$_3$	0.249	0.214	**0.880**	0.203	0.089	0.161	0.858
Bm$_4$	**0.894**	0.213	0.225	0.198	0.147	0.129	0.873

第一个主成分 F1 可以替代观测指标：品牌（0.894）、执行效率性（0.885）、准确获知环境能力（0.880）、互惠性（0.872）、管理智能化（0.846）、先动性（0.738）。

第二个主成分 F2 可以替代观测指标：客户群（0.859）、金融政策等支持（0.858）、产品设计智能化（0.815）、接触时间（0.794）、创新精神（0.689）。

第三个主成分 F3 可以替代观测指标：市场（0.880）、合作交流范围（0.855）、司法独立性（0.842）、服务智能化（0.818）、战略更新（0.581）。

第四个主成分 F4 可以替代观测指标：销售渠道（0.889）、制度规范性（0.872）、投入资源（0.869）、制造过程智能化（0.808）、风险活动（0.576）。

第五个主成分 F5 可以替代观测指标：偿债能力（0.845）、盈利能力（0.841）、营运能力（0.791）、发展能力（0.715）。

第六个主成分 F6 可以替代观测指标：知识搜索水平（0.788）、研发产出水平（0.773）、研发人员比重（0.681）、企业研发强度（0.707）。

再次，计算指标在综合得分模型中的系数矩阵。本课题对网络时代下企业转型能力进行主成分分析，得到 29 个观测指标对主成分的负载值。各因子得分及系数矩阵如表 2 - 15 所示。

表 2 - 15　各因子得分及系数矩阵

指标	指标在各主成分线性组合中的系数矩阵						得分系数矩阵	
	F1	F2	F3	F4	F5	F6	系数	权重
Re_1	0.021	0.050	0.023	0.114	0.631	0.095	0.129	0.027
Re_2	0.039	0.094	0.049	0.083	0.593	0.155	0.142	0.030
Re_3	0.028	0.033	0.054	0.018	0.634	0.041	0.110	0.023
Re_4	0.048	0.058	0.068	0.012	0.536	0.217	0.130	0.027
In_1	0.040	0.090	0.126	0.101	0.220	0.592	0.165	0.035
In_2	0.027	0.105	0.093	0.114	0.106	0.685	0.158	0.033
In_3	0.034	0.119	0.070	0.096	0.087	0.672	0.151	0.032
In_4	0.054	0.159	0.102	0.124	0.100	0.614	0.168	0.035
It_1	0.071	0.514	0.156	0.120	0.109	0.228	0.197	0.041
It_2	0.048	0.104	0.143	0.576	0.076	0.185	0.187	0.039
It_3	0.068	0.128	0.530	0.137	0.089	0.163	0.185	0.039
It_4	0.232	0.144	0.148	0.118	0.115	0.140	0.156	0.033
En_1	0.057	0.435	0.143	0.188	0.067	0.206	0.181	0.038
En_2	0.059	0.209	0.142	0.411	0.079	0.081	0.166	0.035
En_3	0.067	0.151	0.376	0.191	0.052	0.112	0.161	0.034
En_4	0.202	0.133	0.157	0.155	0.098	0.165	0.156	0.033
Ne_1	0.056	0.501	0.099	0.112	0.040	0.062	0.150	0.032
Ne_2	0.046	0.079	0.073	0.620	0.039	0.103	0.162	0.034
Ne_3	0.064	0.108	0.554	0.108	0.049	0.122	0.170	0.036
Ne_4	0.239	0.109	0.137	0.101	0.101	0.111	0.141	0.030
Ie_1	0.064	0.541	0.144	0.138	0.108	0.199	0.197	0.042
Ie_2	0.054	0.113	0.128	0.622	0.067	0.110	0.184	0.039

续表

指标	指标在各主成分线性组合中的系数矩阵						得分系数矩阵	
	F1	F2	F3	F4	F5	F6	系数	权重
Ie_3	0.063	0.131	0.546	0.138	0.069	0.108	0.178	0.038
Ie_4	0.242	0.127	0.125	0.119	0.061	0.060	0.135	0.028
Ie_5	0.241	0.110	0.123	0.148	0.089	0.098	0.144	0.030
Bm_1	0.064	0.542	0.147	0.141	0.097	0.196	0.197	0.041
Bm_2	0.059	0.116	0.137	0.634	0.076	0.149	0.195	0.041
Bm_3	0.068	0.135	0.570	0.145	0.067	0.140	0.189	0.040
Bm_4	0.245	0.134	0.146	0.141	0.110	0.112	0.157	0.033

最后，计算企业转型能力评价方程。由得分系数矩阵的权重与测量指标的得分相乘代入相应的灰色关联模型，分别计算资源环境与创新效率的相应方程，通过合成得到最终企业转型升级能力的表达结果。

五、企业转型升级能力灰色关联结果分析

利用灰色关联度模型对数据进行计算，进而得出各指标的灰色关联度，依据各指标灰色关联度的大小重新排列各指标。如表 2-16 所示。

表 2-16　灰色关联结果

灰色关联度排名	指标	灰色关联度	指标序号
1	创新能力	0.9736	4
2	商业模式再造	0.9553	7
3	基础资源能力	0.9504	2
4	企业家精神	0.9105	6
5	制度环境	0.898	1
6	网络关系强度	0.8902	5
7	智能化能力	0.8867	3

对指标关联度表格进行分析可知，在选定的影响因素中，与企业转型升级能力灰色关联度超过 0.9 的有创新能力、商业模式再造、基础资源能力、企业

家精神四个指标。其中灰色关联度最高的是企业创新能力，二者的关联度达到了0.9736，说明企业转型升级与企业创新能力两者变化的趋势具有一致性，同步变化程度较高。企业创新能力越强，企业转型升级越容易。具体来说：本书用发明专利数和新产品销售收入来表征创新能力。以创新能力指数衡量的先进制造业技术创新水平明显高于传统产业，特别是经济发达地区，更倾向于模仿创新。不同性质企业的创新能力存在差异，其中，外企的创新能力更强劲一些，而国有企业的创新能力则相对较弱。实际上，随着我国经济发展方式的转变和环境压力的加大，企业生存空间已不多。对于企业来说，当务之急是加快创新方式转变，积极向自主创新跨越，努力实现企业的可持续发展。

技术资本的有机构成相对比较低的企业以及劳动密集型的企业大多是工业型企业，其经营范围以产品加工制造、资源的开发、服务等低层次为主，且在产业链中都居于中游环节，设计研发和营销服务都比较弱，而这些内容都是居于产业链两端的，创新能力也处于较低的水平，难以有效地实现转型和升级。在转型和升级的过程中，结合现有文献，一家企业的创新能力主要取决于推动创新以实现颠覆性突破（徐康宁等，2010）。身处转型和升级的关键时期，中国仍有不少行业的发展面临着低端锁定和节能减排的双重困境。企业创新能力不足是导致企业转型升级比较缓慢的主要原因之一。企业可以通过提高研究开发投入来帮助公司发展自己的创新能力。公司研发创新最终会导致生产率的提高，而在这个过程中，企业的创新能力在很大程度上决定了企业的升级效率。

企业的创新模式根据其创新能力的不同大致可分为以下三种类型：首先是自主创新模式。在这种模式下，企业处在一种努力积极创新的状态，探索新产品、新工艺，如依托自身研发能力进行技术创新，通过引进企业外部的关键核心技术人才进行借力创新，并由研究技术人员或工程师带头创办科技企业。其次是模仿创新模式。可以通过引进技术设备、消化吸收再创新、合资生产和联合生产项目合作、贸易型许可贸易技术创新和兼并技术创新来实现。最后是协同创新模式。协同创新可以通过购买和转让技术、合作研发项目和建立创新载体来实现。Lee 和 Lim（2001）认为，实现技术自主创新的路径可以分为三种类型：跟进追赶、路径跳跃追赶和路径创新追赶。而那些创新能力不强的企业更倾向于利用比较优势，选择前两种方式来实现模仿战略。对于选择研发路径来探索新技术的企业而言，需要灵活多样的技术，能够承担更高的风险，满足更高的资本要求。此外，公司需要从技术引进跨越到自主创新的各个阶段选择正确的进入路径，以实现可持续的经济发展。因此，对于企业而言，其创新能力是转型升级最为重要的途径与因素之一。不同类型的企业创新能力会有一定差异，但是从整体而言，企业创新能力是企业技术发展的基础，只有拥有强大的创新能力，企业才能真正实现转型升级。

商业模式是提高企业市场竞争力并对公司转型和升级产生积极影响的重要方式。企业转型升级是从低技术、低附加值状态到高技术、高附加值状态的过程（吴家喜，2009）。企业转型升级要求企业从价值链的低端向高端转移，即从依赖廉价劳动力和能源消耗转向只依靠投资和技术研发，从分散到集聚。但不得不承认，不同规模的企业，其商业模式能力也不同。大规模的企业通常可以依靠其规模优势实现技术创新，获得垄断型的技术，赚取超额利润。但大规模企业毕竟是有限的，技术创新相对来说是一种高投入、高风险的活动，成功的概率较小，大多数以微利求生存的企业，不具备雄厚的资金，缺乏高端人才，管理水平也较为薄弱，如果想要通过自主创新来实现转型升级，无论是风险还是难度都非常大。在现实中，大多数中小型靠微利求生存的企业面对的市场是低端、变化频繁、不饱和的市场，在这种市场上，技术水平短期内不会有重大变化，所以技术创新比以市场为基础的商业模式更有利于中小企业的发展。中小企业可以根据客户的最新需求，创新设计适合自己的新商业模式，充分挖掘新的客户价值主张，建立新的合作网络，整合企业关键资源，拓展和创新盈利模式，提升公司价值和市场竞争力，实现转型升级。

企业转型升级的过程，基本上就是有效组织资源、产生配置效应的过程。资源的集聚不仅有助于企业转型升级，也可能导致转型失败。在创新驱动的时代，如果没有研发投入、员工知识和技能水平、资金能力、供应商和其他因素，制造企业就无法实现转型升级。随着公司的成长，其规模会影响这些因素的变化。以上要素本质上是公司应拥有的广义上的资源，并且代表某些资源能力。所以，从企业资源的基本理论角度来看，在制造企业的转型升级过程中，企业需要具备研发投资、知识和技术、一定规模的融资和供应商等资源要素。企业转型升级的一般过程是通过资源要素的有机组合，使企业能够向上下游延伸，从而产生组态效应。通常情况下，当企业遇到上游公司和下游公司的阻力时，可以通过企业集群的方式来突破市场壁垒。在某种程度上，企业可以与上游公司和下游公司进行协作沟通共同构建产业链协同创新机制，即通过资源要素的协作创新来实现企业转型升级。

企业家精神可以理解为转型升级的一种内在驱动能力。它体现在生产流程、产品质量、管理控制能力、技术研究与开发等方面。首先，推动企业升级的重要动力之一是企业家的创新意识和进取精神。其次，企业转型升级的主要动力来源于企业家精神以及品牌意识。在全球化的背景下，企业自有品牌在市场竞争中发挥着越来越重要的作用，企业自有品牌的创立与以企业家精神工作的企业家的品牌意识密不可分。这是因为勇于进取、不断创新、充满激情和饱含耐心的企业家精神有助于企业自主品牌的建立。最后，企业家的思想和价值观在公司发展中起着决定性作用。企业家的危机意识以及在公司战略和组织结构各个方面所体现的积极眼光足以使公司制定符合行业发展规律的战略，并赢得竞争。

综上所述，在企业转型升级过程中，创新能力与商业模式是决定企业能否转型升级成功的关键因素，其决定了企业资源的有效组合。在这个过程当中，企业家精神作为内生驱动力，把握着转型升级的过程与方向，能够有效地指导企业进行转型升级。如图 2－8 所示。

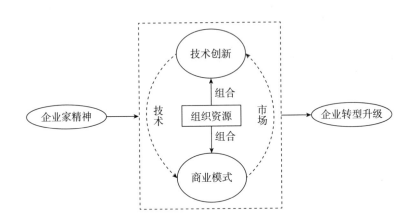

图 2－8　转型升级的能力模型

第三章　网络时代下企业转型升级的机理与机制

　　关于企业转型升级的研究，近几十年来已经衍生出了许多学术流派。这些流派从不同的视角对企业转型升级进行了有价值的揭示，这对企业转型升级的进一步研究做出了巨大的贡献。然而，当前企业转型升级的研究仍以案例探讨为主，研究内容过于宽泛，以至于企业转型升级具体实践应用缺乏基础理论研究支撑。综观国内外学者的研究成果，其研究思路大多数都集中在核心竞争力、动态能力和价值链的概念框架等方面。虽然竞争力理论、价值链理论等目前已经成为研究企业转型升级概念、动因、机理与路径的主要理论依据，但仍然尚未形成一个独立的体系。所以，从整体来看，很多关于企业转型升级的研究呈现出表面化、片面化、碎片化。在面对网络时代下企业层出不穷的新现象时，这些研究思路就无法对企业转型升级的机理作出完整的解释与深入剖析，难以对企业现有的实践提供正确有效的指导，网络时代下企业转型升级仍然存在过程黑箱。

　　综上所述，本书试图在现有价值链理论研究的基础上，结合战略生态位理论，深刻论述企业转型升级的资源能力内在作用机理、技术生态位与市场生态位的协同以及网络时代下企业转型升级的融合机制，旨在提出一个更加完整、更具说服力的企业转型升级机理与机制。

第一节　产业转型升级的机理

从微观角度分析，在转型升级过程中企业的发展起着重要的作用。结合现有研究成果，产业转型升级的路径主要有两个层面：一是相关企业耦合推动产业转型升级即产业中的代表企业通过原始积累、自主创新所集聚的爆发能量（包括人力、资金、技术、装备、工艺等内在的核心能力），推动着企业走向更高的价值环节或更好的产业，从而引领带动产业链上的上下游企业等发展并形成产业跃迁模式。二是通过相关的产业转移带动产业链的高端嵌入来带动企业的转型升级。国家政府通过出台一系列引领红利政策、配套相应资源、给出区域方向、营造美好环境等，主动打造了一个产业配套的、比较高端的、相对封闭的地理空间，吸引部分相对高端的具有上下游关系的企业等形成集聚效应，带领原有产业链中落后企业进行创新，从而促进产业整体提升，如图3－1所示。

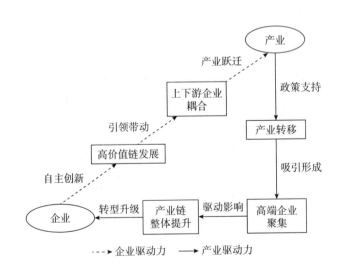

图 3 － 1　产业转型升级的机理

一、企业间协同耦合推动产业转型升级

已有的研究指出，耦合是两个或多个主体相互作用的状态。作为一个完整的系统，产业转型可以理解为产业内企业主体耦合的结果（王立华，2013）。具体而言，产业内企业间耦合的本质是对处于转型升级过程的企业主体之间互动的非线性关系进行整合，其可以借助现有的各种组织关系扩散到产业链的上下游企业，从而影响产业的转型升级。产业内企业主体间的组织耦合和非线性耦合的合力将推动转型进程。其中，组织耦合是基础，非线性耦合是驱动力。这种耦合关系使同级类似企业的转型具有趋同效应，可以带动相关企业创新能力升级，最终实现整个产业的转型升级（贾晓辉，2016）。

企业之间的非线性耦合关系是促进转型升级的重要动力。企业可以看作产业内的非线性组合单元。企业会根据已有的行为规则和发展目标与相关企业进行一种非线性联系。换言之，企业之间的非线性耦合关系的本质是企业适应性需求下的相互作用结果。实践表明，企业之间是通过非线性网络结构中的非线性关系网络来进行资源和信息交流与互补的。由于现实中每个企业的目标和变量都不是单纯线性的，表明在企业之间存在一种非线性的关系，其中的具体表现就是企业之间的合作与竞争行为。因此，非线性耦合过程实质上是基于利益最大化原则的企业之间的合作与竞争过程。

合作是指产业集群中企业间基于共同的发展目标而产生的协同行为，包括产业链上下游企业之间的纵向合作和类似企业之间的横向合作，通常以正式和非正式的方式进行。这些企业之间的合作增强了产业内企业的耦合度，并通过降低交易成本和改善生产经营效率的方式来提升企业的市场竞争力。随着产业的发展，企业间的合作与耦合程度不断增强。企业成立之初往往具有不明显的专业化分工，企业之间的合作多半依靠血缘、友情等关系来维系。在产业发展时期，随着企业数量和规模的增加，企业之间存在着明显的专业化，企业之间会出现密集的纵向联系以及与同类型企业的横向竞争与合作。随着行业的成熟，企业之间的合作关系进一步发展成为由分工、合作和竞争组成的高度发达的组织网络，进而发展成为企业之间的深度合作。但是，合作并不意味着消除竞争，企业的目标是使个人利益最大化，产业集群中的大多数企业都生产相似或相同的产品，为了在现有的市场竞争中获得更多的经济利益，企业之间就会

通过产品的质量和成本控制来进行竞争。产品和服务质量是企业竞争力组成的两大核心因素，也决定了企业市场价值能否顺利实现。在其他因素相似的情况下，价格低廉的同等质量产品在市场上具有竞争能力。所以，企业的发展需要通过完善资源配置来控制产品成本，从而优化产品和服务提升用户体验。

在转型升级的过程中企业发展具有显著的非线性特征。再加上正反馈机制和负反馈机制的存在，企业之间的合作与竞争关系具有复杂性和动态性。虽然这一动态在一定程度上或短期内不排除合作与竞争之间的平衡，但总体上是不平衡的。产业内企业之间在资源等方面的竞争与合作行为可以极大地激发企业的核心竞争力。同时，这些竞争与合作也会优化上下游企业在整个产业链中的合理布局，有效拓展市场，形成规模经济，最终实现产业的转型升级。如图3－2所示。

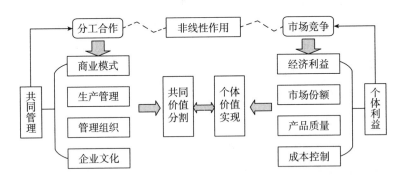

图3－2 转型升级过程中企业间的非线性耦合

产业内企业主体的组织耦合是产业转型升级的前提，与非线性耦合不同，其主要聚焦于产业链上下游企业的竞争和合作。首先，组织耦合是产业链转型升级中企业之间的基本关系。产业链是由不同规模的企业围绕某一产业的产品加工供应、物流和营销等组成的企业集群。所以产业链中的分工是以企业为载体，从不同环节优化资源配置，节约企业交易成本，从而使许多处于产业链不同位置的企业形成组织性耦合。产业链中企业间组织耦合深化了企业的分工，提高了区域资源的利用率，从而在产业耦合体系中产生了规模经济。通过产业链，企业之间可以交换链间关系和共同价值，如运输产品或服务，并反馈信息。同时，为了实现价值最大化，产业的共同价值可以从不同企业之间的分工转变为产业链中的某一链。这种转化还可以增加每个产业链的价值，实现价值"1＋1＞2"的增值效应。当这种增值效应辐射到全部产业链时，就会产生一种乘数效应，即当某单一链的效益增加时，它会扩展分散到产业链中的其他链，最终形成产业链之间的价值成倍增加。因此，产业链能够利用企业之间共同价值分工的组织关系来创造价值，创造简单个体总和所不能产生的更高附加值，最终促进企业的转型升级。

其次，组织耦合中的协同创新是企业之间更高水平的耦合关系。在网络时代，随着创新主体的日益复杂，以及创新的高投入、高风险等特点，创新对于单个企业来说是困难的。合作创新可以降低企业的发展成本以及潜在风险，还可以实现企业之间资源的共享和互补，从而提升创新成功的概率。由于现有产业链的快速发展，单一链条的局部自主创新难以促进或支撑完整的产品创新，因此，企业之间需要发展合作创新的组织耦合关系，以实现企业共同利益的最大化，而基于产业链形成了庞大的信息、技术交流的网络体系，为形成合作创新的组织耦合关系提供了基础。合作创新组织由许多企业和机构组成，这些企业主体之间不一定存在因果关系和线性相关性，但是在许多方面都存在复杂的非线性影响。因此，一方面企业之间的合作创新往往体现在组织结构、行为和功能的发展与变化过程之中。另一方面企业间合作创新所产生的创新成果会吸引其他相互关联的企业。基于此，企业之间合作产生的创新成果将在产业链上下游进行传递和分享，并通过产生乘数效应、累积效应和技术交叉激发效应来带领产业链上下游企业以至产业的转型升级。如图 3 － 3 所示。

二、产业转移带动产业链的高端嵌入

除了企业耦合能够推动产业转型升级之外，众多学者认为，在企业转型和产业升级过程中，产业转移是其必不可少的重要推动力（石奇、张继良，2007；袁静，2012；郭连成，2012；杨秀云、袁晓燕，2012）。基于现有研究，众多学者将域产业转移定义为：通过撤退转移和扩张转移的方式来进行区域间的产业互换，从而刺激区域经济的发展。撤退性产业转移意味着该产业正处于衰退阶段。企业无法适应不断变化的外部环境，不得不被迫转移。而扩张性产业转移则是，处于经济较为落后的区域产业，开展合理的产业转移，在不断发展的过程中积极获取先进技术和生产模式，促进企业综合实力的提高。现阶

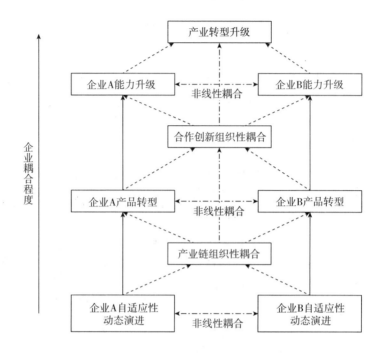

图 3-3　企业间的耦合程度与产业转型的关系

段，在中国经济发展的影响下，各地区之间产业的发展背景可能存在巨大的差异，特别是在总体经济水平、历史地理位置等各种资源的基本方面。这些因素是其他产业快速转移的客观基础条件。事实上，在区域产业转移过程中，企业在获得更高经济效益的同时，还受到现行政策、总体发展战略、产业发展、市场竞争等因素的极大影响，并以此来满足当前时代发展的需求。

　　因此，对于企业而言，产业转移所带来的区域转换能够为处在发展瓶颈的企业提供更多有关生产和人力等先进技术资源积累，在缓解企业的发展困境的同时，还间接降低了企业转型的风险，有助于企业在新地区、新市场的转型，最终实现上下游企业协同发展，实现产业升级的目标。同样，产业转移能够剔除原有处于低附加值环节的相关产业，集中资源发展高新技术新兴产业，实现产业价值链的高端嵌入，方便吸收发达区域先进的生产技术，从而促进上下游产业的技术和能力创新。如图 3-4 所示。

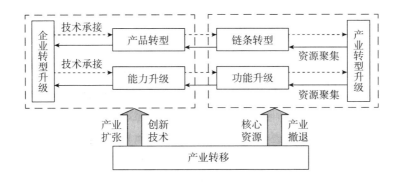

图 3-4 产业转移与产业、企业转型的关系

区域间产业的相互转移不仅能够直接实现产业结构优化的目标，而且还可以间接带动发展落后区域产业转变为新兴产业。在产业转移的过程中，由于落后地区承担的技术和设备比其他国家同类行业先进，前者可以充分利用这些先进的机械设备、高端技术为当地产业发展提供新的机遇，最终实现提升产业竞争能力的目的。同时，借助产业转移的示范效应，后者可以通过模仿、"引进来"提高其技术水平，实现规范化的管理和创新。对于经济发展速度和水平较高的国家，可以有选择性地发展和承接新兴产业来促进和加速其达到世界先进水平的进程，对于经济发展速度和水平较低的国家，可以通过充分发挥新兴产业转移的技术和资源优势，吸收其他国家或地区的先进技术和资源来加快本国产业转型升级的发展进程。因此，产业转移有利于管理创新的实现并驱动原有传统产业的升级，形成新兴发达产业。同时，产业转移可以为转移的地区创造新的就业机会，并通过资源优化将剩余资源集中于发展高附加值的产业，从而带动区域经济的快速发展。

此外，对于转移产业而言，产业转移可以淘汰原有的低附加值企业，节约地区资源，帮助产业向更高层次发展。随着技术的不断变革和产品市场需求的变化，发达地区的产业原有的生产优势发生了改变，处于成熟和衰退阶段的一些产业面临被死亡的危机。面对原有区域资源缺乏、市场需求不足等问题，一些经营条件较好、资源充足的企业有选择性地向其他落后区域转移低附加值产品的制造环节。借助区域间的产业转移，企业可以将有限的或者稀有的经营资源和技术资源从边际生产率相对较低的地区向边际生产率较高的地区转移，以此提升企业的生产能力和产品质量，从而扩大原有市场。产业转出地可以转移一些落后的传统产业来集中发展资源，培育新兴的产业，带动区域产业的结构转型与升级。

在现阶段发展环境的影响下，政府的引导政策和现有市场相关机制的变化，促使产业在转移的过程中能够积极、有效地优化自身缺陷。通过不断调整产业结构，可以促进资源分配的优化，整合有价值的资源，使其在不断升级的过程中稳步发展。因此，产业转移的内涵主要表现在以下几个方面：首先，受国家政府管控等因素的影响，在现有市场运作机制的影响下，产业转移过程中最重要的部分对其空间配置进行调整与优化。在此基础上，进行合理的优化和升级，在持续发展的过程中促进其积极地体制改革，促进相关地区的企业进行内部资源优化，并通过合理的方式提高企业的转换效率。其次，受现阶段发展路径的影响，在持续发展的过程中，以优化配置为转移的实际实质，也是实现转型升级的前提。在此基础上，要把要素优化配置作为企业升级改造的有效途径，不断调整产业结构，推动企业完善原有的传统产业链，积极发展高附加值产业，淘汰落后的低附加值产业，促进其整体结构协调发展，从而增加经济效益，有助于企业的稳定发展。最后，在现实背景下的转型升级过程中，企业自身的产业选择、技术创新等能力也是重要的因素。只有以多种能力为支撑点，对企业进行有效整合升级转型，才能适应市场经济发展的实际需要，如图3-5所示。

由此可见，产业转移是企业与产业转型升级所必需的因素，没有产业转移，企业转型就没有根本动力，产业升级就没有空间。所以，产业转移是架起企业转型和产业升级的桥梁，也是淘汰传统低附加值产业、引进高附加值的新兴产业最有效的途径之一。借助产业转移，低端产业才能真正转移，国家才能潜下心来发展价值链高端环节、高端链条和战略性新兴产业，企业才有动力去攻坚克难，通过技术的渐进性创新和微创新的逐步积累而累积技术能力，真正走上技术引领和市场高端之路，"两自一高"的国家战略才能真正落地。

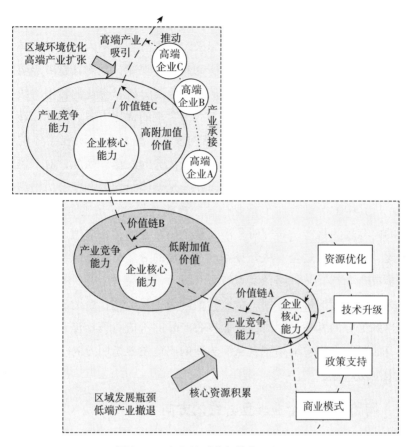

图 3 – 5　产业转型升级的作用机理

第二节　企业转型升级的机理研究

对于传统企业而言，企业的转型和升级是指目前进入的产业结构和价值链条升级或原产业产品升级。在制造业，企业转型意味着在技术引进下，原有产业将向新兴产业的发展标准转变。换言之，企业转型升级的本质在于组织结构的横向优化和空间布局的矫正。并通过实施相关产品技术升级，为企业整体升级奠定坚实的技术基础。此外，许多研究者关注企业转型升级过程中发展方式的转变，其中大部分也涉及相关结构优化的内容。但需要强调的是，在研究企业转型升级过程中应将两者有机结合起来，将现有企业纳入一个框架体系，通过对企业所在产业集群特征的分析，研究其发展规律，预测其发展趋势，最后选择合适有效的转型升级的路径。而从制造角度分析，企业的转型升级需要对技术要素、组织结构等进行整合，最终得出合理的优化方案。因此，转型升级可以理解为合理分析资源配置，优化结构模式，最终保证所在主体的整体升级。这种升级促进了结构的优化和核心竞争优势的发挥。因此，对于制造行业来说，企业转型升级需要考虑两个方面：一是整体结构的调整；二是整体结构的优化。这其中的关键就在于企业技术升级能否发挥一定的创新作用。所以，这方面的内容较为具体，研究对象涉及整个制造业的相关群体。

因此，产业升级是企业从升级到成熟阶段的必然结果，即某一行业的龙头企业或多数企业选择某种路径实现转型升级后，就会对企业所处的整个行业的转型升级产生一定的带动作用。企业转型升级一旦成功，企业的市场竞争能力就能够得到更好的发挥。同时，企业核心产品的价值将逐步提升，经营领域也会在原有的基础上相应地拓宽，从而为新的产业发展指明方向。这是企业转型升级的根本切入点。

一、网络时代下企业转型升级的方向

随着科技的高速发展，互联网正在迅速改变人类的生活方式和价值观念，传统企业的商业理念受到了巨大的冲击，经营模式逐渐僵化，再加上国际政治经济社会环境错综复杂，中国传统企业低附加值的产品逐渐失去了原有的国际市场，最终使企业发展陷入瓶颈。面对越来越激烈的竞争，中国传统企业亟须寻求新的路径，提升企业核心竞争能力，打破低附加值与高附加值产品之间的壁垒，最终通过出口具有自主知识产权和自主品牌的高附加值产品占领全球的高端市场；进口低端生活性资料和生产性资料，逐步实现（世界生产，中国消费），最终实现（D，A）→（D，B）→（C，B）→（C，A）的产品发展道路，推动国家由生产型大国变为消费型大国，再变为创新创造型大国，真正走上（出口高端，进口低端）的强国富民之路。如图 3 - 6 所示。

现有研究表明，中国产业发展长期处在"微笑曲线"中的最低点，是以低端嵌入的方式被置于 GVC 低端。Kaplinsky 和 Morris（2000）认为，处于

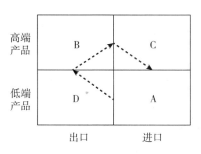

图 3 - 6　中国企业转型的最终目标

"微笑曲线"两端领先地位的跨国公司凭借自身优势占据价值链的重要组成部分，通过全球价值链治理决定全球价值链各个环节的利润分配。这导致这样一个事实，即中国企业的发展很可能会被跨国公司主导的国际价值链所捕捉，并长期处在"微笑曲线"的低谷，即所谓的低端锁定。传统的中国企业在升级到"微笑曲线"的两端以实现产品技术密集型和管理密集型的转换和升级时面临着巨大的挑战和困境。解决这一问题的关键是以放弃国外需求为主导（减少劳动密集型产业的发展模式），提升中国企业自主创新的能力，并建立起基于内需为主导的新兴高附加值链条。如图 3 - 7 所示。

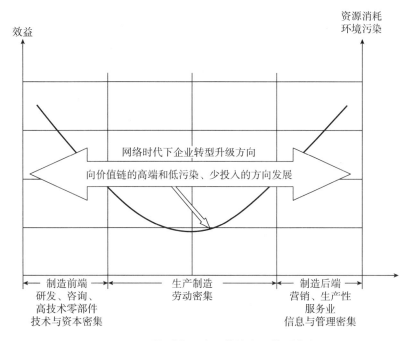

图 3 - 7　网络时代下中国传统企业转型方向

在网络时代下，新的科学技术为企业发展带来了挑战和机遇。中国企业必须抓住互联网带来的信息机遇，克服困难走出困境。目前，学术界已形成共识，企业可以通过信息技术与制造环节的深度融合，实现转型升级的发展目标，从而走出现有的发展困境，在未来的市场竞争中抢占主动地位。在"互联网+制造"的时代，传统企业的价值创造和分配模式发生了颠覆性的变化。企业、消费者和利益相关者可以平等地参与生产的各个环节，如研发、设计以及制造。这将为生产环节的价值提升提供巨大的可能性。

（1）从商业特征来看，企业逐渐从工业经济向互联网经济转变。在工业经济时期，企业的运营逻辑函数基本稀缺条件是不同的，它们包括生产资料和货币，从而形成了以大规模生产为核心的规模化拐点、以客户的细分和产品的增值为中心的多元化拐点，企业的发展依赖于规模和稀缺经济，即大量生产、大规模销售和大规模传播；而在互联网时代，随着宽带和存储容量的迅速增长，信息传输和存储的边际成本接近于零，这时企业逻辑函数的基本稀缺条件就变成了顾客的时间和关注力，企业的发展依赖于长尾经济和信息经济，即个性化生产、多样化消费和社会化传播。如图3-8所示。

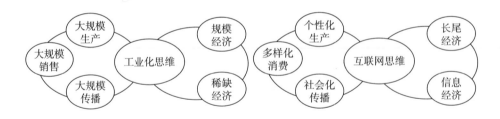

图3-8 工业化思维的旧商业逻辑 VS 互联网思维的新商业逻辑

（2）企业的价值创造从 B2C（Business to Consumer，企业向消费者）转向了 C2B（Consumer to Business，消费者向企业）。C2B 是网络时代的新模式，这种模式改变了生产者与消费者之间的关系，即原生产商（企业与机构）的关系是消费者贡献价值的一种模式，同时也是企业与机构消费价值的模式。真正的 C2B 应该是先有消费者需求，再有企业产品的生产。通常是按消费者的需求来定制产品和价格，或消费者主动参与生产、制造和定价，基于产品和价格等彰显消费者个性化的需求，生产企业进行定制生产。但是，长期以来，定制的生产成本很高，在产销双方交易中存在着空间、时间、金融和交流的障碍，这些都导致了交易费用高昂，因此消费者和生产企业就退而求其次，牺牲了个性化。进入 21 世纪后，互联网技术提供了低成本、快捷、双向沟通的手段，现代物流畅通，金融支付方式便捷，以模块化、延迟产品技术为代表，柔性生产方式日益成熟，这都使交易费用和柔性产品成本大大降低，为 C2B 的发展创造了条件。利用互联网带来的巨大数据积累和分析，可以实现精准营销，传统的工业经济时期以厂家为中心、大规模生产、大规模促销以及低成本的竞争模式，逐渐发展成 C2B 模式，即以用户为中心、个性化营销、柔性生产、精准服务的模式。

（3）企业价值呈现方式由价值链条转向价值网络，游戏规则由零和博弈转向生态协作。价值网竞争模式比价值链竞争模式具有更大的优势，主要表现在：①与多个价值链独立服务客户相比，价值网可以产生更大的客户价值，满足客户的多种需求；②价值网通过整合，可以比多个价值链独立服务客户降低更多的成本。现在的手机、照相机、计算机三者合一的发展趋势，不仅可以实现客户价值最大化，而且由于三种产品共用部分配件，成本可以大大降低。相较于价值网，价值链更注重在运行中控制成本，而忽视了战略性的长期目标；更注重增创收入，错失了某些良好的盈利机会；只关心企业涉及的部分价值链，而忽略了在更广泛的范围内的市场。价值网络是由客户、供应商、合作的企业以及它们之间的信息流组成的一种动态网络，是一种网状结构，由真实顾客的需求引发，能够迅速、可靠地反映顾客的偏好。

（4）企业价值的实现取向，也就是将维护企业整体利益价值最大化方式转变成维护用户整体利益的价值最大化的实现方式。价值取向从成为企业的最大利润目标转变到成为企业用户的最大消费价值。在《基业长青》中，作者吉姆·柯林斯和杰里·波勒斯，研究了 18 家大公司长期生存的情况，总结了这些大公司的共同特点，就是超越利润。成功伟大的企业追求的不仅是最大化的利润，而且是实现企业长期的生存和发展。

在互联网时代，人与人、物与物、企业与企业、企业与消费者，已经不再孤立、隔离，信息的壁垒和数字鸿沟被消灭，世界也变得扁平化、透明化。延续了千年的交易模式被打破，分散、封闭、碎片化的传统市场通过互联网相连，商家和消费者的信息不对称、信息不平等格局发生了变化。互联网力量迫使所有企业都对市场有着尊重的态度，并尊重消费者，竭力创造出更好的产品，提供更优质的服务，以更快的速度满足市场需求。可以预测，随着"互联网＋"的不断深入推广，传统制造业价值链的重塑也将更加接近用户，更加贴近市场。

用户不仅是一个买家，而且是观念和行为数据库，这些都能创造价值。用户价值分为三个方面：一是企业向用户提供价值；二是从用户角度感知企业所提供的产品价值，也就是从企业的角度来考虑，根据用户消费的行为、消费的特征等因素，估计用户可以为企业带来的价值，这种用户的价值可以用来衡量消费者对于企业的重要性，也是企业做出差异决策的重要基础；三是企业与用户相互感受价值，以及对客体的用户价值的感受。

（5）企业的商业模式是由中介向平台转变的。中介是指居于对立两极之中，不同的事物或相同的事物之间发生联系的环节，其存在之初就是将对立两极联合起来。中介服务于生产经营人员和消费者之间的交易活动，如为买卖双方进行咨询、价格评估等服务。由于企业的价值创造方式从 B2C 到 C2B 已经形成，价值的取向倾向于用户价值最大化，因此，如何将分散、独立、个性化的消费群体中的智慧、创造力集合起来，就成了企业必须考虑的问题，这无形地要求企业建立一个共享的、共生的、共同盈利的平台。平台连接了双边/多边市场的不同主体，由于可以降低交易费用和充分利用网络同边效应，并充分利用网络跨边效应，这正在成为企业争取竞争优势的一种新的形式。同时，平台聚集了各方面的利益相关者，包括供应商、生产者和消费者等利益相关人士，他们都需要进行多次的博弈，通过群策力量来维持多方利益之间的平衡，并且最大限度地促进多方的价值追求的实现。

在"互联网＋"背景下，通过人、信息和物理系统的整合，企业可以实现制造过程创新和生产力提升的双重效应。如图 3 - 9 所示。

另外，在网络时代互联网的快速发展使得市场信息壁垒趋于崩溃，"微笑曲线"正经历着新的演变，如图 3 - 10 所示。

首先，在网络时代，大规模个性化定制成为企业主要的生产趋势。基于互联网络平台，信息在企业和顾客之间的流动效率将会大幅度提升，传统先进企业所拥有的信息优势将逐渐减少乃至消失。其次，信息获取的方式打破了客户与企业之间的信息不对称的瓶颈，企业经营理念逐渐转向以用户为核心。因此，网络时代下传统企业为实现转型升级需要改变原有的理念，通过不同的创新方式来驱动企业转型高附加价值产品，从而实现企业核心能力的升级。现有研究指出，创新驱动不仅可以帮助企业克服资源稀缺的发展瓶颈，解决外部市场环境约束的压力，还可以刺激企业的转型升级（潘宏亮，2015）。

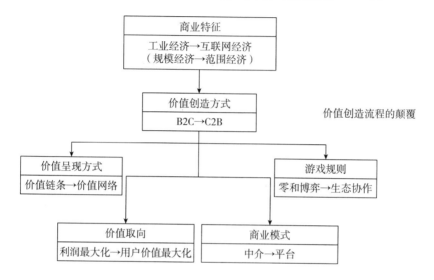

图3-9　网络时代下企业的发展特征

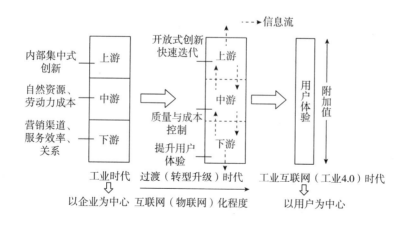

图3-10　网络时代下"微笑曲线"变化的演化

综上所述，网络时代下中国企业的发展主要有以下特点：首先，创新能力是中国企业实现转型升级的核心驱动能力。依托"互联网＋"发展所带来的创新机遇，企业正在向开放式技术创新的方向转变。其次，中国工业制造的竞争优势主要体现在廉价劳动力资源的开发和供应上。然而，近年来随着中国企业劳动力成本的逐年提升，此种竞争优势已逐渐消失。通过产业链的转型和升级重新寻找竞争优势走出失败的困境已逐渐成为业界的共识。因此中国的制造企业应尽快舍弃传统观念，并尽快向"微笑曲线"两端的高附加值区域进行发展（冯晓丽，2018）。在网络时代影响下和大规模定制生产的背景下，以用户为中心、为用户创造价值是企业转型升级的主要方向。如图 3 – 11 所示。

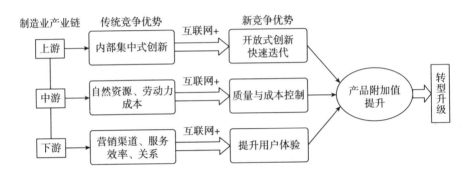

图 3 – 11　网络时代下企业转型升级的目标分析

二、企业转型升级的战略生态位理论支撑

随着我国经济社会的发展，推动技术创新已经成为当前国家的发展战略之一。在网络时代下，以互联网科技为主导，推动企业技术发展能够有效增强企业创新动力，从而实现企业转型升级的重要目标。但在科技创新发展的过程中，往往会出现一个短板问题，那就是从创新知识—创新技术—创新产品的这一链条中间环节很容易出现断裂。这使创新的成果很难达到最终的产品阶段。因此，这个问题也被叫作创新的"死亡谷"。而且企业在转型升级的过程中，也存在着技术和市场发展的关键问题，即技术和市场的两张皮。面对此问题，战略生态位管理理论开始走进人们的视野，并为如何将技术创新转变为成果，促进技术和市场协同的问题提供相应的解决办法。基于此，本书引入战略生态位管理理论，将企业转型升级当作一个可管理的过程，围绕企业转型升级机理展开研究，从而为转型升级提供了新的方案。

1. 战略生态位的发展

战略生态位管理（SNM）理论的思想是开辟保护的空间，建立包含各个阶段且选择操作方式最大限度地提高管理的有效性来进行新技术的开发保护和成熟发展的试验项目。SNM 思想是基于生态位理论、技术变革理论和建构性技术评价（Constructive Technology Assessment，CTA）理论由荷兰学者于 20 世纪 90 年代提出的。它与生态位理论、技术变革理论、CTA 理论以及技术转变的社会历史研究有着紧密的内在联系。

1910 年，Johnson 提出了"生态位"这一术语。1927 年，动物生态学家 Charles Elton 研究强调在动物群落社会的营养关系中物种的作用，他认为动物在野生环境中所占据的地位，它赖以生存的实物以及它的天敌等都可以通过生态位表示出来。1928 年，Grinell 通过对加利福尼亚长尾鸣禽的生态关系研究，首次明确给出了空间生态位的定义，并指出同一区域中的两个物种不会拥有相同的生态位。1957 年，Hutchinson 提出了多维超体积生态位概念，这一概念的提出奠定了现代生态位理论的基础，基础生态位（Fundamental Niche）和现实生态位（Realized Niche）是 Hutchinson 在多维超体积生态位基础上提出的。

生态位概念在 20 世纪 90 年代初由学者们进一步拓展。"充满希望的怪兽"是 Mokyr（1990）对新技术的定义，他认为有较好前景的新技术很难在与占有相当市场空间的现有技术的竞争中立即获得优势，却陷入研发和市场之间的"死亡之谷"（Ehlers，1998）。战略生态位管理理论的诞生很好地适应了技术的创新过程，尤其是颠覆性的创新模式，它能够成功进行合理而高效的针对技术创新的整个过程的管理与控制，能够为新技术在其研发和发展过程中所遇到的有关市场化应用方面的困难和问题提供合理和有效的解决方案。

战略生态位管理（SNM）的概念由 Rip 等于 1992 年首次提出。以生态位为基础延伸而出的以突破特定技术为核心和以不断追求使之满足购买者的使用需求为核心的两个不同定义的概念则是 Schot 等（1994）通过深入的研究后分别定义的技术和市场生态位。战略生态位管理理论最重要也是最核心的论点就是，首先建设对新技术及其自身所具有的问题缺陷、阻碍新技术发展和传播的相关困难及新技术使用者的相关需求等进行及时的研究和解决的、具有独特特征的有关社会经济的实验室。然后在这个实验室中不断进行相关知识的交流与学习、相关技术的测试与验证，使有关技术实现高效的扩散，通过这些活动最终能够推动它所孕育的新技术实现从技术到市场这两个不同的生态位之间的跨越式迁移，并在市场生态位这个受保护的领域中让新兴技术得以迅速发展壮大，使其在激烈的市场竞争中拥有足够的优势和能力。

技术变革的演化呈确定性和不确定性相结合的特征，由范式内线性的和范式间非线性的两种不同的且相互交替更迭进行的演化方式体现出来。技术不断向前进步的方向和发展的路径分别由技术范式界定和技术轨道规定。对人为惯例的过度强调和对突破性技术创新在现有技术体制下不能清晰地说明是演化理论存在的大问题。SNM 理论作为一种演进方法以培养具有持续获利能力和具有稳定的性能的新的技术为发展目标。以 SNM 理论进行分析的基础来自技术变革的演化模型中的简单模型，而其继续发展进步的思路则来源于多层级的技术变革理论。Hoogma 等（2002）通过联系 SNM 方法与路径依赖、锁定等概念，在多层级的分析框架中把社会技术环境分为微观层次的技术生态位、中观层次的社会技术制度和宏观层次的社会技术环境三个层次，分别对应技术的发展、扩散与应用。大部分 SNM 文献对技术变革问题具有乐观预想的原因是，尽管宏观层次的社会技术环境使新技术相对处于劣势，而且未来的发展方向呈现更多的不确定性，但是对技术在发展变化过程中起到束缚作用的影响因素却是在社会技术制度这个中观层次的研究过程中才被考虑到相关研究的模型中的，这就使新兴技术所具有的顽固性的特点在这个中观层次的生态位上被遗漏掉了。SNM 思想从发展角度，要找到妨碍新技术持续发展的因素并根据需要及时进行修正，就必须要对社会技术环境中各种限制性因素进行判断和分析。

CTA 为解决很多调整控制新技术的方法在实际应用过程中没有效果的情况，通过对影响技术发展因素的检查来确定相关的管理政策，CTA 注重技术开发的问题是技术开发过程中的交互影响。但是 CTA 并没有一个准确的技术支持机制，也不能够让技术市场化的过程变得更容易。对此，SNM 被提议作为一种改进的管理技术和创新的工具，用它作为 CTA 的一个分支或者一种完善形式（Schot & Rip，1997；Raven，2005）。SNM 与 CTA 之间有非常密切的关系。首先，SNM 认为新技术的发展和形成需要得到有关方面的保护，否则可能难以通过市场严酷竞争的考验。其次，SNM 创造性地应用了技术生态位，用以促进第二阶段的学习，同时在实现预期、学习与构造网络三种内在机制中，特别强调了学习的重要性。最后，通过 SNM 理论制定发展战略的过程中施行对新的技术的保护举措策略的作用与 CTA 发展战略中的反应信息回收效果是相同的，都实现了避免由于保护过度而引发的一些意外损失。

当企业面临转型升级的挑战时，企业取得成功的关键在于能否通过技术创新顺利实现向价值链高端攀升。而对于一个企业来说，首先，哪种新技术是值得被培养的、哪种新技术是对组织未来发展有帮助的，都是在技术选择时非常重要的环节。其次，被选中的新技术如何能够在激烈的市场竞争中不被扼杀。最后，新技术培养壮大后如何顺利进入市场。以上任何一个环节出现问题，都会导致新技术培养的失败，都会阻碍企业转型升级，如果企业能将 SNM 理论顺利应用到自己的新技术培养过程中，无疑会为新技术的顺利成长和发展提供制度和工具的保障，为实现价值链的攀升奠定坚实的基础。

2. 战略生态位管理的发展

起源于 20 世纪 90 年代的 SNM 理论，经世界各国的学者几十年的不懈研究而不断地得到发展和完善，许多新的发现不断涌现。总体而言，SNM 研究可以分为两个阶段：第一阶段是 20 世纪 90 年代至 21 世纪初，围绕从技术生态位出现到顺利走向市场过程的研究；第二阶段是 21 世纪初至今，这个阶段重点关注技术体制变革和引入管理工具的研究。

整体来看，第二阶段的研究更全面地考虑到了其他一些影响因素，因此与第一阶段相比，第二阶段更加符合现代市场环境下企业发展新技术的实际需要。

（1）围绕从技术生态位出现到顺利走向市场过程的研究。此时期的 SNM 主要的研究内容是从新技术被开发出来生成技术生态位到新的技术发展成熟顺利进入市场这个发展成长过程的管理（Kemp et al.，1998，2001）。这一阶段研究的侧重点是生态位的内生过程。这一阶段 SNM 研究的中心思想是保护新的可获益的技术成功走向市场，进而取代原有的旧技术。伴随着旧技术被新技术取代，旧的、落后的技术体制显现出不再适应社会经济发展的情况，最终一个崭新的能够完全适合当前社会经济发展需要的新技术体制在激烈的市场竞争中形成。例如，Weber 和 Hoogma 相信 SNM 能够为有前途的新技术提供一个受保护的研发空间，新的技术在这个研发空间内成长过程中所暴露出来的问题、缺陷和购买者对其使用要求等信息能够被及时发现和收集反馈，并根据需要及时地调整以控制它的发展，这就提高了新技术占领市场的能力。就这一过程，学者 Hommels 等经过深入研究将它分为技术的选择、实验的选择、实验的建立/执行、实验的扩大、政策保护手段五个渐进的阶段。李华军等提出一条完成产业变革的路径，即通过战略生态位空间运作，实现从技术生态位到市场生态位的过渡。许泽浩等提出颠覆性技术由"技术和市场的选择、市场的建立和扩大、范式生态位"三个阶段进入产业化。SNM 将对技术进行相关研究的范围从最初的关注技术本身的创新发展过程扩展到更全面更多方位的关注技术、用户和社会之间的互动。但是，现阶段的 SNM 研究并没有详细说明在什么情况下新技术可以顺利进入技术生态位空间，以及如何进入生态位空间，同时也忽视了其他一些外在、社会因素的影响与作用。

（2）关注技术体制变革和引入管理工具的研究。鉴于前一个研究阶段对 SNM 转型管理研究的不足，许多学者将 SNM 的第一个研究阶段逐步推进到了第二个研究阶段——主要关注转型管理技术和体制的变革以及如何引入转型管理工具进行研究。例如，Rotmans 等（2001）、Kemp 和 Loorbach 等（2006）认为，应将转型技术和管理的各种方法引入到 SNM 理论，突出建立社会愿景的重要性和作用。Hoogma（2002）指出应用 SNM 的理论是指一种通过真实社会生活的转型管理实验来专门研究和管理生态位形成的过程，其核心思想和理念就是通过转型管理实验来推动和刺激新的技术——社会环境的协同发展和演化。一项新技术的发展，如电动汽车，涉及用户偏好、网络监管、互补技术和期望等要素的同时开发。换句话说，应用 SNM 的目的是通过调整技术和范式与社会的相互关系进而导致新的可持续的新技术和范式出现，这种新的范式更能适应发展的需要。这些实验常常被设想为一个生态位，在这里有明确的具体化的特定技术和消费者。实验有可能建立一个开放式搜索和学习的过程，同时也努力实现新技术的社会嵌入，从而让社会更好地接受新技术（Hoogma et al.，2002）。因此，SNM 假设用户的需求并不是固定不变的，消费者的需求是他们过去体验的反映，新的体验可以改变他们的感知。SNM 作为一种研究模型，它更有利于理解技术创新的轨迹，主要用于历史案例研究。因而，SNM 的研究阐明新技术成功出现的条件、不同路径的变化以及保护创新的各种条件和参数。SNM 已经发展成为一种研究模型和政策工具。

在第二阶段，SNM 的研究重点更有可能从生态位保护技术的培育转向技术和制度的结构变化，并对生态位与环境的相互作用进行阐述和深入分析。第二阶段，SNM 研究转向内源性的驱动，内源性驱动可以通过企业用户等一系列社会群体来实现。学者对第二阶段的研究报告表明，创新和发展的内部因素和生态位并不是唯一重要的管理因素，外部因素有很大的影响和作用效果。如果没有外部因素和其他管理程序的帮助，生态位变化很难有效地产生管理体制上的变革。在第二阶段的 SNM 创新管理研究中，学者们更加深入地注重其他创新管理工具的运用和引进，如转型管理和多层透视（Multilevel Perspective，MLP）等；更加深入地关注于 SNM 的管理整体发展和变革，如管理体制上的变革等。Hoogma 等研究认为，这一阶段 SNM 的实际运行管理过程实际上是一个主要包含管理期望一致性、网络的构建及学习一致性的过程三个基本方面的创新内生发展过程。Laak 等研究进一步指出，这种创新发展轨迹的成功与否要通过以上三个基本方面的内部生态过程进行分析和解释。F. W. Geels 的 MLP 模型从管理的微观、中观和宏观层面分析了它们相互影响和作用的基本机制，促进了 SNM 创新理论的发展并丰富了其内涵。

SNM 理论自诞生起也在持续不断地发展和演进，从第一阶段关注技术体制变革和引入管理工具的研究，到第二阶段的研究更全面地考虑到了其他一些影响因素，通过 SNM 理论的发展历程可以看出，这一理论也在不断地进行自我完善，不断地使自己更加符合现代市场环境下，企业发展新技术的实际需要。

3. 战略生态位管理的解释

战略生态位管理（SNM）理论的重点在于研究选择新技术，并通过培育、发展等过程，使其成为稳定的技术，从而提高新技术孵化的成功性。Hoogma 等认为，从逻辑上讲，SNM 理论实质上是一种内生的过程，其包括三个阶段，即技术需要、网络建立和学习过程。SNM 理论的核心内容是：在一个被保护的空间中预设和授权技术创新。在这一过程中，创新技术的地位是不断调整的。通过技术学习与实验的改进，不断优化技术创新发展的路径，调整技术创新网络的构成。换言之，在企业转型升级过程中，战略生态位的角色在于：为具有更大创新价值和市场价值的新技术提供相应的闭合空间（网络时代的信息空间）。通过政策管理和技术开发等一系列运作，促进技术的成熟和转变，提高了其商业化的成功性。因此，战略生态位理论的重要性在于技术产业化进程和技术创新的管理模式。在 SNM 理论的假定里面，利益关系方可以相互作用，进行信息与知识的交换，并在这种作用下成功地激发技术创新，使创新过程在受到保护的空间中发生。目前，国外新兴行业广泛运用 SNM 理论来解决遇到的创新困难，如 Smith 等（2016）通过分析英国太阳能光伏发电产业的相应案例，得出生态位管理对延续创新的重要性，从而概括出生态位创新的内在机理；Bakker 等（2017）则以区域政府制度对新能源汽车产业的影响为例，阐述政府政策介入对生态位的不利影响和局限。

从整体来看，SNM 理论对于网络时代下企业转型升级的可借鉴之处在于：一是技术。现有研究通常将涉及的专业知识、流程、产品等基本特征与制造工艺、生产管理和基础设施的总和称为技术，所以对技术的理解不局限于技术创新的管理及其所需的基本资源条件，而是应该引入社会因素，从动态的视角对技术进行研究，从而形成规范的社会技术体系。二是实验。SNM 理论中所关注的实验不仅仅是技术研发进程以及结果，更包含社会学习网络的构建及论证环节。这主要是因为 SNM 管理过程是将具有一定发展潜力的新技术纳入特定的实验空间进行保护与管理，而这不仅包含了技术的封闭性，也包含了保护手段的多样性与持续性。三是学习。又称为创新要素的流动，提倡企业、用户以及政府部门共同在实验空间内对技术的特性及缺陷进行全面学习，以便更好地助推新技术成熟与转化，最终成功走向市场。因此，对于战略生态位理论而言，其主要包括技术生态位与市场生态位两大层面。

（1）技术生态位。在战略生态位理论当中，技术生态位通常是指在一个受保护的空间当中，技术研发、突破与转化全过程行为的集合。其中，生态因子通常是指技术研发所必需的资源投入、管理体系以及运作空间，生态关系则是指新技术在其发展过程当中与外界产生的交流。在 SNM 理论中，企业通常会因其拥有单一的技术特性从而在资源空间中占有唯一的技术生态位。对于企业转型升级的基本阶段来说，技术生态位又有广义与狭义之分。广义的技术生态位着重关注于生态系统中企业与环境、企业与企业所构成的关系，也包含其对城市自主创新能力造成的影响，已有研究通过技术生态位的理论视角分析企业技术管理体系，构建自主创新能力的基础模型；而狭义的技术生态位认为技术创新系统的构建源自所有企业自身的单项技术创新活动，单项技术创新活动基于其独有的技术特征与特定的要素组成，构成相应技术管理体系子系统，每个子系统就具有了一定的技术特性，从而在技术生态系统中拥有动态生态位，即技术生态位。

　　总的来说，技术生态位的研究没有得到国内外学者的广泛注意，深入研究的时间也相对较短，因此还没有形成较为系统的、完善的学术理论框架和研究理论。然而，通过对比国内外学者在技术生态位领域的理论研究，发现技术生态位的定义、研究切入点和侧重点存在较大差异。国内专家和学者的研究基于已存在的生态位理论，对于技术生态位的概念、内涵、来源、构成、测量方法等进行深层次的研究。国外学者在深入研究技术生态位时主要从以下两个方面展开：一是从技术变革的发展角度深入研究技术生态位的内涵及功能。Ziman（2000）和 Hodgson（2002）认为，生物演化理论对于技术变革过程的研究具有参考作用。Schot 等扩展了生态位概念，提出技术生态位可以帮助新技术走出实验室。他还分析了技术生态位和市场生态位的区别。Weber 和 Hoogma（1999）研究认为，技术生态位是为新技术提供了一个免于市场或者其他压力的受保护领域，它能够让多方参与到保护新技术并推动新技术成熟的过程中。Hoogma 等将技术生态位定义为一个在现有的宏观经济政策框架内完全保护区，新技术在其中可以成功地测试和引导其进入市场。Geels（2002）研究认为，新技术是在一个完全形成保护的宏观经济空间，所有的技术创新和发明可以大胆地尝试和大力地发展，只要它们没有进入主流市场的宏观经济中。Paolo Agnolucci（2007）研究认为，技术生态位是培育有可能引发宏观经济社会技术和社会变革的未来新技术的"孵化器"。二是从影响企业技术创新的方向对其测度的相关问题进行深入研究。创新技术的能力是影响技术生态位的内因子，它能够直接产生相应的创新绩效，而技术战略的制定和选择也是根据创新能力确定的。Stuart 和 Podolney（1996）提出一种企业技术生态位重叠程度的测量方法，即测量和参考专利发明引用的重合程度。

　　技术生态位在战略生态位管理（SNM）理论研究中占有十分重要的位置。许多研究 SNM 的学者从不同的角度理解其内涵和本质，但相关的核心概念基本相同。相比之下，从功能的角度来看，环境研究领域的技术生态位更强调其是一种可持续发展的技术来构建一个激进的创新保护虚拟空间，直接与现有主流市场激烈竞争，具有一个"构建—培育孵化—撤离"的动态演化特征的激进式创新技术发展的微观环境分析。战略生态位管理（SNM）提出"技术生态位"概念，目的主要有三个：一是通过技术生态位的建设，实验和研究微观层面的环境促进新技术的扩散和新技术的逐渐形成，导致原始技术和系统的转换，从而达到可持续发展、技术创新的目的；二是通过技术生态位的培育和孵化，形成新技术的开发和测试项目以及现有基础设施的改善，如用户体验和实践并不适应时，要引导突破性创新逐步达到潜在顾客的使用要求并建立市场生态位；三是技术生态位的退出有利于市场生态位的培育和固化，有利于现有市场的渗透。

总之，技术生态位是战略生态位管理理论的重要基础。在国外文献中，技术生态位通常被界定为为新技术的研发与转化提供容错、实验空间并免受市场与制度压力的保护空间，使新技术在技术创新管理体系的成功运作下走向市场。也有学者认为，技术生态位是新技术的孵化器或是最原始的市场，并通过多方合作孕育并造成颠覆性新兴产业。技术创新使企业的生态位发展产生较大变动继而实现社会技术体系的创新变革。因此，SNM 理论可以通过分析企业转型升级中的具体生态位变化过程，以技术创新为主要动力和导向，来实现企业由技术生态位向市场生态位的跃迁。

（2）市场生态位。与技术生态位不同，市场生态位是指在新技术研发和孵化过程中，通过大规模的拓展试验来开发创新应用，从而争取资金、知识和人员等创新资源的支持。因此，市场生态位的本质是反映出新技术对产业增长阶段创新资源的利用与创新生态的适应。随着产业的发展，技术生态位的保护和嵌入性会逐渐减弱。这个过程表现为资源与管理因素的静态结构匹配和动态优化的过程。市场生态位能够反映技术经济的可行性，从市场上了解用户的需求，有利于技术进步，从而极大地降低了应用新技术出现问题的可能性。Weber 作为 SNM 理论的创始人之一，指出在市场生态位的研究过程中，需要更多地关注新技术推广应用所面临的市场压力。

新技术开发出来以后可以推向市场，但要受到市场的约束。虽然新的应用技术实际上具有一定的市场可行性，但其技术创新只能直接应用于某些特定的应用市场，因此需要有特定的技术市场可行性来识别。市场生态位与技术生态位之间的主要差异细分如下：在利基市场的情况下，一定数量的用户可以很容易地识别产品、技术或相关图片；在技术生态领域，特定于用户的优势不太明显，所以用户需要动机，然后使用临时保护措施通过预期优势使潜在用户有兴趣去尝试产品。

在很长一段时期内，新技术可能只在自己的经济体制内和市场中茁壮成长，和社会主流的技术和产品无法进行正面的竞争。只有克服了新兴技术与市场需求的连接、消费者的认知、基础设施和市场供给制度的结构性障碍，才能被广大消费者逐步理解和接受，从而推动社会进入新一代技术产业经济发展范式的成熟期。新技术的市场生态位的有效培育机制如下：

第一，新技术与市场需求的连接机制。新产品和技术能否在激烈的市场竞争中取得一定的优势地位，不仅依赖于相对于旧技术的先进程度，而且还要取决于新技术是否符合消费者的需求和偏好。尽管按常理来说，进入市场生态位的新产品符合产业发展的趋势，但是新产品技术的成熟度和先进性不一定使新产品能够很好地满足市场消费者的需求，消费者更加关心新产品技术的安全可靠性、经济性和使用的便捷性。对于新产品企业而言，在努力保证新产品具有技术优势的同时，必须以满足消费者的使用需求为最终目标，将新产品技术与消费者的市场需求连接起来。

第二，消费者偏好的引导机制。因为大部分消费者不喜欢冒任何风险去尝试新产品，而是愿意遵循已经形成的规则，这些消费者对有稳定使用性能的传统产品青睐有加，且部分依赖于很成熟的产品的购买途径，所以新产品在这样的消费市场中很难被接受。新技术和产品虽然有较好的应用前途，但是在较短的时间里让消费者对新技术和产品产生强烈的消费欲望和偏爱，难度是非常大的，很难形成有一定程度和规模的新技术和产品的市场生态位。因为购买新技术和产品的消费者所构成的群体在早期、可塑期和晚期的类型各有不同，针对新技术和产品的态度也有不同程度的差别。所以，在战略性新兴产业投入到消费市场的不同阶段，需要通过对不同类型消费群体的购买喜好进行准确识别，对社会消费市场的需求情况加以引导，这样可以使新技术和产品更加适应社会消费市场的需求。这样的引导方式方法可以通过以下几个方面进行：首先，企业需要进一步加强对新技术和产品的社会宣传力度和舆论导向力度，让更多的消费人群对新技术和产品的性能、价格、品牌等优势有更深入的了解；其次，通过测试体验等活动来确认顾客对新技术和产品的使用感受和认知，并对反馈回来的信息和意见及时进行收集用来对新技术和产品的再设计提供参考，这样可以更好地满足顾客对新技术和产品的需求，不断提高顾客群体的购买欲望；最后，政府相关部门可以通过实施相关法规制度来对高能耗、高污染、高排放的生产、销售和使用等方面进行限制，同时施行示范应用和价格补贴等导向性政策来刺激市场和消费者对符合节能减排政策的新技术和产品的兴趣和需求。

第三，基础设施的供给机制。个体民营企业的资金无法满足或者根本不愿意将大量的资金用于新的基础设施投资与开发建设，且财政资金具有较强的政府外部性，所以这些基础设施的前期投入需求资金只能利用政府的财政资金直接供给。首先，对于新的战略性产业和重点领域的战略性项目重点建设用地和计划指标，市区两级政府应分级予以确保，优先考虑和安排新的产业领域建设项目的重点建设用地，以及与其相关的水电、通信、污水集中处理等配套的基础设施。其次，应优先安排并予以保障新建和发展战略性新兴产业项目所需的能源消耗和环境资源总容量两个指标。再次，对新的基础设施建设进行统一规划，可在若干个地区和城市进行试点项目，用以探索其建设的可行性与经济效益的合理性。最后，建立适用于基础设施和重点建设项目的财政资金使用和保障机制，完善各级政府财政对于基础设施重点建设资金的财政贴息保障制度，施行非经营性与经营性重点建设项目的综合投资与开发，保障适用于基础设施重点建设的项目顺利进行。

第四，公共政策的激励机制。战略性新兴产业的发展和市场生态位的构建需要彻底破除严重损害新兴企业持续发展的积极性、影响正常的公共采购市场秩序的地方保护主义的制度障碍。在地方政府相关部门实施财政补贴和公共采购的过程中，地方政府往往会把所辖地区的企业和品牌纳入推广和公共采购的目录之中，而将其他地区的企业和品牌从政府的采购范围排除。这就需要通过以下几个方面来进行：首先，加快研究清理和完善相关新兴产业领域的公共采购等的准入条件，制定和实施关于完善新兴产业项目的审批、核准、备案等制度和相关项目监督管理办法，除必须保证达到符合节能环保的要求和按照相关法律法规的要求取得与企业相关的资质外，避免在注册资本、产能的规定等准入条件方面对企业设置过高的门槛。其次，各地方政府在所管辖地区推广新兴技术和产品，并在当地实施公共采购价格和财政价格补贴时不得过度歧视其他省市的企业和品牌，鼓励企业间进行公平的竞争。最后，重视新兴技术和产品领域在政府采购中的地位和作用，明确新技术和产品公共采购的主要品种和数量，规定各地方政府的相关职能部门和企业应优先购买本地区产品，保证对特定新兴产业提供政策支持的有效连续性。

学者们在测量和研究特定的新技术的市场生态位时，一方面是将特定的新技术的市场生态位与技术生态位紧密地结合起来；另一方面是对特定的新技术的市场生态位重点进行测度。技术生态位的核心和研究重点主要在于特定的新技术的突破性发展过程，而市场生态位的研究重点是顾客对新技术和产品的技术功能性的需求与新技术和产品的技术功能性供应两个时期开展的过程。Agnolucci 和 Mcdowall（2007）指出，新技术和产品的技术生态位和市场生态位的主要区别体现在时间上。市场生态位强调"现在"，技术生态位则强调"未来"。Schot 和 Podolny（1996）从产业的角度研究了技术生态位与市场生态位之间的关系。

　　市场生态位的测度问题也是学者们研究的热点问题，市场生态位的测度包括宽度与重叠度的测度。市场生态位的测度意义在于，一方面，可以看出各产业、各品牌的市场生态位的差异；另一方面，可以看出决定市场生态位发生变化的因素，如态与势的影响、支柱产业转型的影响等。

　　在网络时代下，市场生态位也可以通过互联网等相关技术来协调科技和社会的关系，从而有助于社会创新技术网络的建立。在市场生态位形成阶段，需要特定技术和消费者来形成学习网络，从而形成一个扩散技术的学习网。并通过技术推广者与消费对象之间的互动来了解市场需求，这有利于技术创新的发展方向，有助于产品投资组合的合理设计。此外，市场生态位中新技术的可持续发展与相关社会科学制度有关，对取代现行技术帮助企业的发展具有决定性意义。

　　（3）技术生态位和市场生态位的耦合。在企业转型升级过程中，企业要注意生态位之间的过渡过程。"死亡谷"往往出现在技术生态位与市场生态位的过渡阶段。因此，企业需要重点关注这两个阶段，以促进生态位的顺利过渡与转换。根据新技术的成长过程和生态位的内生演化机制，发展生态位、合理进行生态位转移是技术成功跨越"死亡谷"的有效途径。从新技术的演进过程来看，技术生态位和市场生态位应随着技术的发展而构建和完善。每个生态位的构建要突破界限，促进生态位之间的有效耦合，共同构成新技术成长与扩散的保护空间。新技术的产生、成长、改进和创新经历了技术选择、市场选择和市场建立三个阶段。因此，技术生态位保护空间的演变也应涵盖这三个阶段。一般来说，企业转型升级的过程机制是技术生态位与市场生态位耦合的转换过程。

基于企业生态战略的动态性、整体性和系统性特征，战略生态位可以为网络时代企业转型升级提供实证决策依据。战略生态位研究的是企业在资源空间中的互动关系，是企业在其所处环境中发展的具体表现。一般来说，基于市场生态位的分析能够客观反映转型升级企业环境中资源供给与配置的现状以及企业与周边环境的沟通程度。在一定程度上，可以作为企业转型升级方向和路径的核心参考。一方面，技术生态位反映了企业在技术研发过程中可以利用的技术资源；另一方面，反映了企业在特定时期的技术创新优势和发展空间。值得注意的是，技术生态位的高低不能作为技术价值的判断标准。特别是在技术体系架构的早期，一旦主流技术研发陷入瓶颈，非主流利基技术也可能是实现技术突破、促进转型升级的关键因素。因此，技术生态位对企业转型升级的借鉴意义主要在于新技术的培育与开发，新技术创新管理体系（创新体系）的构建与完善。

值得一提的是，企业在通过技术创新进行转型升级中可能存在两次路径受阻和路径突破：如果企业能够彻底突破传统产业技术革新和孵化过程所培育的各种技术障碍和机制，继而能够利用新技术市场利基战略快速成熟并成长为主导产业，否则只能退回到新技术市场孵化的重点实验室，甚至退出自己的实验计划；如果技术创新经验难以有效推广，或者市场政策和技术市场经济环境发生变化导致传统产业技术创新的主要技术动力难以为继，只能重新退回到技术—市场生态位的再孵化培育和技术市场孵化阶段。SNM 解决了将新技术从技术生态位再培育过渡到市场生态位的技术孵化难题，同时通过 SNM 的应用，最终实现技术体制的变革。如果将 SNM 理论应用到企业转型升级过程中，会为企业顺利实现转型升级提供可靠的技术创新管理工具和新的指导。

（4）产业生态位。随着新技术、新知识、新理念在产业发展过程中不断涌现，产业发展战略所处的环境日益变化和复杂，如何确定产业的战略发展方向，适应不断变化的产业发展环境，成为学术界讨论和研究的重要课题。从产业生态学的角度来看，产业战略生态系统与相关产业和环境组织之间的关系研究一直备受关注。产业生态系统的基本组成部分之一是产业生态位，它是产业与环境相互作用的平台，产业之间的竞争也以生态位的形式出现。产业和其他产业之间的竞争关系也是由彼此生态位差异导致的，巨大的生态位区别也因其不同的行业分割，为生态位思想研究和分析员工的行业生态系统问题指出了一个新的研究方向。

William 和 Micah（1998）认为，应用于生态学中的分析方法同样可以用来进行产业系统分析。Singh 和 Baum（1994）认为，产业生产能力特征和资源需求特征结合起来，便形成了产业生态位的特征。当具有相似生态位特征的产业聚集在一起时，就形成了产业生态位集群。Barnett（1990）指出，每个行业需求资源的差异会导致产业间依赖互补，也可以有效地减少或极大地降低产业间的重叠和竞争的激烈程度。同时，同一生态位内的非重叠产业也可以相互依赖、共存。Podolny 和 Stuart（1998）的研究结果显示，想要确定各产业的技术生态位可以根据相同的技术生态位和专利发明数来判断。Carroll 和 Hannan（2003）从行业提供产品能力和工业资源需求两个方面来研究生态位的识别功能，提出了生态位的基本功能组成和要素分别是行业市场需求和产业的环境资源的供给，和各种产业之间的关系进行了直观的对比和准确的区分。

目前，关于产业生态位的内涵有两种观点：一是研究产业资源的种群。Hannan 通过理论研究提出，产业资源种群本身就是一个特殊的产业资源集群，它占据着一个特殊的生态位资源空间，并且在这个空间中形成了一个基础生态位。每个行业在这个集群中都占有部分或全部的基本生态位，这被称为实现生态位。基于宽度论的实现，生态位理论发展出生态位宽度论（Freeman & Hannan，1984）和生态位资源分割论（Marrol，1986）两种不同的观点：一是生态位宽度论的侧重点是研究如何能够有效地避免竞争；而生态位资源分割论侧重于产业竞争的优势与实力。二是研究产业生态位内部与外部的环境情况。任浩（2007）指出，企业生态位发生的重叠现象是使企业之间形成激烈竞争的必然原因，与生物界一样，企业间为了争夺资源而进行的厮杀是不可避免的，在厮杀中获胜的一方可以占领更多资源，而失败的一方只能再去寻找新的生存空间。林晓（2004）以生态位理论为基础，分析了一般大型企业之间的过度竞争现象，认为中国企业存在生态位的重叠的机会，而这又直接导致了过度竞争，他从过度竞争的理论和实践出发，探讨了企业的竞争战略。夏训峰（2004）阐述了企业生态位竞争的基本关系、企业生态位的特征和企业生态位识别的宽度，并对企业生态位的管理和经营提出了建议和战略决策。

产业生态位作为工业生产能力和需求能力资源的交集，主要反映了一个行业或企业在一定程度上对环境的依赖程度和产品持续供应的能力，以及对竞争环境和现状的准确定位。企业生态位是一个动态的概念，它随着资源和环境的变化而不断地被应用于环境的变化，而产业生态位企业则是对资源和环境动态变化的响应。企业识别资源和生态位的方式也会随着资源和环境的变化而变化。产业生态位一方面主要表现为对资源、市场等综合占有的程度，即产业所综合占有的市场份额；另一方面也主要表现为产业的综合竞争力，占据有利的产业生态位，其最终的衡量目的之一就是通过提高产业的综合竞争力，进而获得更多有利于其发展的资源，从而为产业稳定、健康地发展提供保障。

4. 战略生态位管理在转型升级中的应用

当今，中国已经快速发展初步成为了全球第二大市场经济体，但是，我国的经济社会发展的主要问题仍然是长期存在的经济结构性矛盾，新一轮的经济技术革命和产业革命即将来临，它带给我们的既是一个历史性重大机遇又是严峻的重大挑战，面对中国企业占据价值链低端市场和嵌入 GVC 的价值链低端行业这一现状，想要得到改变我们不能仅仅寄希望于西方发达国家的支持和帮助，因为我国很多企业在寻求从价值链低端的市场向价值链高端的市场快速攀升的过程中，一旦严重影响到占据价值链高端的西方发达国家企业的利益，必然会导致企业遭到它们在价值链高端市场上所设置的各种技术壁垒和打压，这就必然导致价值链升级企业发展路径的走向受到制约。总的来说，中国的企业想要通过价值链学习或者通过模仿占据价值链高端的企业的管理经验和技术，从而打破长期处于价值链低端的地位的方法显然是行不通的，新经济时代的企业发展价值链必然需充分依靠价值链创新技术驱动，对于中国企业来说，要充分发挥技术创新和管理系统创新对企业发展的技术支撑和创新引领的作用，就是需要通过对发展颠覆性技术实现突破价值链低端的锁定，抓住"第二种机会窗口"，此时，尽管发达国家仍然掌握着主要的、大量的新技术，但因其建立的技术知识体系仍然处于早期和萌芽阶段，大多数国家的技术和知识仍未完全走出国家实验室，对技术知识的综合利用和掌握程度不高，此阶段的新技术革命可能让所有的国家都回到同一个起点，如果我国能率先建立和开发新的技术知识体系，利用此阶段新技术革命提供的第二种发展机会窗口，实现技术与新兴产业的"弯道超车"，实现经济转型升级、产业转型升级和企业转型升级，从而实现从价值链的低端向高端的转变。这种发展路径是有经验可循的，第一次世界大战前，美国和德国就通过"第二种机会窗口"的方式实现了产业的赶超。这才是我国企业实现转型升级应该走的道路，即发展"两自一高"产品产业，最终实现转型升级。然而，企业为了实现转型升级而进行的技术创新和管理创新的过程中充满了困难和阻碍，只有想办法突破这些困难才能顺利完成转型升级。

基于此，SNM 理论从经济学的微观、中观和宏观三个角度阐释了企业的技术创新、产业结构性变革、体制结构性变革的内在机理，以及技术创新企业管理系统建设中的关键技术和制度的锁定等基本问题，对于加快推进技术创新企业的转型和升级、创新型中小企业的可持续发展、培育和加快发展战略新兴产业、建设创新型工业国家都具有十分重要的指导意义。如今在互联网经济的大背景下，企业普遍亟待转型与升级，技术生态位、市场生态位和范式生态位对企业转型和产业升级所产生的直接影响是不容被忽视的，要特别注意将SNM 理论与企业的转型升级相协调结合，使其为企业顺利完成转型升级起到指导性和帮助性作用。

从技术创新的发展模式角度来讲，颠覆性技术创新已日益成为 21 世纪以来技术创新的一种主流理念和模式，其所倡导和推进的各种颠覆性创新技术带有明显的技术原创性、突破性和技术激进性的特点。因此，颠覆性技术创新的发展可以从根本上取代原有的技术，为广大消费者带来更适用的创新产品和技术创新服务，提供更便捷的技术创新生活和方式，并为未来新行业的更替、新产业的培育和产生打下基础。主要发达国家都在积极探索发展这种统一带有自主原创性、突破性和创新激进性三大特点的自主技术创新手段和模式，并竭力使之发展成为培育和发展其新兴产业、推动其经济持续快速增长的重要技术创新手段。与发达国家相比，我国目前现有的自主技术创新的模式以自主技术引进和模仿创新的方法为主，原创的或具有颠覆性的自主技术创新模式相对较少，这在很大程度上阻碍了我国新一轮自主研发技术创新能力的培养和提升，也导致我国无法很好地适应未来新一轮的国际自主科技与新兴产业全球化竞争的发展需要。凭借现有的资源和技术以及劳动力的成本优势，在我国过去的一段较长时期内虽然能够使企业获得一定的发展和盈利，但随着国际竞争的日益激烈，我国的劳动力等优势越来越不明显，一些属于劳动密集型的企业相继撤往越南、泰国等国家。中国企业很难再靠过去的模式盈利，想要突破，甚至超越占领价值链高端的国外企业，必须依靠技术创新来实现转型升级。因此，我国企业需要坚持以提升自主创新能力为核心，加强对颠覆性创新及其管理创新的研究。SNM 为我国颠覆性自主创新技术的推广和实际应用研究提供了一种新的管理解决方法和全新的分析解决模式，符合我国企业的转型升级和可持续发展的实际情况和需求，对于企业自主创新发展战略的制定与实施和国家战略性重点新兴产业的培育与支持快速发展，都具有十分重要的现实意义。

三、企业转型升级的过程

SNM 遵循生态位内生增长机制，通过构建和优化保护空间促进生态位的不断转换来实现企业的转型升级。即构建一个保护空间（技术利基）帮助企业新技术的成长。通过技术创造者、研究者、用户、政府等组织的逐步实验和学习，对新技术进行筛选、培育和孵化，并逐步推向市场，在市场中寻找生存空间（市场利基）。并通过网络的建设，与市场上不同主体建立联系和学习，逐渐脱离保护空间，技术不断发展，导致社会技术体系的变化和原有技术的颠覆。最终，新技术将颠覆原有技术的社会体制，形成新的社会技术体制。因此，在新技术成长的过程中，要适时构建相应的生态位，包括技术生态位、市场生态位，同时促进低级生态位向高级生态位的嵌入，推进生态位的演化过渡。

1. 技术生态位的萌芽

在网络时代下，新工业革命带来的大数据、云计算等技术，快速地推动了实体经济与虚拟世界的结合，也正深刻改变着中国企业的传统运行模式。在市场和利润的驱动下，原技术和产品的市场领导者可以投入更多资源，根据其主流技术和市场的需求开发性能更好的技术产品。政府、社会、消费者对能够占据市场主导地位的企业给予补贴、支持和正向反馈，从而逐渐形成以领导企业内部为主、外部资源和技术为辅的原技术生态位。而在原有技术产品的领导企业和相关研发机构组成的生态位的基础上，基于互联网发达的信息技术，企业通过自主的技术创新来推动产品的升级换代，从而提升企业的市场竞争能力。在这个过程中，由于科研推动力的驱动，改变了技术创新和发展的轨迹，推出了新产品，促使新的技术生态位得以在原有的社会技术体制下萌芽，新一轮技术生态位随之萌芽。企业在新一代技术产生时，不能按照企业传统的技术市场调研方法和模式去准确评估和分析新技术的前景，对于那些发展前途不是特别清晰，但仍具有一定潜力的技术，可以通过建立独立的新技术生态位进行运行，以构建适应新一代技术和产品快速成长的企业技术思想、文化和管理体制，避免由于陈旧的思维和习惯而错过了新技术。

2. 技术生态位的成长与市场生态位的萌芽

在创新开始阶段，由于新技术相当粗糙甚至低劣，很难得到社会和消费者的认可，在原有技术体制下存在着许多亟待完善之处，新技术的成长异常艰难。在这种背景下，促使新技术的研发者寻找或构建一个有利于其成长和创新的平台，并创造有利于其生态位成长的要素，使新技术生态位逐步成长，从而促使新技术的种子得以萌芽发展。此时，技术生态位成长的目的是使新技术产品得以进一步开发、改进。因此，需要为新产品寻找各种可能有需求的市场，竭尽全力投入销售所得和其他研发资金，并通过客户反馈的一切市场信息，不断推动新技术的改进。

3. 技术生态位的成熟、市场生态位的成长与产业生态位的萌芽

在发展阶段，新技术得到飞速的进步和发展，甚至远远超过了原有技术的改进和创新速度。但是，技术在快速增长的早期阶段，并没有完全满足用户的需求，新技术产品只有低端的市场阶段，不能与目前主流产品进行直接的市场竞争。新兴企业需要收集各种技术资源，建设创新网络，不断对新技术进行深入研究、发展、学习和试验。并且通过借助各种资源迅速成长，能够有效地促进新技术的快速增长，促进技术生态位的成熟。

随着新技术产品的地位逐渐提高，与新技术产品相关的技术信息网络也在逐渐建立，市场生态位也会随之发展。首先，从新兴企业内部角度来看，新兴企业内部需要逐步建立能够满足需求的创新产业，发展扁平的、灵活的、网络化的企业组织和机构，创建一个新的、敢冒风险的新技术以及产品的发展愿景。为了及时适应各类新技术市场发展和需求的变化，新兴企业需要建立新的技术和产品的市场信息渠道，新兴企业创新产品和消费者可以获得更多的市场和各种信息，包括新技术和产品的市场需求和反应、其他技术市场需求、社会经济技术体系对新技术和新产品的容忍度等。其次，从新兴企业外部角度来看，逐步构建创新运营企业上下游企业初始产业发展链条。

随着竞争对手的出现，原本就比较弱小的新兴技术企业之间的竞争加剧，

在正常的市场环境下，企业也需要面临优胜劣汰，这时就需要政府推出一些帮扶、优惠政策。因此，随着新技术产品市场的逐步发展，当商业和消费者习惯、技术的质量标准、产品价值链条已经初步形成和新范式生态位萌芽的产生和出现时，它被包含在旧的技术发展范式和新的市场生态位中，在市场的缝隙中逐步发展和增长。在这个阶段，新的市场生态需要嵌入新市场中，并且需要对逐步形成的市场进行调整，从而使企业的发展方向得到改变。

4. 市场生态位的成熟和产业生态位的成长

在市场扩张阶段，随着新技术产品的不断完善，新技术产品逐渐满足了市场主流性能要求，此时，对于新技术的研发等投入就可以逐步减少，技术生态位渐渐趋于稳定状态。这时，新技术和产品逐渐展现了核心技术的竞争力，它们不仅能与原有的主流技术和产品性能相媲美，而且还具有许多传统科技和产品没有的新特点。在这个阶段，创新产品逐渐占据了市场的位置，并进入主流技术产品市场，尤其是在主流技术产品市场低端的新技术市场。所以，我们需要推广新技术和产品成熟的市场定位，着重分析新技术和产品在市场中的主要矛盾，逐步加强与栽培新技术的传播和产品市场的培育，通过对新技术的理解、消费者认知知识学习和市场传播扩散，逐步扩大市场规模和产品层次。

在这个阶段，原有技术产品的社会市场和社会制度的影响以及对新技术产品的开发和最近的宏观经济环境（如社会、经济、科技、文化和改变）的影响，出现了发展不稳定的现象，因此，需要逐步打破原有的技术体制系统和模型结构，使新技术的整个产业链和产业生态位逐步实现健康成长。

5. 产业生态位的成熟

通过培育和市场推广，新技术产品形成了核心竞争力。与原产品相比，新技术产品在性能和技术上显示出了许多新的特点。在创新商业模式、降低生产成本等方面占据了领先地位，形成了原始技术产品无法逾越的优势。消费者对新技术和产品已经有了一个基本的了解和认识，社会经济、文化对新技术和产品予以接纳，新技术和产品接受政府和所有社会资源的支持，已达到最好时期。新技术和产品已基本形成完整的上下游产业链、完善的营销及销售服务渠道、正常的社会市场活动和反馈机制。在这个发展阶段，有必要进一步推进和打破旧的社会技术体系结构。需要指出的是，应该在新技术的基础上逐渐形成技术标准，逐步取代原有的管理体系，从而颠覆整个市场，推动新技术逐步发展成为市场领先的技术范式。而随着生态位的变化，新技术、新产品的市场生态位已经形成并转化为产业。新的产业和社会技术管理体制和组织结构逐渐出现，进一步推动了新技术产业的应用和社会视野的形成。

综上所述，网络时代下企业转型升级的主要方向是摆脱成本竞争的低端锁定向价值链的两端发展。通过企业自主创新、自主品牌、协同发展影响下的多重驱动力量，使企业真正拥有自主知识产权以及自主品牌，最终打破低附加值产品与高附加值产品的壁垒，占领国际高端市场。因此，本书认为，网络时代下企业转型升级的核心驱动力为创新驱动，具体机理为：在组织创新的基础上，企业借助技术创新与商业模式再造，帮助企业实现技术产业化（技术生态位）与市场高端化（市场生态位）。通过技术与市场生态位的耦合联动，转型升级的驱动力将会向企业价值链的上下游进行传递，从而形成相关的产业生态位，最终带动全产业的转型升级。

第三节　企业转型升级的机制研究

一、企业转型升级过程中的自组织性

支持企业转型升级的机制是有动态性的和自组织性的。推动企业转型升级的机制必须是动态的，因为独立创新能力从最基本的意义上决定了企业可持续竞争力的强度。在互联网时代的背景下，面对复杂且多变的市场环境，竞争加剧了，企业是很难保持持久的竞争优势的，在不同国家的企业转型实践中，转型和升级的驱动力体现为许多驱动因素的集合。创新的各种自主模式反映了转型升级的过程和趋势。因此，使企业实现转型升级的机制是处于动态变化状态的。企业转型升级的实现机制要达到自组织的状态。自组织是各种创新因素与它们所形成的系统之间相互作用形式的动态变化，并且这种变化是随着外部世界的变化而持续不断自我更新、自我调整、朝着目标升级的过程。

自组织理论属于复杂科学理论的范畴，用于指导人们探索系统复杂性的本质。Prigogine 等（1969）提出了耗散结构，这也意味着自组织理论的诞生。自组织理论以包括耗散结构、协同作用、涌现性、突变理论、超循环等在内的理论群的形式存在。研究系统如何从时空和功能域的混沌状态变为有序状态。有序和无序通常被用于描述由多个子系统组成的母系统的实际情况。有序是指系统要素之间有规律的结网和转换，无序是指系统要素不规则地堆叠和叠加。根据自组织理论中包含的理论系统，可以将其定义为远离平衡状态的开放非线性系统。通过排出正熵以及吸收负熵的过程，与外界进行能量与物质的持续交换。当达到系统关键参数的参量阈值时，系统会因为涨落的突变而进入非平衡状态。

系统的自组织特征主要体现在以下六个方面：第一，形成有序系统的基本条件是系统具有开放性。系统的有序发展基于不断引入外部信息，而系统新陈代谢产生的废物得以及时排出。第二，形成有序体系的理想条件是远离平衡态。平衡状态充当重力轴心的作用，同时驱动系统从有序变为无序状态。第三，有序系统的特质是整体性。根据转换原理，可以将结构中的特定模块转换为另一个相应的模块并作为一个整体进行连接，从而形成有序系统的整体优势。第四，有序制度的本质是自我完善。自我完善不仅可以保持系统的相对稳定，而且也可以确保系统继续优化现有结构。第五，有序系统的基础是要素之间的非线性关系。非线性连接和互动元素之间形成复杂的协同作用，从而创建新的有序结构。第六，形成有序体系的关键是涨落。随着时间而增加的系统内的涨落是形成有序的新结构的动力。

对于企业而言，转型升级的本质是作为一个包含诸多要素的复杂系统资源相互协调交换的过程，因此，其发展呈现明显的自组织特征。所以，企业本身的转型升级可以看作一个自组织系统。这主要表现在以下几个方面：第一，企业在转型升级过程中具备建立自组织系统的条件。作为一个开放的且远离平衡态的系统，企业的转型升级过程涉及许多不确定性，这些不确定性共同导致系统在非线性驱动下的随机涨落。因此，企业的转型升级和发展满足了构建自组织系统的基本要求。第二，企业的转型升级反映了自组织行为。在政府、所有者、企业家和其他利益相关者的主观因素的影响下，企业的转型升级显示出一定的稳定性。企业在开放系统环境中从外部环境获得负熵流，并相应地减少或逆转系统的无序程度，使企业在转型升级发展过程中产生维持和恢复有序状态的自组织活动。第三，在企业转型升级发展中，自组织和他组织相互依存，企业转型升级不是一个长期的、科学的理性过程，不可避免地会因恶性循环陷阱而被锁定，因此他组织在企业转型升级的发展中有存在的重要性和必要性。他组织应该在产业环境的自组织规律框架内进行创建，通过增强企业发展的平稳性和连续性，促使企业转型升级过程保持理想状态。

由此可见，自组织特征在企业发展过程中处处得以体现，两者密切相关。所有开放和充满活力的行业和公司都基于许多高度非线性和复杂的要素。当产业由于外部环境强烈变化的影响而导致其偏离现有平衡时，由于外部环境不断地资源转移以及行业创新的主体之间的信息交互，系统变化的频率和范围会增加。当动态量变达到临界阈值时，就会导致系统发生质变，从而将原始公司从原有的无序状态转变为相对有序的静态状态。事实证明，催生产业新的有序状态的根源是不平衡，它为企业提供了自发动力以在混乱和秩序之间交替。产业的创建集聚了大量资源，形成了许多技术，培育了一大批关联企业，通过不断发展，产生了更强的吸附效果，形成了具有正反馈机制的自组织体系。因此，产业转型升级的演进过程实际上是它们之间的协作过程。内部企业子系统协作形成的序参量不仅使子系统维持运行状态，而且还为企业确定未来发展方向提供了指导。在演进过程中，高新区已从低水平发展向高级发展接近，由边缘技术接近关键技术，并达到更高的水平，进一步增强了系统的核心竞争优势。在此过程中，高新技术园区内创新主体之间的协作已从脆弱的萌芽发展为成熟的分工协作结构。鉴于高新区表现出稳定和最佳的自组织特性，它就具有了一定的抵抗外界干扰的能力。

由上可见，自组织理论所揭示的系统依靠内部力量来建立从无序低级到有序高级的耗散结构，能够解决企业转型升级进程中有关机制、路径创建与演化问题。结合战略生态位理论，当产业内大部分企业的生存问题加大时，为了保证其发展，通常会自主采取创新行为来推动企业技术生态位与市场生态位的形成，从而带动企业的转型升级，最终通过辐射带动产业链上下游企业形成产业整体的转型升级。在此过程中，企业发展过程从平衡变为不平衡，因为企业具有自组织性质，可以根据环境变化并适应产业区域环境而不断改变自己的行为准则。因此，作为产业的核心主体，企业自身的动态自组织和自适应过程对于整个产业的转型升级至关重要。

首先，已有研究指出，企业具有自组织性、自适应性的职能，在企业内部与外部环境资源交换的动态过程中，通过内部管理做出反应，修改行为规则，调整主题资源分配，导致内部结构发生变化，优化自身商业模式，从而提高企业行为的效率。对于产业来说，企业主体的自组织、自适应过程是产业转型升级的基本动力。追求利益最大化是企业升级的动力和行为。因此，企业的主动性和适应性程度决定了整个产业升级的状态。虽然没有统一的最适配或最优化模型，但企业自适应一般遵循刺激与响应模型，有意识地、主动地改变自身的组织结构、生产经营战略来应对市场环境的变化，继续发展和分化企业来形成更高层次的企业。同时，这些行为还会影响产业内信息资源的交流、复制和整合，促进整个产业体系结构升级。

其次，与企业类似，产业的发展也是一个动态演进的过程，在这个过程中，产业也会与内外部环境进行资源与信息的交流行为来促进企业主体的诞生、发展与成长，从而保证产业正常的发展过程。然而，产业的这种动态特性会给企业的发展带来巨大的风险：产业中的企业主体可能难以根据现有发展状况来准确预测企业未来发展的状态。此时，即使是很小的变化都会促使企业出现难以琢磨的剧变。因此，企业作为产业的主体，必须动态调整生产经营战略和行为，以适应产业的动态发展。同时，这种动态发展也将促进企业新的组织形式和新的行为模式的出现，最终实现企业的可持续创新。此外，由于创新与市场之间存在不确定性的动态关系，发展创新能够帮助企业更好地适应相应需求的变化。虽然这种动态性的创新能够有效地提升企业竞争力，但是随着发展企业又将面临新的困境而不断地进行创新，最终形成一种周而复始的循环体系。对于产业来说，企业主体之间已经形成了一个信息网络，产业内企业的创新成果可以在集群内传播，带动其他企业的集聚和创新活动的出现，从而形成产业创新的良性循环。

最后，企业的适应能力是其创新能力的外部体现。特别是在竞争激烈、市场需求多元化的环境下，不充足的自主创新能力将会成为威胁其在动态发展中的市场地位的重要因素。因此，企业的自主创新能力是其动态发展的关键因素之一。只有不断提高自主创新能力，把提升企业优势从突破转变为可持续发展的过程，企业只有在创立到创新的动态演进过程中，不断提升创新能力，才能帮助产业实现宏观层面的转型升级。

因此，企业的自我组织和适应能力的过程，不仅是企业转型升级的过程，更是产业由低附加值向具有新结构、新特征高附加值产业的转变过程。这种发展过程将受到产业区域环境政策调整以及该产业中企业之间的信息交互的影响。根据企业自身或环境的变化，以及与其他企业的关系的变化和其他复杂因素，企业在发展过程中会不断受到影响，导致企业逐渐或突然发生变化。这些难以预测的变化，在自组织临界点可能会出现分叉现象，导致企业与产业升级遭受挫折。所以，企业与产业的转型升级的过程并不是平滑和非曲折的。如图 3 - 12 所示。

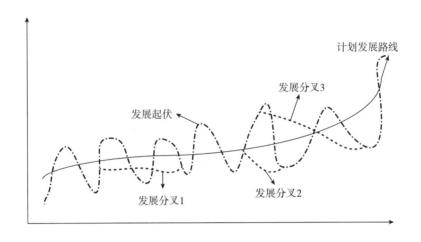

图 3 - 12　企业演化过程的自组织性

　　基于自组织理论，企业转型升级过程中企业从无序走向秩序的关键因素在于企业内部关键序参量之间的协同行为（林仁红，2016）。序参量是反映系统内部发展并影响其他变量演变的关键信息。因此，要探讨产业内企业转型升级的演进过程，只需关注企业中关键序参数的变化。一般来说，产业可以看作由上下游企业、技术市场、政府机构等子系统组成的有机整体，其通过企业间相互作用和协同行为，从源头推进技术创新直至商业应用，最终实现技术的产业化，如图 3 - 13 所示。

　　与产业类似，对于企业而言，其自身具备的自组织特点为：由技术创新子系统、市场竞争子系统以及资源配置子系统共同构成的复杂系统。作为一个复

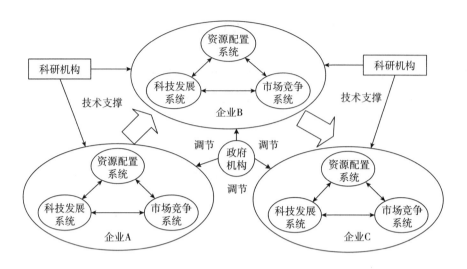

图 3 - 13　转型升级过程中系统组成

杂且开放的系统，可以随时与外界保持知识、信息的交流。鉴于各系统之间复杂的非线性效应，其相互作用的方式反映了各系统在知识、信息等方面的普遍联系。这些系统的关键序参量可以反映企业转型升级过程中各实体之间的合作程度，也可以代表整个复杂系统的运行状态，而且其始终贯穿于企业转型升级的发展过程中。因此，如果聚焦于序参数的变化程度，就可以全面、客观地来描述企业转型升级的发展过程和路径，如图 3 - 14 所示。

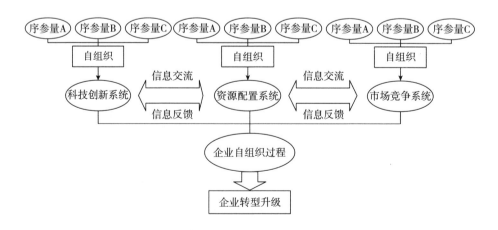

图 3 - 14　自组织视角下企业的转型升级

二、企业转型升级过程中的阶段演化

根据自组织理论可知，实际上，企业的转型升级符合产业发展优势、特征和路径，是为顺应产业发展阶段的演进过程而采取的主动应对行为。但是，在转型升级的过程中，我国企业受到主体动机、技能水平、要素的丰富程度等因素的影响，从而其阶段的演化发展不可避免地会出现分化，使其偏离了自然发展形成的演化路径。此外，企业的成长过程顺应独特的、国有的阶段演化规律，体现了相关因素阶段性的同时，也给转型升级的相关因素留下了专属标记。在这些相关因素阶段性的相互作用的影响下，企业的总体进化阶段类似于遵循逻辑斯蒂（Logistic）增长曲线的渐进特征，也与生物种群的增长过程相似。

综合战略生态位理论可知，生态位之间的互相跃迁是企业转型升级的关键，所以，可以将转型升级视为各个创新要素集群呈现在空间领域，而其阶段演化过程则是相关要素的不断调整以及持续完善过程。综合过往相关文献，企业在转型升级过程中的阶段性主要与下列因素直接关联：一是转型升级过程中企业功能的阶段性；二是产业集聚的阶段性；三是产业价值体系的阶段性。

第一，企业转型升级功能的阶段性影响了企业转型升级的阶段性。由于外部环境是不断变化的，从而在企业转型升级的全过程中，对于不同的成长阶段，企业的功能定位也不同。针对第一阶段，其功能定位是通过搭建物理交流平台，进而实现大大削减管理成本费用的目的；针对第二阶段，其功能定位是通过给创新主体提供一个全新的技术交流平台，来增进外部规模经济的交流，从而控制风险和创新成本（技术生态位）；第三阶段的功能定位则是建立整体层面的产业创新平台，进而实现产业组织自身优化、市场应变能力提高的目的（市场生态位）；第四阶段的功能定位是通过对产业链上下游的辐射扩散渠道的疏通，进而构建完善在科技增长极带动下的区域产业链，充分发挥区域整体优势（产业生态位）。

第二，产业积累的阶段性对企业转型升级的阶段性产生了影响。基于区域创新网络理论的基本观点，企业集聚阶段对产业演化阶段具有重要影响，因为产业是由许多具有竞争和合作关系的创新型企业组成的。王缉慈认为，产业集聚的形态包括六个阶段：前两个阶段是企业的不断诞生和成长，在特定区域内形成企业集聚群；在第三和第四阶段，产业内诸多企业开始改善分工，分工细化，提高专业化水平，进一步加强相互合作；第五阶段则是通过建立紧密关系和相互信任的共同体来结成网络；第六阶段则着眼于生根和扩展，并借助网络实现产业内创新的良性循环。如图 3 – 15 所示。

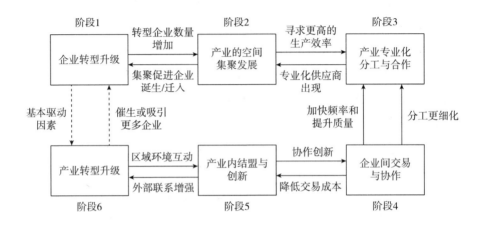

图 3 – 15　产业集聚过程的阶段划分

第三，企业价值体系的阶段性也影响了企业转型升级的阶段性。在转型升级的过程中，价值体系的开发已经经历了从最开始的单一价值链到后来的价值网络的整个过程。而整个过程可以大致分为三个阶段。第一阶段是涵盖更多创新要素的企业价值链。在这一阶段，成功的关键不再是规模经济，企业附加值的提高和知识与之整合应用与创新才是新的关键。第二阶段是联盟价值链，该价值链强调了公共运营资源的使用。这在很大程度上反映了优势的互补和基于协同效应的风险分担。第三阶段是价值网络，它可以快速、有效地将外部系统与内部价值创造联系起来。最终将形成一个跨企业、跨行业，甚至跨产业的多节点价值创造网络。如表 3 – 1 所示。

表 3 – 1　促使转型升级阶段演化的各因素阶段性

阶段/因素	技术创新阶段	市场优化阶段	产业发展阶段
功能定位	增强内外部技术与经济交流，共担创新成本与风险	提高市场应变能力和优化产业组织自身，推动创新主体联合创新	形成产业的整体竞争优势，辐射带动作用强化，进入赶超的快车道

续表

阶段/因素	技术创新阶段	市场优化阶段	产业发展阶段
产业集聚	产业链上的创新主体分工协作,提高整体产出效率	集结成以企业为核心的产业创新网	制定长远发展总体战略,强化组织应变能力,实现良性循环
价值体系	企业价值链,通过对知识的整合与创新,实现企业价值增值	联盟价值链,相互之间经营资源共享、风险共担	价值网络,有效连接内外部系统,形成一条跨企业、跨产业的多节点价值创造网络

而且,正如生态位理论所述,当生长环境是一定的、有限的时候,随着种群密度的增加,种群增长率将继续下降直至一定程度,最终会停止增长,维持在一定的水平。该理论将这种增长形式称为逻辑斯蒂增长。像生物种群一样,企业的发展演化同样受到自身增长能力、潜力以及资源环境的限制,不可能没有限制地无限壮大。也就是说,它的演化进程是有限的,而在产业系统演化领域已经有学者验证了逻辑斯蒂方程的适用性。所以,在企业转型升级的大背景下,企业的阶段演化过程也像种群在有限的环境中一样呈逻辑斯蒂增长,其函数表示为:

$$S_t = \frac{S_m}{1 + \left(\dfrac{S_m}{S_0} - 1\right)e^{-R(t-t_0)}} \tag{3-1}$$

其中,S_t 为转型升级过程中企业规模,S_0 为企业初始规模,S_m 为企业最大规模,R 为企业内生增长率(常数)。所以,在转型升级过程中企业的逻辑斯蒂增长模型如图 3-16 所示。

当产业内转型的企业达到一定数量时,集聚实现了规模经济,即图中的 A 点,此时企业集聚的正面效应猛然增加。当然,在此期间也存在负面效应(负面效应阻碍了企业的增长,如土地成本和劳动力价格的上涨以及基础设施的拥挤),但这是由于该产业的规模还没有达到拥挤的程度。转型成功的企业便能够进入快速增长的起飞阶段。$t_1 < t < t_2$,早期的产业增长速度持续增加,是依据准线性的方式稳定增长的。但是,随着企业的成长,其集聚所产生的一些负面影响将继续增加,并且负面影响的增速在产业规模达到拐点 G(理论上为 $S_m/2$,即最大增长率)时,超越了正面效应的增速,此后增长速度开始减

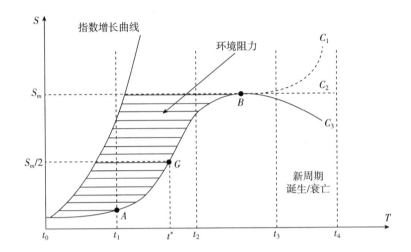

图 3 – 16　企业演化的逻辑斯蒂增长曲线

慢。而当正面效应等于负面效应时，此时的产业集聚效应为 0，也就是说，此时企业的增长规模已经达到了其均衡点 B（理论上是 S_m，均衡点 B 的加速度的负值达到最大值），企业不再增长，换句话说，企业再次面临转型危机。

　　此时，企业的后续发展可能存在三种情况。一是该产业正在探索其领域的新技术的发展轨迹，提升和转换现有的产业结构，改善和发展该产业的创新环境和网络结构，并且向更加广阔的市场进发，改善产业环境的空间和容量，即环境承载力。增长曲线为 C_1，企业进入下一个增长周期。二是企业保持稳定，产业被固定在价值链中的相应位置，增长曲线为 C_2。但在现实生活中很少会有第二种情况的企业。三是企业受到产业内外其他企业的恶性竞争的影响。缺乏自主的创新行为，使企业的核心竞争力下降，进而导致该产业的加速衰落，增长曲线为 C_3。事实证明，公司转型升级的整体演化过程是由内部增长潜力，也就是内生力量，和系统约束形成的正反馈机制和负反馈机制两种机制共同作用的结果。

　　因此，在企业转型升级过程中，需要注意以下问题：首先，尚且无法完全控制企业转型升级过程中由于企业阶段突变所产生的后果，只能采取各种措施进行干扰并主动诱导有利的突变出现。其次，每个演化阶段的过程都可以逆转。由于较小的障碍，突变发生在演化阶段的各个阈值附近，从而结束了原有的进化阶段并突变到新的进化阶段或返回到上一阶段，最终可能导致企业倒闭。换句话说，阶段演进不是完整的连续性的路径演进，而是多路径选择的连续性和不连续性的结合。最后，企业的转型升级是可以被看作螺旋式上升的过程，在不同的层次上，由组织程度低向组织程度高演化。在同一层次上，组织由简单向复杂过程演化，这也意味着企业的转型并不只有一次。

三、网络时代下企业的自主创新机制

综上所述，根据自组织的特征，企业转型升级的过程大体可以分为三个阶段：第一阶段是驱动力发展阶段，这是基于关键序参量的发展，因为序参量的演变行为在一定程度上可以对企业的发展产生巨大的影响；第二阶段是协同进化阶段，它主要是基于各个子系统之间关键序参量的协同行为，如果各个子系统关键序参量之间的相互作用和协同关系进一步形成一定的机制，则系统将进入机制固化的第三阶段，并形成一套完善的进化机制促进企业转型升级。从链接的角度来看，通过这三个阶段的循环、交互的发展，最终确定了复杂系统的协作路径和方向。

第一，驱动力发展阶段。企业转型升级的核心在于企业关键序参量的功能发挥。序参量之间的相互作用是企业自组织发展的基础。相对地，序参量之间的竞争与协调是企业产生新形式的根本。这个阶段主要体现在企业中各子系统中关键序参量的产生发展，具体体现在技术创新、资源配置以及市场竞争等序参量在系统输入的驱动下，通过系统之间的交互、协同以及互补作用来促进自身的演变，最终提高序参量自身的有序度等级。可见，序参量的产生及其有序度的上升能够有效地反映出产业和企业转型升级的动态过程。这个阶段的特征就是各子系统关键序参量的产生以及发展，而各子系统尚未产生相互的协同行为。

第二，协同成长阶段。经历了驱动力阶段后，转型升级中企业各子系统中关键序参量得到了迅速发展，此时各子系统之间的协同行为尚未发生，因而这一阶段关键序参量之间的有序度会存在比较大的差异，这些差异间的冲突会对转型升级产生负向的影响。所以，在协同成长阶段企业聚焦的核心就是通过合作和竞争行为促进关键序参量产生协同行为，消除它们之间的差异性以及带来的结构性负面影响，为企业转型升级的发展奠定基础。因此，子系统的关键序参量的协同关系是企业和产业转型升级过程中的关键因素。这个阶段的特点是，企业各子系统的序参量水平继续上升，子系统之间的差异不断趋于减小。

第三，机制固化阶段。在协调阶段之后，可以进一步提高各子系统的有序性，企业各子系统中的序参量通过竞争—合作—协调的运行机制可以基本实现相互促进并相互制约。此外，通过资源的整合不仅能够充分发挥各系统之间的独特优势，还可以实现子系统和序参量不断演化发展的自组织动力机制，促使转型升级的内部结构的形成，进而实现企业和产业的转型升级。

总之，企业的关键序参量是转型升级的主要驱动力，其控制并牵引着转型升级的主要方向与发展过程。由此可见，序参量在企业转型升级过程中，主要是依托自身的发展来增强各子系统的关联程度，进而对复杂系统中各子系统的协同发展产生促进作用，最终帮助系统形成转型升级的有序机制。所以，结合网络时代下企业转型升级的发展目标，影响企业转型升级的主要序参量有企业科技发展系统中的技术能力、市场竞争系统中的市场能力以及企业的组织能力。通过企业自主创新和品牌服务等相关序参量影响下的多重驱动力量，使企业真正拥有自有技术产权以及自主品牌，最终打破低附加值和高附加值产品的壁垒，从而占领国际高端市场。

在转型升级的初始阶段，企业转型升级的主要关注点集中在企业系统中相关序参量的产生和演变，具体体现为：在科技、资源、市场等子系统中的技术、市场以及组织等关键序参量输入的驱动下，通过企业间的交互、协同与互补等来促进序参量自身的演变，提高关键序参量的有序度。在网络信息的影响下，企业转型升级的创新驱动主要体现在自主创新驱动技术创新能力升级、自主品牌驱动市场创新能力升级以及内外部主体协同发展驱动组织创新能力升级。如图 3 - 17 所示。

(1) 自主创新驱动技术创新能力升级。技术创新是传统企业价值链(Enterprise Value Chain，EVC) 升级的一个关键因素，企业技术创新能力的提升将带动配套企业创新能力的提升，进而提升产业整体的发展水平，最终缩小甚至打破技术发达国家的技术垄断壁垒。一般而言，技术创新是以创造新技术为目的或以科学技术知识及其创造的资源为基础的活动。传统制造企业可以借助不断积累的技术能力来升级其核心技术，然后实现一系列开发和创新活动（如制造、生产和商业化）的整合。在持续的技术创新过程中，推动自身工艺、产品等的升级，进而提升企业的价值增值能力。所以，技术创新在转型升级中的作用体现为以下几点：

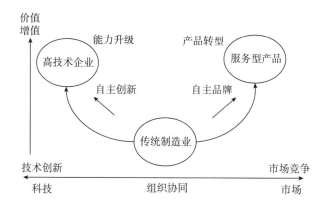

图 3 – 17　自组织视角下企业的转型升级

首先，技术创新是生产流程升级的前提。就我国传统企业而言，多数企业嵌入 GVC 的生产制造环节当中，因而，大多数制造型企业的生存和发展主要通过技术来整合我国市场上现有的劳动红利。但是，由于我国劳动生产成本持续上升，导致传统产品的技术创造价值的能力和产出相比呈现进一步下降的趋势。所以，目前我国制造型企业的发展应加大技术投入力度，促进其产品的核心技术竞争力和产品附加值的提升。

其次，技术创新是企业产品转型的重要推动力。在网络时代下，互联网的快速发展引发了技术的创新变革。当前，我国传统企业仍然处于赶超发达国家的阶段，多数企业在此阶段的技术与资源能力都较为薄弱，在此阶段企业注重的是自身自主创新能力的培养。自主创新能力的提高将会大大增加企业创新成果的形成，从而直接提升企业的产品价值增值能力。最终，企业通过在创新成果的基础上改进现有的产品生产线实现更加复杂的产品生产，或者通过迭代改进现有产品，实现产品附加值的提升，完成企业产品的转型升级。

最后，技术创新促进创新能力升级。企业将创新成果应用到产品上，在市场上将受到消费者的持续关注，此时企业的产品价值增值能力得到显著提升，企业拥有更多的资金去进行创新活动来促进创新能力的提升。因此，技术创新可以有效地促进企业的创新能力升级。

然而，自主创新和研发能力薄弱是中国制造业一直以来的痛点。在网络时代，中国企业可以抓住互联网带来的知识溢出机遇，实现变道超车。依托于"互联网＋"带来的机遇，以技术发展、平台和载体为导向的传统集中创新正在转变为开放式创新。在新的信息环境中，企业内部的研发人员、外部机构和用户等创新主体的有效对接，形成了新的开放创新平台，实现了网络协同创新。新的开放创新平台能够克服传统的创新模式中存在的弊端。从用户角度来看，一方面互联网无疑会降低信息交易费用和信息不对称造成的缺陷；另一方面用户可以通过网络主动向企业表达自身需求，从而获得更好的产品体验，提升用户对产品服务的满意度。对于制造企业而言，"互联网＋"提供的大数据技术可以基于广泛吸收用户的建议和行为数据用于产品设计和研发，从而充分开发市场前景。随着产品开发周期的不断缩小，产品开发周期也会更加灵活，以适应市场环境变化的需要。因此，企业创新成本大大降低。此外，企业也可以利用用户反馈的信息，快速地推出新版本迭代，从而实现产品的创新。

传统企业通过不断积累人才资本和知识资本来实现技术水平的初始积累。当技术水平积累到一定程度后，企业的创新能力可能不会得到突飞猛进的提升，但企业潜在的技术水平会明显得到提高和巩固。此时，通过创新能力的提高，企业将不断提高潜在的技术水平，完成技术积累，最终完成企业的转型升级。另外，技术创新是一个知识生产过程，在这一过程中，企业在不断地投入内部和外部的技术资源。值得关注的是，在企业内部技术创新中，怎样将外部先进技术转化为有效资源以促进技术创新能力的提高，则是企业内部技术创新的难点之一。因此，技术创新能力能否得到提升将影响企业能否实现向高质量的产品和高水平的技术发展目标，进而影响产品的附加值能否得到提高。如图 3－18 所示。

在企业转型升级当中，技术创新是不可或缺的因素之一。通过技术创新，企业获取了自身的专利技术并将其创新成果运用到新产品中。与此同时，企业的创新成果还将持续推动企业和产业层面的技术水平提升，促进企业技术生态位的形成，但当行业中其他企业无法完成同等水平的技术创新活动时，企业自身的市场竞争力才会得到真正意义上的提升。

随着中国经济进入新常态，高速经济增长模式很难持续下去。同时，我国经济有规模较大、发展快但较弱的特点，战略新兴产业发展缓慢。然而，在网络时代，大多数传统企业的成本优势（低工资、高成本、低资源供应）已经消失，其正处于一个全球价值链的低端和同质化两难状态。因此，中国为实现可持续发展，必须改变经济增长的方式，培育出新的经济增长力量，把高端产

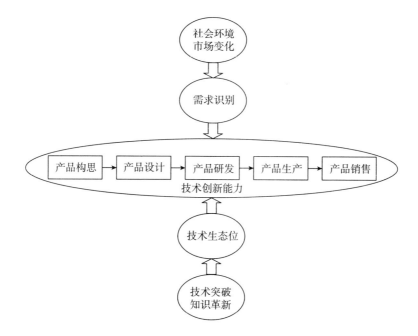

图 3 – 18　网络时代下企业技术能力升级

业作为经济发展的主干线。党的十八大报告提出了创新驱动的战略,强调技术创新是社会生产力、综合性国力提高的战略支持,必须在国家发展中占有核心地位。创新驱动是以提高自主创新能力为中心,以提高科技贡献率为起点,帮助创新企业在形成比较优势的同时,使其具有更大的创新性。企业通过自主创新推动产业的技术发展,促进创新成果快速扩散并创造显著差异化的技术和产品,从而提高技术和资金在产业中的比重,形成市场竞争优势,最终使传统企业从低附加值产品的成本竞争逐渐转为高附加值的专利技术的创新竞争。如图 3 – 19 所示。

　　(2) 自主品牌驱动市场创新能力升级。企业市场能力的基本含义是:企业通过调查消费者的需求开拓新市场的能力。具体而言,企业需要根据当前市场消费者价值主张的演变来开发新产品,完善并优化新的管理方法。因此,对于企业市场能力而言,顾客需求是其发展的核心关键。

　　而商业模式可以看作基于理解客户实际需求的一种商业价值逻辑,即基于客户要求提供满意的产品和服务来获取相应的利润。从本质上看,企业商业模

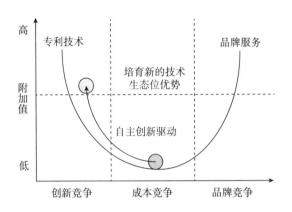

图 3 - 19　自主创新驱动下的技术能力升级

式的竞争能力主要体现在其价值逻辑上，即价值主张、创造以及获取。其中，价值主张体现了企业对顾客可以从公司提供的产品或服务中所能获得的有形结果的清晰阐述（焦凯，2015），即顾客需要什么样的产品；价值创造则是企业提供产品或服务的类型方式，即企业生产或者提供什么样的产品或服务（肖晓帆，2019）；价值获取则是指企业如何获取顾客的经济价值（陈刚，2019），即企业的主要经济收入来源。在网络时代下，商业模式创新的驱动因素在于信息技术的发展改变了市场交易结构，使企业原有价值链发生了消融，最终导致了企业价值链逻辑的动态演变与重组，从而形成了一种新的企业经营模式。因此，企业主要市场能力可以理解为是由其商业模式决定的。如图 3 - 20 所示。

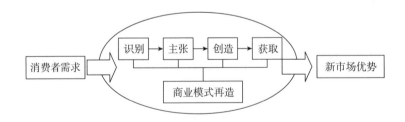

图 3 - 20　网络时代下企业的市场能力升级

在网络时代下，企业市场能力的提升也就是其商业模式的创新再造的过程。在创新动力的影响下，企业以满足客户需求为核心，以价值创造为中心进行商业模式创新，以此来实现用户与企业之间双赢或多赢的目标。商业模式创新的实质是改变和重构原有的价值逻辑链条。从系统论的角度来看，商业模式是由相互关联的要素构成的有机系统。创新商业模式的目的是增加或提高顾客满意的价值需求，即实现系统的价值主张。对于商业模式创新而言，其具体体现就是转型升级。在网络时代下，企业商业模式创新有以下几种形式：

第一，产品完善与服务优化，即通过完善原有产品来推出服务价值增加的新产品。为客户提供满意的产品和服务始终是企业赖以生存的基础，这要求企业必须洞悉市场需求与技术发展的变化等。在网络时代，传统企业要充分整合重要核心产品（其他附件），不断拓展其相关服务范围，为其他企业提供相关解决方案，从而提升自身的利润。

第二，技术升级，即企业通过采取更加先进的技术来优化产出效率。传统企业通过内部资源的有效配置，将资源集中到生产过程的关键环节上，为用户提供优质的生产服务。

第三，功能升级，即企业获得新的功能或放弃现有的功能，以增加业务的总体技巧内容。企业应借助现有网络技术采取现代营销的方式，将各种促销手段整合为一体，加强与企业内外利益相关者之间的沟通，突出塑造产品的形象、企业的形象，构建形成核心能力的资产品牌，建立长效市场竞争优势。

近年来，由于互联网技术的快速发展，市场创新作为一种新的驱动力的作用开始显现。传统市场观念认为，企业价值的创造来源于产品的基础属性。因此，传统企业可通过追求规模经济与先进制造技术在实现转型升级的同时获取市场。然而，随着网络时代产品门槛的降低和同质化现象的日益严重，越来越多的管理者意识到产品差异化是企业未来市场竞争的最关键点。这就意味着企业不仅要提供合格的产品，还要在提高用户体验的基础上，利用个性化服务的持续创新，为用户创造更多的价值。换言之，在网络时代下，企业转型升级不仅需要进行技术升级、产品转型，还需要关注企业商业模式的建设。与自主创新驱动类似，品牌服务驱动需要以用户满意度为核心，以提高服务质量为抓手，从而形成企业商业模式的比较优势。如图3-21所示。

（3）内外部主体协同发展驱动组织创新能力升级。企业组织创新是指在企业文化和组织学习的基础上，以科学的知识战略规划为需求导向，通过知识的长期积累而形成的突破性创新能力。对于企业而言，其组织创新能力具体体

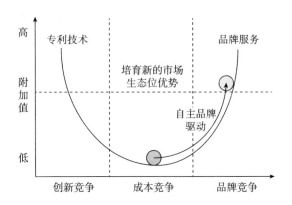

图 3-21 自主品牌驱动下的市场能力升级

现在以下四个方面：企业战略、企业文化、企业组织结构以及运行机制的创新。在企业的转型升级过程中，以上四个方面之间相互联系、共同作用。四种要素的改变将会对其他要素的运行产生影响，从而影响到企业整体转型升级的状况。除此之外，企业组织创新的要素不仅来源于企业本身，还包括政府部门、科研机构等外部环境要素。如图 3-22 所示。

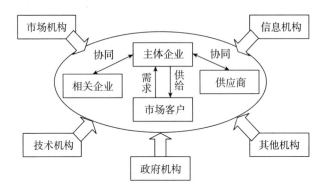

图 3-22 网络时代下企业的组织能力

总体而言，在企业转型升级的过程中，组织创新的作用就是作为催化剂连接不同的创新主体，并提供创新主体之间沟通和联系的渠道。组织创新通过不同的服务需求，将企业与政府、金融机构、高技术企业紧密联系起来。具体而言，企业的一切活动都离不开资金的支持。因此，金融机构在建立企业协同创新体系中发挥着非常重要的作用，是企业开展各项活动的基础。高技术企业与高校能够为产业提供先进的生产技术，帮助企业实现技术能力升级，从而生产更多具有高附加值的产品，并提升企业的核心竞争能力。政府通过制定协同发展政策，协调转型升级过程中不同组织的利益，为企业转型升级指南的制定提供政策指导。如图 3 – 23 所示。

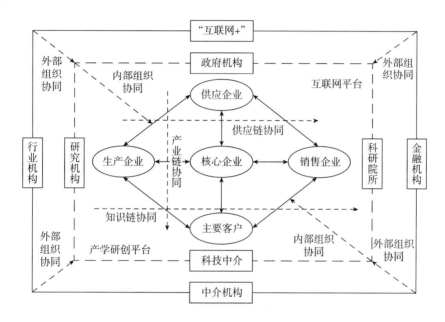

图 3 – 23　网络时代下企业的组织协同

结合前文所述，网络时代下企业转型升级的主要方向是摆脱成本竞争的低端锁定向价值链的两端发展。通过企业自主创新、自有品牌、组织创新影响下的多重驱动力量，使企业真正拥有自主知识产权以及自有品牌，最终打破低附加值产品与高附加值产品之间的壁垒，占领国际高端市场。

四、网络时代下企业的协同创新机制

协同创新的基本含义是，两个或两个以上的组织行为主体，通过创新资源和要素聚集，充分释放彼此间的创新活力，围绕关注的创新问题（如产品、生产、技术、管理等）而开展的深度合作。在企业发展的过程中，多种创新要素相互之间具有紧密的关系。例如，技术、市场和组织这三个要素有着相辅相成的关系。当创新资金增加时，创新技术研发水平将提高。此外，创新资金的增加有助于建立组织信息平台，实现不同创新主体之间信息的共享。如图 3 – 24 所示。

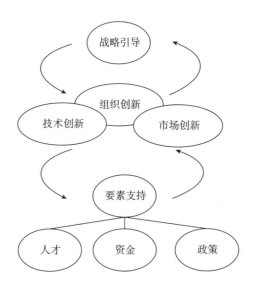

图 3 – 24　网络时代下企业能力协同模型

在企业转型升级协同创新中，最重要的三种创新能力包括市场创新能力、技术创新能力和组织创新能力，企业转型升级的发展离不开这三种能力的协同发展。此外，除了市场、人才、资金、管理、技术等创新要素的有序运行机制外，建立协同创新机制还应与适当的管控相结合。由于在建立企业转型升级协同创新机制的过程中，企业的外部环境不是一成不变的，而是随时间变化的。因此，建立协同创新机制应遵循企业的外部环境发展规律来改革企业管理模式，提高管理效率，从而保证企业具有良好的自适应性和自组织性。最终能够平衡企业协同创新机制的不变性和企业创新能力的不稳定性，实现协同创新的有序发展。

我国传统产业与发达国家相比，由于客观上存在着创新资源不足，缺乏人才、资金和技术以及抗风险能力弱等，转型升级存在着巨大困难。根据企业转型升级中的自组织特征，在驱动力阶段，通过创新驱动使企业关键的序参量——技术创新能力、市场创新能力以及组织创新能力得到大幅提升。然而，由于各关键变量之间并未产生协同创新行为，技术、市场以及组织系统之间有序度数值存在较大差异，也会对转型升级发展产生负向的影响。

因此，为成功实现企业转型升级，应该重点关注序参量之间的协同行为，结合创新驱动战略，在组织创新的基础上来构建企业技术和市场创新优势，并通过技术和市场的相互耦合，为企业发展提供更为优良的资源，从内部实现企业的转型升级。当产业中核心企业完成转型升级时，核心企业可以利用市场、技术等方面的优势，创新产品与工艺在上下游企业内快速推广，从而带动产业内其他企业对产品与服务进行升级，将创新成果转为实际生产力，从内部实现产业链的转型升级。如图 3 - 25 所示。

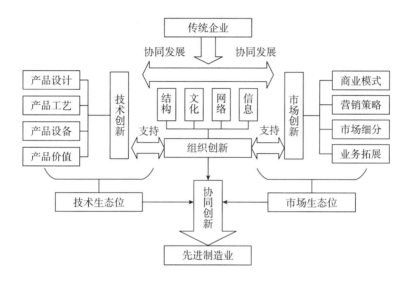

图 3 - 25　网络时代下企业能力的协同发展

在网络时代下，影响企业创新能力发展的重要因素包括外部环境、领导组织结构、长期发展战略、新产品生产技术等。其中，外部环境与生产技术是影响企业创新能力发展最主要的因素，也是当前企业创新水平提升的关键。换言之，企业创新能力的提高，依靠企业对外部市场环境中潜在需求的理解和掌握以及生产技术的变革与提升。对于企业来说，技术、市场和组织之间的协同效应对创新能力的提升具有不可替代的作用。因为，技术是市场创新的原动力，技术创新可以不断提升企业的市场竞争能力，而市场扩大会为企业技术创新提供更多的资源，并且随着市场创新的不断完善，市场资源将会成为企业技术创新的重要基础。与此同时，组织创新也时刻关注着技术、市场发展的成果，为技术创新和市场创新提供重要的支持和培育作用。

简言之，在企业转型升级的过程中，技术创新、市场创新和组织创新之间的关系会不断从纵向发展变化为横向促进，从而在转型升级的不同阶段占据不同的位置。从我国传统企业的发展过程来看，初期主要依靠技术发展带动市场创新和组织创新。在发展中期，市场是企业发展的主导力量，其提供了充足的资源来促进企业技术和组织创新。而到了转型后期，组织创新成为企业发展的关键要素，其可以带动技术和市场进行再次发展。在这种螺旋状的动态发展过程中，此三要素协同创新的程度直接影响了制造企业创新能力的高低以及转型演化的效率和成果。在协同成长阶段之后，各子系统的有序度得以进一步提高。企业各序参量之间也产生竞争—合作—协调的运行机制，基本能够实现子系统之间的相互约束、相互促进。此外，通过资源的整合不仅能够充分发挥各系统之间的独特优势，还可以实现子系统和序参量不断演化发展的自组织动力机制，促使转型升级的内部结构的形成，进而实现企业和产业的转型升级。如图 3 - 26 所示。

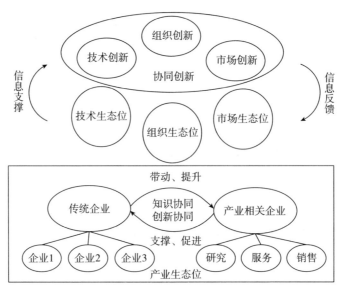

图 3 - 26 网络时代下企业转型升级的机制

企业协同机制建立过程中的主要组织力量是企业和产业相关组织，这两类协同创新主体利用所建立的协同创新机制来共享知识和信息。制造企业的发展能够带动和加强产业链相关机构的建设。产业链相关机构的发展反过来又支持和促进了企业的转型升级。

简言之，在网络时代背景下，企业协同发展的机制就是通过企业的协同管理，整合产业链条上下游利益相关者的所有信息，优化企业的资源配置。企业之间可以直接通过移动互联网或其他物联网技术进行新产品的协同设计、开发和制造。在协同创新平台上，企业可以提出产品生产过程中关键技术的改革需求和关键难点。高校和制造业科研院所通过信息平台实施这些协同创新项目，提供相应的解决方案来帮助企业积极改进关键技术，突破关键技术改进过程中的困难，解决关键技术问题，实现制造业关键技术的创新和突破。此外，在协同创新的影响下，协同组织将通过技术创新、市场创新和组织创新来促进制造企业的转型升级。最终，企业在技术、市场、组织等创新驱动影响下，驱动产业生态位的形成，实现转型升级的目标。

　　因此，结合前文所述，网络时代下企业转型升级的核心路径为创新驱动，即企业借助技术创新与商业模式再造，帮助企业实现技术产业化（技术生态位）与市场高端化（市场生态位）。通过技术、市场与组织生态位的耦合联动，转型升级的驱动力将会向 EVC 的上下游进行传递，从而形成相关的产业生态位，最终带动全产业的转型升级。总的来说，企业转型升级的机制如图 3 - 27 所示。

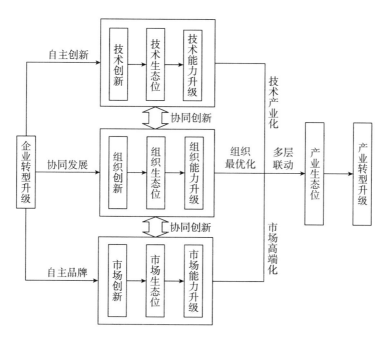

图 3 - 27　网络时代下企业转型升级的机制

第四章 网络时代下企业 转型升级的模式

　　21世纪以来，新的科学技术革命不断涌现，如全新一代的信息技术等，新的工业革命发展、新的国际分工模式应运而生。全球价值链的重组和整合，为中国企业的转型升级提供了新机会。在全球价值链分工体系中，中国大多处于劳动密集型，生产过程中附加值低，面临发达国家在技术封锁等方面的限制，需要突破全球价值链低端发展的道路，适应国际垂直专业化的新格局。

　　基于上文可知，全球价值链推动企业转型升级的作用机制分为直接和间接两种方式。直接作用机制包括垂直专业化分工、后发优势、产业关联和转移机制，即产业内部转型升级，从企业转型升级角度，把技术生态位、市场生态位与产业生态位嵌入产业转型升级的内在微观过程，通过生态位管理来实现共生产业的资源优化配置与组织行为协整，克服产业转型升级的制度瓶颈和界面割裂，打通"技术—市场—产业"通道，实现"高端产品"、"高端市场"的企业转型升级和"功能升级"、"链条升级"的中国产业转型升级。间接作用机制是指知识扩散效应、技术创新效应和外资溢出效应等。从产业外部转型升级，从产业结构优化角度，通过产业转移把中国产业结构优化的迫切需求与国家的产业结构调整的迫切要求充分耦合。通过生产转场的"腾笼换鸟"和"市场转换"的"筑巢引凤"，为中国新的产业生态位的发育提供开阔的产业发展空间，并进一步扩大中国产业与发达国家的产业级差，以更有利于产业转移的发生，为中国产业转型升级创造更大的腾挪空间和更长的周转时间。

　　然而，在向全球价值链的中高端发展的过程中，中国企业面临着越来越多的国际竞争压力，克服的困难也越来越大。所以，有必要弄清嵌入全球价值链中影响中国企业转型升级的具体因素，以找到解决问题的办法，找到突破低端锁定的方法，消除影响企业转型升级的障碍，帮助企业找到一条实现转型升级的新模式，从而实现互联网环境下企业转型升级的目标。

第一节　价值链的相关研究

一、我国企业嵌入价值链的现状

全球经济于 2008 年金融危机后开始进入了结构调整阶段，包括中国在内的主要国家都不得不面临着巨大的产业升级带动经济增长的压力。一个国家能否把握全球价值链的规律，进而推进国家产业升级已成为重要的研究课题。尽管新加坡和其他国家以及中国台湾、中国香港和中国其他地区在出口产业转型升级方面取得了良好的效果（李军、刘海云，2015），但仍有更多的迟到者被限制，或被全球价值链治理锁定在价值链的较低位置（Cramer，1999；卢福财、胡平波，2008），而实际上，仍有大量国际 OEM 企业难以实现转型升级（巫强、刘志彪，2007；卓越、张珉，2008）。

在经济全球化的局面下，中国积极参与到全球价值链中去，在提高了生产率的同时也大大开拓了海外市场，实现了经济的中高速持续增长。但是从加入全球价值链开始，中国企业一直处在全球价值链的低端位置，甚至被长期锁定在低端，也就是"微笑曲线"的底部位置，从而只能通过一些低附加值的环节获利。中国企业大多被纳入半层级型的价值链治理中，国际大购买商的市场统治力以及跨国公司的技术统治力，分别从消费和生产两个角度阻碍企业的功能升级和价值链升级（Humphrey & Schmitz，2000）。另外，企业对低成本优势的过分依赖也阻碍了中国企业实现功能与价值链的升级（Kaplinsky & Morris，2001），导致我国被长期锁定在全球价值链的最低端（Mani，2009；Srholec，2007），容易被俘获（Humphrey & Schmitz，2004），从而最终减弱甚至抹掉企业内生性知识积累路径。不仅如此，还不利于本土企业在产品设计、品牌营销等方面的升级，阻碍了中国现代服务业的发展，抑或是说阻碍了现代产业体系的完善（郝凤霞、张璘，2016），从而中国发展主动性以及发展现代化产业体系的可能性都大大降低（刘志彪、张杰，2009）。低端锁定还使我国产业不得不面对价值贫困化、战略边缘化、路径依赖、竞争恶性化等风险（胡大立，2016）。而在众多企业中，中高技术行业所面对的锁定效应会更明显（王岚，2014）。

国际代工企业的持续升级受到其嵌入的全球价值链和本土市场的双重制约。一方面，在功能和价值链的升级阶段，代工企业不得不面对核心技术和市场与全球价值链中的领先企业的隔离、订单撤回以及代工竞争等方面的控制与约束。另外，本土市场上也存在一些压力，缺乏自主品牌消费文化、受到挤压的内生市场空间等价值链外部制约都限制着代工企业。两方面的双重障碍，制约了代工企业的转型与升级（尚涛，2016）。同时，代工企业还要承受人民币升值、原材料价格上涨、贸易壁垒、反倾销等压力（毛蕴诗，2010）以及互联网对传统企业的冲击等（李唯，2016）转型升级压力。

综上所述，通过全球价值链转移的方式，中国已经被锁定在全球价值链之中。为了提升全球价值链，中国必须构建新的价值链，互联网的迅速发展提供了这样的机会。结合已有研究可知，对价值链的研究有很多，其中大部分集中在国家层面的战略布局的探讨上。相关研究的重点是促进国家间贸易合作和产业合理布局，以及促进中国对外投资等方面。但是，很少有学者深入探讨如何在互联网时代的背景下构建中国企业主导的价值链问题，也就是说，基于企业层面的研究较为匮乏，而针对经济效应的微观基础研究同样很少。目前，在全球化的大背景下，一个国家在全球经济中的竞争力主要体现在该国企业在全球市场上的竞争优势。然而，如果一家企业想在全球竞争中处于领先地位，则需要建立一个由自身主导的价值链，其中，对外投资只是一个组成要素。因此，首先要着眼于构建中国企业主导的价值链，在此基础上，加大对外投资，加快基础设施建设合作的步伐，只有这样才能使中国企业顺利实现转型升级。

二、网络时代下价值链视角下的转型升级

（1）"互联网＋企业价值链"。当今时代，产业革命、新技术革命使全球价值链开始进入重塑阶段，我国产业在走向全球价值链中高端的过程中，拥有全产业链优势、潜在软实力和先发优势等多项优势。从"互联网＋"战略开

始推行到现在，其效应日益明显，基于互联网而产生的供应链创新、平台经济、共享经济正在发挥其外部性。对于传统产业来讲，"互联网＋"可以实现其转型升级的目标；对于新兴企业来讲，借助"互联网＋"的大风可以蓬勃向上，持续发展；而对于创新企业来讲，随着"互联网＋"的普及不断，各类中小企业应运而生。从本质上来看，"互联网＋"可以被认为是传统产业的数据化和在线化，各个环节的互联网是其在价值链层面的表现。具体为：消费者上线之后，就开始了整个环节，从销售消费到客户服务、营销推广、原材料采购、设计生产，从 C 端逐渐渗透到 B 端，如图 4 - 1 所示，最终实现企业价值链的逆向互联网化。我国的一大优势是涉猎了大多数行业，且拥有较完整的产业链与生产链，这种优势是那些已经将生产环节转移到发展中国家的发达国家所不具备的。全产业链的优势体现在其不仅可以迅速地向需求导向型生产模式过渡，而且无论是对哪一环节的创新都有利于整体效率的提高。而且，如今的中国制造在家电、服装等传统产业中逐渐失去了低端的标签。此外，在新能源汽车、装备制造等高端产业中，中国制造正在逐步向发达国家靠拢，努力赶上并超越它们。如图 4 - 1 所示。

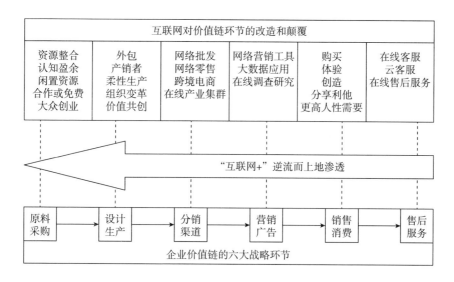

图 4 - 1　"互联网 + 企业价值链"

互联网促进了组织形式和生产模式的重大改变。随着国际分工的不断深化和中间产品贸易的不断扩张，互联网在嵌入全球价值链中的作用越来越重要。

互联网的发展增加了各国在全球价值链中的参与度，延长了全球价值链中参与长度，并有效缩短了各国在全球价值链中最终需求之间的距离。在全球价值链升级的过程中，后发国家可以充分利用互联网成为全球价值链的发现者、集成商和领导者，改善国内外价值链和全球价值链的分工。在全球价值链的不断塑造和改革升级中，扩大国内贸易的广度和深度，增加其百分比，实现自身转型升级（韩剑等，2018）。

（2）构建区域价值链。作为全球价值链的一部分国家/地区产业，其产业升级可以被视为整个价值链或国家/地区/公司/产业的不同价值链之间的攀登过程。产业升级是公司从低利润或劳动密集型实体发展成为资本和技术密集型实体的过程（Gereffi & Tam，1998）。以东亚制衣业为基础，Gereffi（1999）从价值链的角度研究了产业升级，他将产业升级定义为从低附加值活动过渡到高附加值活动的过程，是一种价值链上的攀升。也有学者进一步提出，从要素结构来看，传统工业产业和世界先进产业的地理位置分布呈现出雁阵的格局（Ozawa，2005）。正是因为这种全球价值链的雁阵模式为产业升级提供了动力和潜力（刘仕国等，2015）。雁阵格局的形成，不仅存在于各个领域、各个行业，而且也存在于特定的价值链或是说特定的产业中。发达国家在知识密集型和技术密集型产业占据主导且主动的地位，而新兴经济体在劳动密集型产业占据主导且主动的地位。在某种程度上，追赶国家/跟随企业发展，就是要重走发达国家的老路（宋泓，2013）。这种模式本身具有巨大的后发优势，国家/企业不必花费大量的探索成本来选择战略方向，且可以借鉴技术和经验，更不用说迷失战略方向了。同时，全球价值链可以推动产业产出的升级、技术和生产组织的改善（刘仕国等，2015）。

（3）升级产业价值链。在过去的时间里，中国一直奉行优先发展制造业的传统工业化理念，始终倾向于以较低的劳动力成本融入全球价值链体系。信息化与工业化的紧密结合，彻底改变了产业发展面临的国际国内环境。党的十九大报告指出，推动中国产业向全球价值链中高端迈进，也是我国经济领域的主要任务和重大任务之一。

企业是整个产业中最基本的单元。为了提升当地经济的产业水平，有必要提高该地区相关企业的整体营利能力。从产品的角度来看，我们需要提高附加值，提高产业链每个环节的附加值（毛蕴诗，2012）。全球价值链为企业转型升级的研究提供了新的思路（汪斌、侯茂章，2007）。发展中国家企业从全球价值链中得到了发展的机遇，但同时全球价值链也给它们带来了风险（张辉，2006）。有学者认为，对于发展中国家而言，升级其本土企业是一个快速的过程，也是一个能够自然、自主完成实现的过程（Gereffi，1999）。但是，另有一些学者认为，发展中国家的企业被局限在了价值链治理模式之中，而且发展中国家的企业通常被嵌入跨国公司所掌控的全球价值链中，自动升级过程实际上很难实现，因为从事低端制造业的发展中国家很难获得自主创新能力，在价值链中实现攀升则更加困难。在全球价值链中，被锁定的关系使企业在非生产领域的提升很有限，仅在生产领域内有较快的提升（Schmitz，2004）。

我国的经济发展长期以来一直处于价值链的中低端，并且以低附加值和低利润的加工和制造业为主导。企业可以在上游拓展设计和开发环节，或者在下游延伸营销和品牌环节，实现提高附加值的目的，并努力达成企业的转型升级。此外，企业转型升级不能仅仅局限在提高各环节附加值和获利能力上，还应该着眼于提高生产效率和生产率方面。提高生产能力，减少投入和损耗，从而从降低成本的角度来增加价值（毛蕴诗、熊炼，2011）。要利用信息化、智能化手段，改变生产方式，提高生产效率，创新服务方式和服务理念，使公司能够通过服务来提高其专业化程度，并通过扩大服务规模和服务水平为发展奠定坚实的基础。

（4）打造创新价值链。创新价值链的打造被划分为两种类型：第一种是从创新价值链的较高端位置进入，开始于源头创新，沿着价值链，逐步延伸发展为整个价值链的创新，其理论基础为竞争优势理论，该理论强调先要掌握核心资源以及核心研发技术，进而决定创新网络并控制分工的格局。第二种是从创新价值链的中低端位置进入，通过模仿创新的方式，沿着价值链向高端延伸，这种被称为基于成熟技术创新来探索模仿创新的过程，是基于比较优势理论的创新，主张在承接一些创新服务外包业务的同时，在过程中习得信息和技术，实现知识外溢。如图4-2所示。

战略创新人才是打造原发型创新价值链的重中之重，而这类高端人才位于"金字塔"顶端位置，且其中的绝大部分都来自国内外一流的重点实验室、其他先进的科研机构以及高水平的院校。值得一提的是，这些机构也可以衍生出许多优秀的创业企业（任志成，2013）。对于这一类型的价值链的打造来说，虽然其战略创新的潜在收益很高，利润率也十分可观，但其研发周期较长，且风险较大。相反，创建模仿型创新价值链所需的大多数人才都位于"金字塔"的中部和底部，可以分为管理人才、营销人才和技术人才。虽然这种方式缺乏顶级资源，但由于具有一定的创新成本和人才套利交易成本的显著收益，将模仿创新整合到价值链中可以实现快速创新和收益。不过，其缺点也很明显，利润空间比较有限是其难以避免的问题，而且模仿型企业有很大的可能被被模仿的企业制裁，技术锁定、陷入低端俘获等措施使模仿型企业有成为研发企业的加工厂的风险。

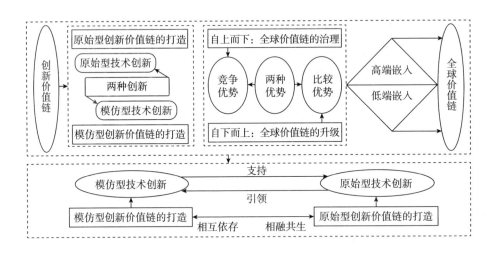

图 4 - 2　打造创新价值链的两种途径

随着知识经济、信息经济以及创新环境不断改变的环境冲击，原本通过模仿创新而打造价值链的方式逐渐开始弱化，反而是基于创新源头探索原始型创新的价值链打造模式越发重要。对于后发国家来说，如果想要在竞争日益激烈、顾客需求日益多变、分工持续重组的国家形势下，对先发国家追赶并实现赶超，实施模仿型创新战略和后发优势战略到一定阶段后，要不得不面对适时转换为原始型创新战略和先发优势战略的局面，只有这样才能抓住对新技术的主导权，打造全新的价值链。中国的创新不应该局限于上述任何一种模式，而应该结合自身资源条件，在借鉴两者的基础上，探索出一种适合中国国情的、具有中国特色的创新价值链打造模式。

（5）价值链、创新链、产业链的协同发展。放眼全球，国家之间的经济竞争已经不再局限于单个企业或者单个产业链之间的竞争的叠加，或者说停留在价值链、创新链的静态竞争阶段，而是逐渐演化为三链融合的博弈，所以只有将三链动态融合，使各个环节深度整合和融合，企业、地区乃至国家才能够有效提高自身优势。

目前，国内外研究主要偏重于双链融合，即创新链和价值链或者产业链的融合，而针对三链融合的研究相对较少。对价值链的分析、对产业链的布局以及对创新链的设计都是促进三链融合的逻辑重点。在实践过程中，三链融合的核心问题是，在产业链的节点上存在着价值传递和创新流转。对于国家和区域来说，对三链融合实质的研究，不仅能够推动产、学、研、政、资、企一体化创新体系建设，而且也是推动政府对整个产业链进行检验与升级，实现科技创新资源的合理配置，制定区域新兴产业发展规划和传统产业升级规划。对于企业来说，研究三链整合的实质，就是通过对产业发展的各个环节和要素的分析，找出制约发展的关键问题和薄弱环节，并逐个突破，而且加强三链关系有利于企业创新发展模式，提高整体竞争力。总之，三链融合有利于企业和产业实现转型升级，是对创新驱动发展战略的落实，最终提高区域和企业的整体竞争力。

作为新兴产业发展的关键组成部分，创新显著表现出了连续性、互动性和系统性。随着知识生产和经济活动的不断融合，由于经济活动和知识生产的持续紧密结合，创新逐渐升级为相对完整的创新体系。增值反映了价值链的核心思想，创新与价值链的有机结合通常体现在包括价值形成、创新活动的增值过程以及相应的组织结构等环节中（张晓林等，2005）。现代企业的重要竞争战略就是价值创新，以价值链的价值创新为基础的价值创新可以通过两种方式实现：一种是重建内部价值链；另一种是整合并延伸外部价值链（张伟靖，2014）。坚持创新驱动，视创新为高质量发展的第一动力，这也意味着务必要重视创新链、产业链和价值链的整合与融合，以实现科学技术创新为重点的全面创新为最终目标，并帮助企业实现转型升级。

第二节 网络时代下企业转型升级的模式

随着互联网的普及，互联网技术与传统制造业逐渐融合，对于制造业来说，"互联网＋"是突破困境、获得新生的重大机会，同时也倒逼传统制造业企业进行转型。第一，互联网促进制造企业制造方式的转型升级，能够通过优化研发、制造流程，实现柔性化生产等，提升生产效率和创新流程，重构企业价值链，实现向价值链高端跃迁。第二，互联网促进制造企业管理方式的转型升级，互联网共享性、时效性、互动性的特点使企业的沟通更加流畅，企业管理结构也由金字塔式、命令式向开放式和协作式过渡。第三，互联网促进制造企业服务方式的转型升级，使制造企业价值链与服务价值链相互渗透及增强。因此，从企业角度来看，新形势下的制造业必须运用互联网技术进行转型升级，通过价值活动与大数据、云计算、物联网等技术的结合，推动企业向智能化、数字化、协同化、服务化转型。

然而，不同的企业实现转型升级的模式是不完全相同的。随着经济新常态的到来，现有企业的转型升级不仅面临着一些挑战，如人力成本不断上升、退出风险越来越大，而且也面临着一些不可多得的重要机遇，如人力资源红利的出现和释放、不断显现的质量效应。新兴国家的企业升级不能完全依赖和遵循发达国家的模式，即使不同新兴国家处于相近或者相似的经济环境中，由于各国所处的发展阶段和市场环境的差异，企业的转型升级也不太可能相同。所以，在学习其他区域的转型升级模式和方法的时候，中国企业需要结合我国的基本国情，清晰自身定位，抓住身处互联网时代的重大机遇，努力提高自身的创新能力，自主转变原有的发展模式并主动适应经济新常态下的宏观环境变化，探索适用于我国企业转型升级的独有模式。

基于此，企业应选择何种路径进行转型升级是一个值得探讨的问题。首先，在互联网飞速发展的时代，企业基于自身持续发展的需要，或者受所在行业的竞争者普遍基于互联网进行转型、政府政策红利或技术更新迭代等的外部刺激而产生转型升级的动机，并决定基于互联网进行转型升级。其次，在逐渐普及的互联网技术作用下，企业通过自身资源、企业能力以及结合外部环境所产生的权变关系，确定适合自己的转型升级模式和路径，这些路径与"微笑曲线"的变化相匹配，形象地反映出了企业转型的路径及所获得的附加值增值。

结合上文对企业转型升级的分析，进一步总结出现阶段在网络时代，基于企业转型升级能力模型进行转型升级的主要模式。总体而言，对于企业提升价值链嵌入位置的具体路径，企业可以逐步提高能力，并在流程升级、产品升级、功能升级和价值链升级的路径上嵌入更多高附加值的部分。企业价值链内在地位的升级可以沿着从 OEM 到 ODM 再到 OBM 的成长方式，重点是从研发制造到品牌营销的升级。依据资源和能力情况，企业可以选择深度嵌入价值链、向价值链上下游拓展和嵌入新价值链三种模式，实现在价值链上的转型升级和附加值提升。

一、价值链单侧或两侧同时上移的转型升级模式

1. 创新能力升级

目前，我国大多数大型企业普遍存在轻部件研发和微设计、重材料加工和轻组装的行业现象。许多大型企业在生产产品所需的一些关键技术或者关键零部件仍依赖于国外产品进口，从而导致在销售此类产品时还需要向一些外商公司交付高额的技术专利费，因此企业最终获得的利润较低。所以，对于一些长期缺乏自身核心关键技术且对国外进口依赖程度高的大型企业，加强技术经验积累、提升自主创新能力、突破企业关键产品零部件技术壁垒等手段是企业转型升级并且可持续发展的重要实现路径。

在网络时代下，大数据、物联网、云计算等互联网技术是进行数字化协同研发设计的助推器，有利于制造企业提升研发设计能力，增强企业创新能力。另外，在产品的研发设计中注入互联网思维也有利于企业的互联网转型。大部分企业生产的产品都存在市场需求，而企业间竞争力的区别主要来源于使用的工具、思维和经营模式，转型升级就意味着用创新的思维和更先进的工具贴近用户的需求。

在互联网情境下，创新能力模式为：企业通过引入先进的互联网技术改造现有传统技术，从而实现产品的材料、设计等价值链前端的技术升级（技术

生态位）。该路径需要企业拥有充足的资金以及专业的研发人才。同时，对研发的失败有一定的承受能力，因此对于本身就具有技术创新能力优势的企业可以在互联网的推动下完成技术突破，实现关键零部件的自我研发。另外，大部分企业也可以在研发设计时结合互联网思维，使产品更具技术含量，更加符合市场的需求。

2. 智能化升级

智能化生产能力一直是我国企业实现转型升级目标的重要驱动因素之一。制造环节和加工生产环节虽然是传统企业内部价值链中一个不可或缺的部分，但在我国传统的企业价值链中，由于制造环节本身缺乏专业技术含量，且大多数存在于劳动密集型的企业，因此，其对应的产品附加值较低。在信息网络时代，智能制造是当前促进我国制造业企业高端技术转型以及结构升级的重要发展方式。智能制造是指运用新型信息处理技术，结合传统智能化与自动化的工艺以实现技术高度智能化、自动感知、自我自动诊断、实时交互、高度优化、精准高效执行的工业生产管理模式，并最终实现制造工艺设备和产品生产线的高度智能化。智能制造的模式建设能够有效促进我国制造企业实现智能、高效、协同创新发展，提高企业生产经营效率并改善产品质量。对加速传统生产技术模式向技术密集型模式转变，实现产品智能制造以及加工各环节的高效优化运行具有重要意义。

智能化制造模式的主要特点有：制造企业通过前期战略规划和对生产性能的评价，进而引入更多符合现代加工生产管理需求的智能化制造设备或技术，从而改进企业现有制造条件，推进生产线与设备之间互联互通，实现对企业制造设备和生产线技术的改造。通过配合科学的生产管理控制理念和规范的生产操作管理制度来确保制造设备高效安全运行，使原来一直处于价值链低端的企业加工、生产、制造等各环节的附加值水平得以显著提高，进而增加整个企业的利润。然而，通过不断增加智能设备以及技术智能化应用等来实现企业转型升级的手段，只适用于企业的初期发展阶段，且仅仅局限于产量和规模有限、资金不足的中小型制造加工企业。而生产量和经营规模较大的制造企业则可以在现有智能化制造设备的应用基础上，进一步构建智能制造工厂，从而谋求更高技术层次的企业转型升级。

3. 商业模式升级

对于一些技术创新、转型升级能力相对不足，或者在价值链中上游位置技术提升空间小的传统企业来说，可以利用信息技术增强产品营销，从而进入终端服务的核心环节，以此快速达到企业转型升级的目的。相对来说，这是一条较容易实现的发展路径。电子商务平台作为目前最经济有效的商业模式之一，其廉价、便捷性一度对我国传统制造业发展造成了巨大冲击。在移动互联网的迅速普及下，企业也逐渐开始将电商服务平台发展带来的危机视为一种企业发展转型的机遇。一方面，借助平台的电子商务交易模式，可以有效地减少客户与企业之间的沟通环节。另一方面，通过对全国电商平台系统中用户销售行为数据的深入挖掘和综合分析，可以更加准确地了解具体用户的销售行为，从而优化产品生产成本预测、产能管理等环节，最终促使电商产品及其营销服务方式更加贴合广大消费者的实际需求。

企业的电子商务平台主要体现为通过自主投资建立个人销售服务平台和直接利用他人拥有的销售平台这两个基本模式。一般而言，针对企业的大客户，大多数企业会采用自主研发建立电子产品销售服务平台的营销模式。目前，许多设备制造商和企业已经开始积极利用移动电子信息商务平台迅速扩展销售服务渠道，以逐步加强与移动终端销售客户的信息沟通和业务联系。这一应用模式对我国制造企业在技术支撑方面的人力资源配置要求不高，易于实现，且使用风险较小，适用于在我国服务化应用领域还只是处于初期起步阶段的制造企业。商业模式转型升级的主要形式表现为：传统企业通过直接加入电子商务平台来快速扩大产品销售网络渠道和服务范围，进行企业多元化市场营销。在此期间，企业不断提升售后服务管理水平，从而快速实现企业转型战略升级。企业在"微笑曲线"的主要表现为下游营销、销售和客户服务环节的绩效提升。

除此之外，企业应该融合以上模式，提供优质的整体解决方案，最终促进企业整体的转型升级。随着信息的高速传播，行业内产品同质化现象日益严重，产品差异化程度成为竞争力的源泉，因此提供整体的解决方案成为企业面向客户转型的重要方向。在互联网的促进下，整体解决方案的范围和信息化程度增高。整体解决方案不仅包含了产品的制造与销售，还包含了技术咨询、金融政策、维修保养、使用培训等相关的衍生服务。换言之，整体服务方案是企业升级模式的最终整合，决定了企业升级模式效率。具体来说：

企业为终端客户服务并提供一套整体服务解决方案象征着企业经营管理逻辑由传统产品经营模式到"服务产品＋客户服务"经营模式的转变。这种转变要求一个企业必须以相应的人力资源和服务能力为基础，并且具有灵活、高效的经营运作管理模式，并以一定数量的终端客户需求群体作为前提。首先，企业应该收集企业客户的真实需求信息，了解客户的真实服务想法，找出现阶段企业服务的潜在缺口。在移动互联网的帮助下，与企业客户之间建立长期、有效的业务沟通，以期获得更大的商业价值。其次，企业内部应当利用移动互联网信息技术充分地整合企业价值链的相应环节，并以此来提升企业产品及服务的附加值。使其从设计、制造和销售的各环节紧密结合，共同努力构成一套完整的企业服务方案。相应的"微笑曲线"表现为两端同时提升，形成高、窄状的新曲线，形成高附加值的新价值链，从而实现企业的转型升级。如图4-3所示。

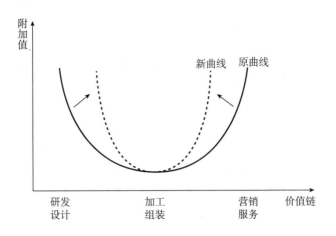

图4-3 价值链单侧或两侧同时上移的转型升级模式

二、价值链整体上移的转型升级模式

随着市场经济的快速发展，人们对产品消费的价值观念也随之发生了很大的转变。市场用户不再仅仅局限于消费产品自身的实用功能，服务逐渐发展成为广大顾客密切关注的焦点。在传统制造业中，以原料加工为服务中心的产业界限逐渐模糊。制造业与现代服务业的相互依赖性和相关度得到不断加强，制造业与现代服务业的深度融合发展成为现代生产加工企业的新核心竞争力和优势。在整合资源过程中，企业首先需要分割自身核心价值服务活动，识别并充分保留自身原有核心优势服务环节。其次需要突破原有产业边界，对两个不同产业的原有核心经济活动价值进行二次优化整合重组，形成一条覆盖两个不同产业的新产业价值链，使原有产业价值链整体向上移。原有产业渗透分化后的边界需要运用"互联网＋"来促进制造业价值活动与服务业价值活动的融合，互联网技术像强力黏合剂将制造业和服务业黏合，提升了两大产业的协同性，推进制造企业的价值创造。

1. 定制化与规模化融合

在传统的企业生产经营模式中，生产厂商与市场消费者之间往往存在一种涉及空间、时效、信息等诸多方面的不平衡对等关系，一部分生产企业按照自己的市场预测进行研发方案的设计以及安排产能。在整个企业价值链中与消费者几乎没有直接的利益联系，生产的各类产品很难满足消费者的消费需求。在这种以企业为中心的 B2C 模式下，企业只能依靠累计销量来预测和安排产量，不能具体满足客户的需求，容易造成库存积压，加剧同质化现象。随着互联网缩短了生产者与消费者之间的距离，使双方能够快速、及时地沟通，并逐渐缓解了制造商与消费者之间的信息不对称，基于 C2B 的大规模定制应运而生，成为企业服务转型的一种新模式。

在大规模定制的模式下，厂商可以利用信息技术使自身价值活动与消费者紧密联系，以消费者需求为导向。客户可以参与到产品的研发设计中，厂商只需按照顾客的订单组织生产，通过柔性制造、信息技术等实现产品多样性，完成个性化需求产品的规模化生产。这种以消费者为驱动，利用互联网技术的转型模式，使生产过程更加灵活高效，保留了规模化生产的低成本优势，省去了生产企业与消费者之间的许多中间环节，降低了库存成本，提高了企业对市场的反应速度和效率产品的迭代速度，使企业能够推出种类更齐全、应用范围更广的产品，最终增强了企业在市场上的竞争优势。

在企业个性化与规模化的整合中，客户订单驱动着企业的研发设计和后续价值活动，这是一种综合考虑客户个性化需求、制造商生产效率和市场环境的信息化批量生产模式。适用于自主创新能力强、生产能力和工艺灵活的企业。第一个模拟考试是企业以定制服务为突破口，通过大数据和云计算让客户参与价值链的研发设计，降低设计门槛。具有较高附加值的设计，由于制造过程反映了用户的真实需求，而生产环节处于价值链的最底层，因此降低了设计的附加值。定制化与规模化融合已成为产品生产过程中最重要的环节，其科技含量和相对附加值都有了很大的提高，甚至可能成为整个价值链中附加值最高的环节，彻底扭转"微笑曲线"。如图 4-4 所示。

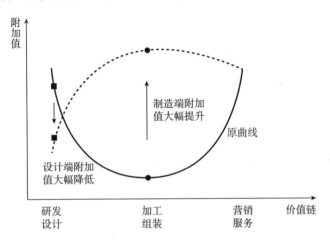

图 4-4 定制化与规模化融合模式下的"微笑曲线"

2. 构建智能化工厂

智能化工厂以数据为驱动，通过建立智能化系统，构建个性化、数字化的灵活生产模式，实现整个生产制造流程的智能化。智能工厂必须具备实时数据可视化、设备互联互通、融合精益生产理念、广泛运用工业化软件、柔性化生产等特征，在生产线规划、物流、检测、质量和设备管理等环节与生产过程形成闭环。虽然企业建设智能工厂的动机各有不同，但通过构建智能工厂，基本可以解决生产效率、生产成本、生产安全、产品质量及可持续性等问题，提高生产过程的可控性，加快市场响应速度，增强竞争优势。

企业应根据不同的内部资源和环境，根据企业的发展现状和实际需要，确定智能工厂方案。企业可以基于生产过程的任何一个环节灵活建立智能工厂，逐步实现设备和生产线的智能化、物资资产的互联互通。此外，智能工厂并不意味着工厂无人管理。人仍然是工厂运作的关键，但当与互联网技术相结合时，会导致分工的变化。一些简单、重复、危险和有害的工作将被机器人和其他技术取代，但一些其他工作可能会因新技术的使用而得到加强。因此，高端技术人才在智能工厂的建设中是非常重要的。

智能化工厂模式表现为企业通过收购、企业间合作、自主建厂等方式建设智能工厂，以减少占地、节省人力、提高资源利用率，使价值链中端制造加工环节的附加值得到极大提高。此外，智能化工厂还具有柔性生产能力，价值链前端的研发设计环节能更好地适应定制化、小批量等特种设备，同时智能工厂的先进设备和技术能为用户提供更多的相关服务，保证其在行业中的领先地位从而促进品牌的建立。相应的"微笑曲线"表明，加工组装活动的急剧上升导致上下游的研发和营销活动相应增加，整个曲线变得相对平坦。如图4-5所示。

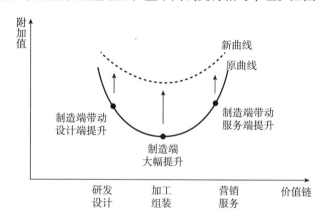

图4-5 智能化工厂模式下的"微笑曲线"

3. 构建工业大数据服务平台

工业大数据是指工业设备在信息运行过程中产生和存储的海量数据。这些数据来自价值链的各个方面。随着信息化范围的逐步扩大和时间维度的逐步延伸，制造业企业积累的数据量、类型和复杂性呈爆炸式增长。因此，利用这些海量数据为企业带来更大的市场竞争优势是企业转型的一个方向。通过信息技术与生产数据的开发、存储、管理和分析相结合，企业不仅可以提高自身的生产效率，还可以为客户提供一系列的增值服务，使价值来源向软实力倾斜。

建立产业大数据服务平台的转型模式要求企业具备数据存储的配套设施，具备对各类信息的处理能力，具备对采集存储后的信息进行处理和分析的能力。大数据服务平台模式的主要表现是：企业通过信息技术为用户提供更有价值的服务，提升了价值链的服务端价值。随着行业数据数量的不断增加和企业数据处理能力的逐步增强，行业数据还可以促进前端研发和中端环节制造的发展，从而提高运营效率。提升价值链中前端的附加值。因此，"微笑曲线"在下游表现出明显的增长，同时带动了前中游曲线的增长，曲线呈向左倾斜的不对称形状。如图4-6所示。

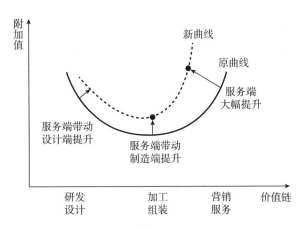

图4-6　工业大数据服务平台模式下的"微笑曲线"

4. 设计O2O商业模式

互联网的发展带来了以O2O为代表的线上服务行业的繁荣，近年来，它的市场规模迅速扩大，成为我国新形势下经济的重要组成部分。O2O即Online to Offline，是在线下进行互联网的线上运营，使之成为线下交易的主要平台。O2O模式在消费性服务业活动中具有十分积极的作用，在我国传统服务业亟须转型升级的形势下，以O2O为代表的线上服务类行业的迅速发展为我国经济的高质量转型提供了路径。O2O平台对我国线上服务业的发展具有三个方面的促进作用：首先，O2O平台实现了低成本接近高价值客户。传统的战略思维及营销模式获取用户的成本比较高，尤其是高价值用户。但O2O模式可以对商家进行追踪评估，通过统计分析订单数据来跟踪客户，用较低成本将高价值客户同一般客户区分开，为高价值客户提供个性化服务，从而追求利益的最大化。其次，O2O平台实现了低成本细化市场和产品多样化。通过O2O平台的搭建，客户可以与商家进行有针对性的商业交流，将自己的要求与建议反馈给商家，与商家建立具有某种特定价值倾向的关系，商家也能更好地维护和拓宽客户，通过大大降低成本来实现市场细化。同时，O2O模式是品牌创新的平台，能及时分享线上线下的信息并增加体验环节，消费者能充分体验线上品牌的可靠和优惠，同时也能够带动线下品牌的发展和加强。最后，O2O 通过服务差异化来释放增值潜力。先进的企业在合并纵向产业链的过程中，根据需求不同来细分客户，对服务进行升级和转型，依靠 O2O 进一步扩展服务，注重服务的附加值，降低服务成本。在服务升级过程中，O2O 模式对品牌的创新和发展起到了决定性作用，O2O 模式满足了客户的不同需求，为消费者的个性化需求设计服务或产品，实现客户需求与商家服务的有效吻合，增强两者的合作，开展有针对性的服务实现服务差异化，达到提高产值的目的。

O2O 商业模式的主要表现为：制造企业价值链的重构主要是基于前端的研发设计和后端的营销服务。在价值链的后端，企业已经改变了基于渠道的大规模沟通模式。企业利用贴近客户需求的网上发布信息，拓展销售渠道，通过大数据和社会化实现精准营销，通过线下相关服务提升用户体验，从而在营销端获得更多附加值。在价值链的前端，由于与客户的距离较近，企业能够更快、更全面地了解客户的需求，有利于促进企业开发设计用户更满意、更需要的产品，提高研发设计的思维和能力。同时，通过在线平台收集的消费者行为数据有助于企业了解用户偏好，从而更有效地安排产能，也提升了制造端的价值。而下游的曲线则会变得更陡。如图 4-7 所示。

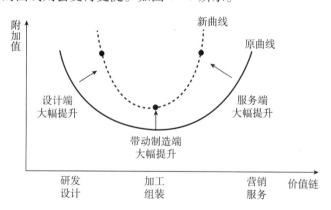

图 4-7 O2O 商业模式下的"微笑曲线"

三、价值链叠加的转型升级模式

随着传统制造业与信息产业的不断融合，产业链的参与者也在逐渐增多。没有一个企业能够保持主导地位，控制价值链的方方面面。任何一个企业都不可能在产业链中独善其身。集团供热已成为行业重要的生存法则，构建自身的生态价值链已成为新的发展方向。企业生态价值链是指企业与个体价值链中其他相关主体交叉融合互动，整合个体价值链优势，形成分工明确、相互依存、互利共赢的复杂生态系统。

互联网的迅速发展和普及促进了企业生态价值链的建立。企业一方面致力于满足消费者的需求，另一方面致力于企业制造模式的转变，以获得最大程度的竞争优势。然而，随着消费需求的特殊性和复杂性日益增加，企业仅靠自身的价值链很难完全满足消费需求。企业必须构建一个由不同职能和角色的个体组成的价值链生态系统，为消费者创造更全面的价值。另外，随着互联网技术的发展和应用，信息能够在市场参与者之间快速、方便地传递，大大降低了企业之间的沟通和交易成本，促进不同价值创造主体之间复杂的联系与协作更加紧密和频繁。

价值链生态系统的创始者构建了一个具有开放性、合作性、复杂适应性和自组织性的生态系统，并充分利用生态系统中的个体价值链赋予自己的价值链，从而获得持续的竞争优势。适合资金实力雄厚、人才保障充足、客户资源丰富、品牌优势好的大型企业。基于价值链叠加模式的主要表现是，企业可以在自身价值链的基础上，通过投资、战略联盟等方式叠加其他企业的价值链，在相互影响、互利共赢的影响下实现转型升级。价值链生态系统中的附加值是每个价值链的最高附加值点的集合，相应的"微笑曲线"从单个曲线变为多个曲线的最高附加值点的集合。如图4-8所示。

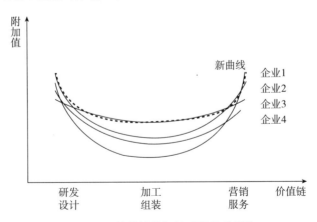

图4-8 价值链叠加的"微笑曲线"

和利用全球的先进生产要素，跳出低端俘获的陷阱（张少军等，2013）。依托新构建的国家价值链体系，孵化一批技术型企业，在技术领域取得核心优势或依靠技术在高附加值产品环节集聚竞争力，推动企业向科技型、创新型企业转型升级。与周边新兴国家合作建设 RVC，通过信息搭桥、资源对接、环境培育，互补利用、互利共赢，进一步吸纳具有相似背景和发展需求的国家，整合全球资源，最终建立国家间的协同效应价值链和区域价值链，并直接嵌入全球价值链的高端环节。因此，中国将有机会从 GVC 中的技术落后方利用 RVC 作为跳板，逐步渗透并控制 GVC 的高端环节。

4. 基于产业价值链视角的企业转型升级思路

代工企业为中国打开了世界分工体系的大门，也导致了国内东中西部的发展差异。与此同时，中西部地区的企业同时被限定在资源输出、劳动力输送的产业价值链末梢。同时，受到资本逐利性的驱动，资金、人才大量从中西部地区流失，中西部地区企业控制市场的能力非常有限，产业价值链的分工不同导致中西部地区企业与东部地区企业的差距急剧拉大。为了缩小国内企业之间的差距，推动中西部地区企业转型升级，国内产业价值链的重塑势在必行（张玉杰，2005）。因此，企业转型升级即意味着产业价值链的升级。如图 5 - 10 所示。

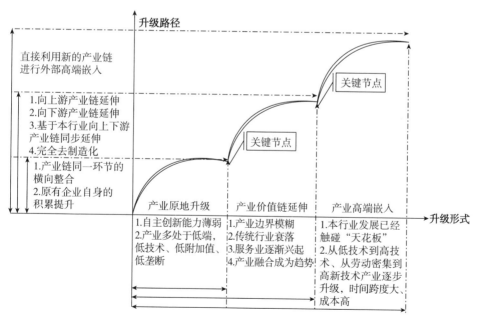

图 5 - 10　基于产业价值链视角的企业转型升级路径

（1）产业链原地升级。一是同一产业链的横向整合。产业链横向整合能提高市场的集中性，带来丰富的技术经验、管理方案和市场实践，有效地提高与上下游企业之间的谈判能力，从而改善原"微笑曲线"的陡峭程度和增值能力。这既包含了产业价值链相对高端环节企业之间的横向整合，又包括了相对较低端的环节企业之间的横向整合。二是原有企业自身的积累和完善。企业自我积累的途径是技术更新、工艺更新和产品更新。其中，流程再造强调以关注客户需求、追求客户满意为目标，对现有业务流程进行重新考虑和再设计，运用现代管理手段实现管理职能的整合；运用先进的技术手段，实现管理职能的整合和技术功能的整合，建立一种新的面向过程的组织结构来取代传统的功能性组织结构，使企业能够降低成本、提高质量、优化服务、提升速度。

（2）基于新的产业机会的跨业转型，实现产业链延伸。从某种意义上说，当一个行业发展到某种程度后，企业往往会发现该行业的继续开发空间是有限的，甚至会发现这个行业的前景是不容乐观的。当与该行业有关的一个行业出现了风口或者极具前景时，企业就能抓住这个机会来进行战略投资（金碚，2011）。其中，不同企业的转型程度、方式也各不相同。跨界转型可以完全放弃原产业，整体进入新产业，也可能是在原有工业的基础上进行加法，在新产业的基础上进行融合。目前，企业跨界融合转型已成为一种常态，信息时代的来临使产业界限得以延伸并逐步模糊，为企业的跨界提供了大量的技术支持。现有企业在碰触到新的产业时，就能延长企业的生命力，从而实现产业价值链的延伸。

综观当前的全球汽车市场，产业之间的界限越来越模糊，呈现出诸多产业深度融合的发展趋势。任何一个产业都必须进行深度整合来带动产业创新，实现产业价值链的延伸。产业价值链的纵向延伸就是不断向产业价值链中的高技术（知识）含量、高垄断性和高附加值环节转移和提升。可以细分为以下四种：

1）向上游产业链延伸。即产业链中的制造企业进入产品链的研发、设计和规划等上游环节，促进产业链的升级，从而实现上游产业链的高端化（吴洪宇，2015）。这条路径的重要内容是提升与其核心竞争力紧密相关的研发设计水平。上游价值链高端化的生产企业，不再以产品为主要利润源，而是以销售、研发、设计和策划咨询服务为主营业务和收入来源。除了提供企业研发服务外，还可为第三方机构提供相关的咨询计划、研发设计等服务，为企业在未来的更高层次服务提供技术支持。一般而言，上游产业链延伸的发展比较适合于那些希望在技术上积累、逐渐实现高端服务的企业。但是，此条路径也存在明显障碍，那就是要求生产企业有着非常丰富的资金和专业技术人员，在抵抗市场危险的同时，还要有科技成果的转化能力。

2）向下游产业链延伸。根据"微笑曲线"的价值链分布，制造企业不但可以延伸到产业链的上游，而且可以延伸到下游。制造业企业为实现下游产业链的上升，必须加强对下游产品链的干涉力度，包括营销管理、品牌经营和产品延展服务的管理（秦家良等，2018）。向下游的产业链延展是基于生产服务系统的定位，企业发展的重心是品牌管理。随着"微笑曲线"右端的不断上升，制造企业可以通过为客户提供多样化的产品，巩固制造环节，创造品牌优势，提高产品附加值。随着"微笑曲线"的不断增长，制造商可以通过提供不同的产品，巩固生产环节，创造品牌优势，提高产品的附加值。对于生产企业而言，下游产业链的高端升级要求较低，实现能力强，风险低。

3）基于本行业向上下游产业链同步延伸。企业在实现产业链上游转型升级的同时，也可以实现产业链的高端化。企业一方面要加大对生产性服务业的投入，另一方面也要加大对营销网络、品牌建设等业务的投入。因此，上下游产业链延伸是高端升级的重要路径。向上下游产业链同步延伸并不容易，这一过程可能给企业带来巨大的风险，要求企业在组织结构、企业战略、企业经营、培育新的核心竞争力等方面进行重大变革。一般来说，这种路径适合具有竞争优势的大型制造企业。

4）完全去制造化。顾名思义，完全去制造化就是彻底去除制造，因为制造环节的附加值太低，不能带来高利润，在产业链上从事高附加值（上游）的企业只能放弃这一环节。完全去制造化是上述路径的进一步拓展，也是高端产业升级的成果。如果产业链的上游完全竞争，那么下游企业将拥有强大的价值优势，将低附加值的制造环节完全分离和外包出去，同时推动与该产业相关联的企业进行转型升级。

（3）产业高端化带动企业转型升级。产业高端化不同于前两者从价值链的内部寻求突破，而是从外部找到抓手，直接进行高端价值链的嵌入，占据高端地位。从当前所处的价值链中跳脱，完全介入新的价值链，将现有价值链的能力直接应用到技术、附加值更高的价值链当中去。企业将完全介入新的产业领域，此路径对于企业的核心能力具有很高的要求，能够适应更苛刻的进入门槛及行业准则。

5. 基于企业价值链视角的企业转型升级思路

基于企业价值链视角的企业转型升级路径如图 5 – 11 所示。

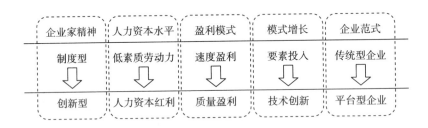

图 5 – 11　基于企业价值链视角的企业转型升级路径

（1）形成面向市场的创新型企业家精神。制度型企业家指善于制定企业行为准则框架和市场游戏规则的人，分别在理论层面影响思想，在实践层面影响行为，因此在初期市场庞大且标准不统一、消费者需求偏好易满足时代，制度型企业家在企业发展框架制定上发挥着巨大作用。随着网络时代的到来，电商等互联网性质企业迅速崛起，利用信息差、时间差、价格战等方式的传统企业难以俘获消费者。预示企业升级不单依靠策略的制定，企业家应对现有生态能力不足，根本原因是陷入对制度型企业家精神的依赖，严重阻碍了传统性质企业的转型升级。因此，网络时代下的企业家精神必须实现从制度向创新的转变，置换为创新型企业家，更新原有对技术及市场的认知，用新的价值观念逐步覆盖陈旧的价值观念，提出网络时代下企业家应该具有的创新性精神，逐步接纳并认同新鲜事物，并尝试将企业现有业务与之融合，引进吸收新技术并尝试自主研发企业专属技术，倒逼企业制度及规则制定以配合业务，实现企业的升级。

（2）加大企业人力赋能以形成人力资本红利。长期以来，人力资本是中国企业持续发展的巨大推动力，教育接受水平等人力资本要素的提升，都能最大限度地影响企业的产出水平（赖明勇等，2005）。研究显示，企业利润及劳动生产率随受教育年限的提高而抬升，受教育年限每提升 1 年，可以使利润提升 31.4%。如何使人才能够通过企业培训等方式接受教育，提升人才价值，为人才赋能，是企业必须解决的问题。在网络时代背景下，为人才赋能是现代社会人力资本红利的本源，5G 网络、AI 科技、机器学习等新技术的不断涌现，使员工的行为习惯及工作方式发生巨大改变，能够掌握并使用新的办公软件等，从而实现人才技术赋能。人力资本单个要素提升具有辐射作用，能够产生外部效应，人才使用新技术带来的能力改变能够提升工作效率，产生组织间学习氛围，因此带来企业文化的革新。企业文化对人才思维、行为都具有极强的影响力，能够反向推动人才进行新一轮的文化赋能。因此，如何在网络时代背景下为人才赋能新技术、建立新型企业文化、构建学习型组织，成为传统企业实现转型升级的关键。

（3）加快从速度盈利型模式向质量盈利型模式转变。网络时代消费者的购买力增强、消费要求增强，愿意为高价高质的产品埋单，加剧了对低质量产品的淘汰，生产高质量产品的企业在市场上具有更强的竞争力，因此具有更显著的营利能力。价格战及低成本要素聚合产品逐步被市场淘汰，企业要加速从以低价迅速占领市场份额的盈利模式转变为依托高质量产品运营模式，利用口碑发酵获利。企业产品质量提升与成本负相关，产品质量越高，售后服务次数越低，用户满意度越高，利润越高。企业产品质量提升与市场溢价能力正相关，产品要素投产率越高，产品品控越强，可增加价值越大，市场溢价能力越强（Shapiro，1983）。因此，企业革新产品理念和生产设备，加强品控，向质量盈利型企业转变是升级的大方向。

（4）增长模式要从要素投入型向创新驱动型转轨。中国企业原有的经济增长模式主要依托增加物资、场地、设备及人员要素的投入，通过大规模、粗放式的管理扩大经营边界以获取利润增长，导致资源利用效率低下、人员结构臃肿、利润来源方式单一的弊病，因此必须要转变原有的增长模式。实现同等要素投入状态下单位利用效率的大幅提升，既要依托创新驱动技术，又要依托人员的革新。创新能够驱动企业大幅提升研发支出，造就特色技术，形成核心竞争力，构建企业自身的护城河。产品技术创新程度与产品价值正相关，创新驱动能够产生高技术产品，获取高利润。在创新驱动革新技术的基础上提升员工工作效率，逐步削减员工数量，改善人员结构，朝精细化运营方向发展。因此，企业将增长模式从要素投入型置换为创新驱动型。

（5）注重平台型企业发展，革新商业模式。网络时代新技术的引入正在引发产业变革，信息技术作为媒介，催化制造业、服务业等产业融合，形成新型生产方式和商业模式以达到经济增长（解之夏，2017）。B2B/B2C的商业模式等持续冲击着传统的线下模式，如何利用网络信息技术进行商业模式创新，改变传统产业的被动局面是实现经济增长、企业升级需要着重考虑的方面。平台型企业是企业在网络时代发展的新方向，结合当下5G技术、云计算，重构企业的商业模式，在原有基础上搭建云平台协调与消费者及供应商之间的关系，利用场景大数据进行方案输出，用于开拓新的市场及更好地满足消费者的需求偏好，在新的时代背景下找到适合自己的新定位，围绕核心群体利用平台去支撑。企业未来的发展趋势必将是融大数据、云平台、智能制造、精益生产、共享为一体的供需互动、线上线下并举的商业模式。商业模式的革新进一步推动了传统制造业企业的转型升级。

二、GVC/NVC 双重嵌入：跨越式转型升级

单一价值链的嵌入是在单个视域下对企业转型升级给予路径指导，具有较强转型升级能力的企业能够跨越视域，实行双重价值链的嵌入，从而更快、更好地进行企业的转型升级。中国企业目前处于低端锁定的状态，迫切需要形成较强的核心竞争力，构建自主的价值链，实现在国际地位上的转换。在国家价值链中，企业可以充分利用当地市场对企业创新的支持，拥有高水平的要素开发能力。通过嵌入国家价值链，企业可以通过自主研发和国内市场开拓来经营自己的品牌。但现阶段，中国企业在技术方面不仅与发达国家存在着一定的差距，而且国内市场也受到了跨国企业的挤压，面临着严重的市场空间壁垒。在市场空间的限制下，中国企业将进入市场份额小—利润少—研发投入少—技术创新低—市场份额进一步降低的非良性循环。此外，由于知识产权保护制度的缺失、地方政府之间的竞争行为以及社会信用的缺失，中国企业很难通过国家价值链在关键环节建立领导地位。若要在国家价值链建设完成后直接跳到全球价值链的高端位置，还存在一定的困难。因此，中国需要建立全球价值链孵化器，以 RVC 作为跳板直接嵌入高端 GVC。

三、多重价值链叠加嵌入：迂回式升级

依据价值链重构嵌入的思想，实现企业的转型升级，但是价值的重构及培

育并不具有固定次序。NVC 在国内构建的同时，RVC 能够依托"一带一路"倡议进行区域价值体系搭建，已经嵌入 GVC 中的企业通过 OEM—IBM 或者工艺升级—功能升级路径率先升级，价值链叠加嵌入并不能成为企业升级的阻碍，但是在各价值链条进程中，优先培育国家价值链中的企业。通过前文研究得知，GVC 及 RVC 视角的企业升级，会受到来自发达国家或者跨国公司同领域企业的阻碍，以孵化国内本土企业为主，基于国情发展适宜本土企业成长的商业模式，塑造基于本土用户需求的品牌，无论是服装制造业、供应链物流业还是生鲜产业，借本土市场份额及产品口碑效应在国内高端环节获得支撑，以企业现有核心竞争力获取高附加值，进行价值创造和价值实现，以国家品牌势能为核心，以国内产业转移为依托，渗透区域价值体系内的国家或区域，逐步获得主导地位，此时介入国际品牌圈争夺订单及国际市场份额，实现企业国际高端节点的嵌入（刘志彪等，2007；张少军等，2013）。从 NVC 到 GVC 的嵌入是以国内产业转移为依托，与直接嵌入 GVC 的传统逻辑不同，解决了低端锁定困境。本土企业在国内的产业转移过程就是占领 NVC 高端环节的过程，对接 RVC 和 GVC 是在高端节点不同区域链条间的转换。

第二节　基于战略生态位的企业转型升级路径设计

通过对企业转型升级相关思路的总结及诸多学者的研究发现，企业转型升级路径涉及的价值链是典型的混合驱动型价值链，按照多重交叠、依次嵌入的概念推进，但推进方式依旧有有待完善之处（胡耀辉，2013）。Humphrey 和 Schmitz（2000）认为，升级直接关系到技术及市场在附加值提升方面的能力。基于此，在全球价值链的背景下，要注重技术创新及市场能力的培育。此外，根据战略生态位理论，新兴产业在演化过程中，技术生态位与市场生态位具有密不可分的关系。技术生态位为新技术提供孵化空间，具有创新的技术种子都能在其中受到保护，孵化成果不单是一种或某种技术，而是会引发社会技术格局变革甚至颠覆的技术体系。市场生态位是承接技术生态位中孵化成功的新技术进行市场检验，为新技术创造与原有市场产品隔离的市场空间，帮助以新技术为载体的产品在市场中获得消费者关注，扩大产品的社会网络效应，通过市场生态位升级市场能力使市场高端化，二者协同形成新产业。拥有新技术及市场需求空间的新产业具有极强的生命力，填补原有市场空间缝隙，以特有的发展态势促进以新产业为载体的产品呈快速发展态势，联合企业外部的有利环境，推动新产品运作机制的形成，为新产业在市场中立足打下坚实的产品基础，部分传统产业面临被挤出市场的风险。此时，新产业脱离原有生态位保护机制，利用利基战略逐步成长为市场中的主导产业。新产业成为市场除旧迎新的推手，催化产业转型升级，进而利用产业升级的力量，带动裹挟在新产业中的企业进一步转型升级。据此，本书提出以下三种企业转型升级路径，如图 5 - 12 所示。

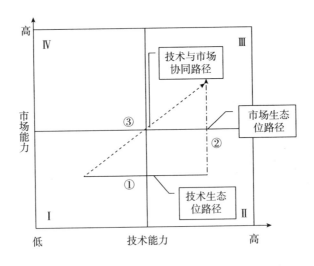

图 5 - 12 网络时代企业转型升级的三大路径

（1）技术生态位路径。着重通过提升技术创新能力，构建企业的技术生态，将企业转型升级孵化过程嵌入其中。

（2）市场生态位路径。在技术培育的基础上着力通过自主品牌塑造等提升市场拓展能力，构建市场生态位，最终过渡到产业生态位，将企业转型升级发展过程嵌入其中。路径①和路径②并不是非此即彼的互斥关系。在不同的时间节点，企业的侧重点不同，实现升级的路径可能也不同。在技术生态位孵化技术阶段，可以凭借对技术的判断，如若判定是充满希望的技术，可以较早地进行相关品牌的塑造等，只是重点依旧在新技术的研发上。同理，在市场生态位催化技术融入市场阶段，依旧可以培育其他具有前景潜力的新技术，只是重点依旧在主导技术的市场融入及推广上。

（3）技术与市场协同路径。技术与市场交叠发展，同时在技术创新及市场拓展两方面发力。技术创新是硬实力，是产品的矛，针对竞争产品的弱点、痛点，在技术取得先位优势；市场拓展是软实力，是产品的盾，防御竞争产品的市场吞噬，体现在新兴技术产业在市场获得消费者的认知，从形成、壮大并成长为主导产业的作用上。如图5－13所示。

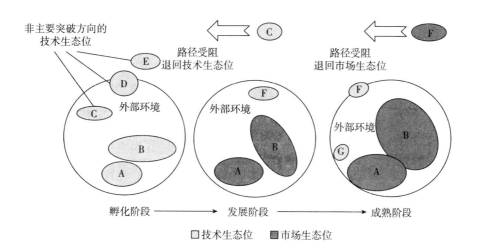

图5－13　企业不同阶段的生态位演化路径

路径①技术形成阶段为企业转型升级孵化阶段，技术的研发投入往往是在主要的技术方面，如图5－13所示中的A、B，企业的技术生态位因此会有多个或重叠，因此可能会有相同的技术发明专利，合并或分别继续发展至技术性能稳定，此时企业需要注重技术创新，大量投入研发，获得相关政策支持。由技术生态位向市场生态位跨越时，存在发展不健全的技术生态位，如C不具备进入下一个阶段的能力，只能退回到新技术孵化的实验室甚至退出实验计划，如D和E直接退出了实验计划。路径②市场培育阶段及企业转型升级发展阶段，已经较为成熟的新技术，在与主流市场隔离的情况下，能够不受保护地继续得到发展，能够催生新的技术生态位，如 F，原有的技术性能稳定的技术生态位能够在企业满足技术与需求连接、增强消费者接受度等的情况下发展壮大，最终成长为主流的产业，跨越市场生态位到产业生态位进入企业转型升级成熟阶段。但是，存在新孵化的技术生态位 F，不能成长为主导产业而退回市场生态位，甚至退回技术生态位直至退出实验。路径①及路径②具有实操可行性。路径③客观上需要企业起初就具有较强的技术创新能力及市场拓展能力，直接实现高端跨越具有极大难度，很难实现经验推广。因此，笔者着重从路径①和路径②的视角出发，探讨企业转型升级的路径。

一、企业转型升级孵化阶段——技术生态位（"互联网＋技术化"路径）

新技术代表着未来技术的前进方向，在技术初显阶段尚未接受市场及用户检验，处于较为原始的状态，不具备直接与原有成熟产品同台竞技的资历。为保护萌芽技术孵化，技术生态位显得至关重要。新兴技术在技术生态位创造的特定的保护空间，不断自我完善和优化，不断进行改良直至性能趋于稳定。技术创新是产生新技术的直接手段，与掌握前沿技术的发达国家开展贸易能够以较低的学习成本和模仿技术要素，成功实现技术溢出和技术进步。企业不断吸收和开发新技术、涉足新领域、推出新产品，形成新产业、新业态和新模式，从而增强发展内生动力，提高市场竞争力。路径①技术生态位嵌入企业转型升级的路径如图 5－14 所示。

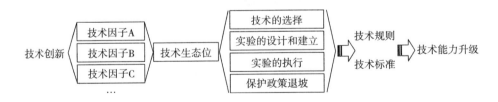

图 5－14　企业技术生态位演化路径

企业进行转型升级，从"微笑曲线"的中部向上游转移，重要的一条路径是增强企业的研发能力，通过技术创新，将技术生态位嵌入企业转型升级的内在过程，从而升级技术能力。企业作为技术的主体，从较低的技术创新能力和市场拓展能力开始，通过技术创新，形成企业发展所需要的技术因子①，逐步形成保护技术创新活动的空间，即技术准演化的微观环境，也就是技术生态位，继而实现企业内部技术变革，革新企业原有的技术生态系统。技术生态位对每个企业都非常重要，因为通过技术生态位，企业可以明确自己在利导因子方面的优劣势，有助于企业更好地认识自己的生态位。构建企业生态位对新的技术进行孵化，会面临以下四个障碍：首先是技术选择问题，新技术具有隐蔽性和不确定性，难以事前进行方向的调整，在研究的主攻方面受到诸多因素的影响，选择与攻破及发展的技术点有关企业转型升级的道路。其次是实验的设计和建立，选择好新技术后投入多少资源、投入哪些方面的资源、什么时间段投入是企业面临的又一障碍。再次是实验执行问题，在明确技术主攻方向之后，如何推动实验发展、向什么方向发展，企业此时的每一个决定都关乎今后升级的方向。最后是在新技术得以整合发展后，在研发补贴等保护政策退坡的情形下如何顺利更迭至市场生态位。企业解决了技术生态位面临的四大障碍后，就夯实了新技术初期孵化的基础。每个企业作为一个主体，在进行技术创新的技术竞争活动中，都会经历四大障碍，不断使原有企业的生态链条与产品的价值链条逐步解体、剥离，逐步拉大企业之间的差距，由此，企业技术能力的高低以及对不同等级技术的选择决定了企业在技术生态位上的位置。技术创新能力越强的企业，在创新生态系统中就处于越高的地位，就拥有更强的创新实力，在技术领域具有更广阔的宽度。而技术创新的影响渗透到技术生态位上，则具体化为技术规则的变化。

企业的不同产品对于技术的要求会因为技术的革新而有所改变。当技术逐渐进入市场，并有越来越多的企业采用相同的技术规则时，就形成了技术标准，技术标准作为技术准入门槛，未达到标准的企业，就只能处于较低的生态位。企业对不同的、变化的技术规则和企业标准的获得能力，成为企业生态位适应宽度的关键要素。企业能够获得相应的技术规则和技术标准，说明企业的技术能力得到了很大幅度的提升，实现了向技术创新型企业的转型。而处在GVC或者NVC中的企业，为了不被市场淘汰并抢占更多的市场空间，在适合的条件下，会更加关注自主知识产权，积极抢占顶端技术生态位，在国际经济

---

① 技术因子是企业发展的控制参数，主宰企业对环境的适应，它在企业发展中的重要性构成了企业生态位中少数几个序参量之一，并且形成企业技术生态位。

或国家生态圈中提升所处层次，跻身价值链高端。一些依靠低技术加工制造的企业，也会因为技术规则及技术标准的抬升而被迫转型或退出市场。

由此，企业通过技术创新—建立企业技术生态位—构筑技术规则和技术标准—实现技术能力升级，核心即通过技术生态位的构建，进入企业转型升级发展阶段。

二、企业转型升级发展阶段——市场生态位（"互联网＋市场化"路径）

在技术生态位阶段，新技术的培育因为具有潜在商业价值而享有一系列无报酬的技术保护。当粗糙的新技术各项指标趋于稳定，有能力在市场中成为一种可供选择的优势技术时，市场生态位会作为一种初始的容纳空间去承接。市场生态位注重新技术产品的现有价值，能为新技术提供不需要特殊的人为保护也可以生存的环境。市场生态位演化路径如图5－15所示。

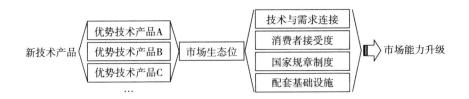

图5－15　企业市场生态位演化路径

企业在技术生态位的基础上培育出新技术产品，逐步筛选出优势的技术产品推向市场。在技术生态位路径①，企业已经进行过一次以技术创新为核心，推动企业技术能力提升的转型升级。此时，企业面临的问题是如何跨越新技术导入市场的死亡之谷，进入市场并完全融入市场。新技术市场化之路也就是商业化之路，于是企业沿着路径②开始转型升级之路。

首先，需要建立技术与需求之间的连接，企业为了推广新技术，需要获得其他技术的支持和辅助，如广告。

最开始时新技术并没有与市场进行磨合，所需要的辅助技术很难轻易地得到或者过于昂贵，于是企业需要自身着力克服这一障碍实现升级。

其次，消费者的接受程度及对新技术的认知决定了技术变现的程度。新技术作为新生事物缺乏相关知识背书，其技术性能、适用效果、产品质量、形象塑造、价格定位、获取便捷度，尤其是整体带来的品牌影响，阻止了潜在用户，同时消费者具有对传统技术的依赖路径，会基于自身选择偏好、风险厌恶程度及对未知项目的支付程度对新技术做出判断，相当程度上阻碍了新技术与市场的融合。

再次，无论什么技术在未经政府和市场检验之前都具有极大的风险性，政府关于新技术的认知及检测标准都会是新技术面临的障碍，处于对本地企业生存的考虑，地方保护主义抵制新技术渗透，配套的基础设施不健全，同样是潜在问题。

最后，已有的基础设施难以适应新技术的应用，在已有基础设施的社会及环境中，新技术的贸然加入也会阻碍它们被广泛地接受。因此，在市场生态位当中，即使新技术已经在技术层面展现了一定的优势，依旧需要企业克服重重阻碍推动技术与市场的融合。企业在市场生态位路径的转型升级之路要通过对障碍的克服而实现，结合企业优势准确进行市场定位。以新技术为载体的产品是否好用、是否满足消费者需求、是否质量过硬是确保新技术被市场接受的关键，企业在进入市场前期要进行充分的市场调研，提炼技术优势与用户需求结合。在此基础上，考虑如何为当地的经济发展出力，吸引政府在政策、平台、基础设施方面的支撑。至此，企业过渡至转型升级成熟阶段。

三、企业转型升级成熟阶段——产业生态位（"互联网＋技术与市场"的协同化路径）

技术生态位与市场生态位无缝衔接，二者紧密配合催化产业生态位的孵化。

1. 产业中同一技术序列的企业转型升级之路

在网络时代的背景下，以相同或类似技术为企业生态位构建核心的企业可称为同一技术序列型企业。但是，在相同的技术序列中存在不同梯队的企业。信息技术的高地被少数一级梯队企业占据，但是由于技术更新迭代的速度不断加快，先进企业不断更新并淘汰较为落后的技术，但是却占据了大部分的市场份额，处于相同技术序列的其他类型的企业就必须在核心技术的基础上实现超越，培育自身的先进技术，争夺相应的市场份额。同一技术序列存在相同资源环境的重合和覆盖，相同的技术生态位构建及市场生态位的搭建，使同一技术序列中的企业时常需要直面存亡，在此过程中迫使企业实现转型升级，即在同一产业中不同梯队的企业为了持续发展，不断构建技术生态位培育新兴技术，实现不同梯队的企业的升级，从而实现整个产业的升级。

2. 不同产业中的企业转型升级之路

SNM 理论提出：通过战略生态位空间的运作（构建、优化与突变），实现新技术的商品化、产业化。即在网络时代背景下，各个行业中，整体企业技术进步所创造的新工艺、新产品逐渐发展成新的产业部门和行业。这些产业部门和行业各自具有核心的优势以构建技术壁垒，依靠护城河在安全市场内进行局部垄断，在用户、供应商等各方面占据资源高地。在此过程中，产业链上下游被疏通完善，随之带来更大的市场半径，推动企业扩大生产规模。新技术的产生可能满足用户既有的但从未被满足的需求，但也会是从未察觉的潜在需求。于是，当一个潜在需求被满足时，可能牵连出与之相关的其他需求，企业通过研究用户行为构建以新技术带来的新需求的研究课题，对新需求需要与之相关的研究部门配合，新需求需要一种更新的技术满足，当更新的技术重新进入技术生态位孵化至市场生态位时，会重新需要相应的政策、市场营销及产业链上下游去支撑，企业不断深究新技术带来的新需求以此带动与新技术相关的产业升级。

各个产业对不同资源的需求会使产业之间形成资源、环境、技术等要素的互相支撑及依赖关系。因为不同产业具有各自的生态位，因此这种依赖关系降低了相互之间的竞争，处于不同技术序列的企业可在一定程度上形成联盟，从而加深相关产业生态位之间的融合交流，有助于不同产业的转型升级。

第六章　网络时代下企业转型
升级的政策建议

发展中国家企业本身受到 GVC 企业治理创新模式的直接限制，外部还受到发达国家企业领先型创新技术的直接挤压，因此，在整个 GVC 中，往往长期处于被跨国上市公司和一些国际大型供应商的联合驱动和直接控制，自主研发创新能力难以获得，只能继续从事一些技术含量较低的新兴劳动密集型产业，因此，难以靠自然经济过程来完成中国企业的持续转型改造升级。

我国经济社会发展近 40 年来，国内市场经济发展迅猛，达到了 9.9% 的年均增长速度，并于 2010 年彻底替代日本成为世界第二大经济体。但是，在全球资源利用环境、人口红利等因素形成的倒逼经济机制下，这种发展经济模式显然是不可长久持续的。研发密集度在 1% 以下的创新行业被 OCED 列为低技术制造产业，而目前中国的制造业大多指的是低端和技术含量低的生产领域，低端新技术产业结构特征明显，其技术创新通常会同时面临低技术陷阱和追赶陷阱的双重技术挑战（杜晓静、沈占波，2014）。

因此，要实现加快实现中国经济社会发展行为方式的全新转变，就必须依托于微观企业的结构转型和升级，也是中国新一轮经济健康稳定发展的重要前提（孔伟杰，2012）。本章将借鉴发达国家转型升级的相关经验，对网络时代下中国企业的转型升级问题提出下一步的对策与建议。

第一节　国外企业转型升级案例借鉴

当前，互联网的快速普及和发展所带来的信息化产业革命，使企业的外部市场竞争环境发生了巨大的变化：一方面，信息技术的普及和发展成熟，改变了消费者信息在现有商品市场上的传递方式和传递速度。这些变化使企业与市场消费者之间相互沟通的渠道和信息障碍被彻底打破，企业在极大地拓宽服务范围的同时也彻底改变了我国现有商品的交易价格和交易结构，导致外部的市场竞争更加激烈。另一方面，信息技术的发展也使消费者对于市场产品的理解和需求逐渐呈现出多元化与个性化，从而促使企业不断地通过克服内部与外部市场信息资源的约束来提升其创新能力，最终从根本上实现了企业的可持续发展。因此，面对我国互联网发展给市场所带来的巨大变化，党的十八大报告明确提出了进一步实施科技创新战略和驱动实体经济发展的战略。正确落实科技创新是驱动实体经济发展的关键，发展新实体经济，培育新增长动能，加快对实体经济的转型和推动企业的升级刻不容缓（李克强，2013）。可见，党和国家的政策已经明确了企业转型升级对于国民经济的推动作用。未来，在互联网的影响下，越来越多的中国传统企业将转向互联网企业，这一趋势会成为中国经济发展的新常态。

但是，目前我国的传统制造企业多数已经出现缺乏自主创新、营销管理模式单一、组织内部结构管理体系不完善等经营管理问题。因此，如何从根本上打破传统企业固有的经营管理观念，以技术创新推动企业转型升级，提升企业经营管理效率，增强企业的核心竞争力，是信息化网络时代下传统企业面对市场竞争亟须应对和解决的实际问题。相较于中国，发达国家传统企业通过技术创新引领、产品技术标准化或落后企业国际技术转移等创新发展路径，不断地推进本国制造业企业的转型升级，最终成功实现迈向中高端的目标。在历史上的不同时期，美国、日本、德国通过对管理、技术和商业模式等维度进行改革与创新，有效地提高了本国企业的核心竞争力，以国内和国际两个市场为导向，满足目标市场的需求，以技术创新驱动企业进步，最终形成了相关行业协同发展的格局，极大地促进了国内经济的快速发展，这些国家的成功经验值得中国企业借鉴。

一、美国企业转型升级的经验和模式

美国是典型的市场经济国家。在第二次世界大战前，美国很少对市场的社会经济和政治活动采取政府干预措施，其企业的发展主要在政府和市场的自发强制性作用下进行。在第二次世界大战之后，世界各国的经济和政治形势的发展开始逐渐趋向复杂化，其他各国的市场竞争日益激烈。为了有效应对20世纪70年代的全球能源危机和世界新一轮的金融危机，美国政府开始逐渐采用政府政策直接干预市场经济的发展。在美国企业的转型和升级中，政府主要是发挥战略性市场导向、顶层规划设计和公共政策支持的重要作用，政府与资本市场的紧密结合进行的创新驱动发展共同促进了企业的转型和升级，这也是美国的综合经济实力位居世界首位的重要原因之一。近年来，在当前全球经济复苏疲弱、欧盟以及日本的制造业经济发展陷于双重困境无法迅速恢复的情景下，美国的制造业经济却又一次成功地抢占了世界的经济前沿，主要原因是美国政府推动和主导的企业所有制改革，为美国的一批大型战略性技术型企业和高科技新兴企业发展成功，抢占了进入资本市场的先机。在不同的发展时期，美国采取了不同的国家策略来驱动企业的转型升级，帮助其实现经济的快速发展，如图6-1所示。

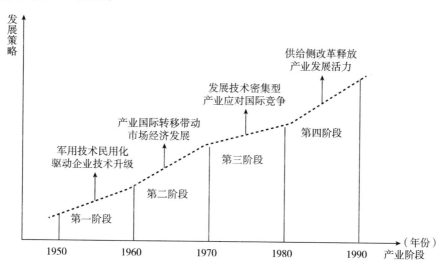

图6-1 美国产业发展变化

第一阶段发展指的是20世纪50年代，美国市场消费者需求的结构发生了变化，军用技术开始逐渐地转为民用技术。在第二次世界大战后，随着美国居民收入的持续稳步增长，美国家庭和居民的社会消费和生活需求也逐渐发生了实质性的变化，生活必需品在美国居民可支配收入中所占的比例不断下降，娱乐性消费不断上升。美国市场经济环境受消费者的需求和经济结构的影响也产生了实质性的变革，美国政府进行了对企业治理结构的改善，大力发展第三产业。其中，租赁、卫生保健、社会保障和公共服务等第三产业企业迅速地蓬勃发展。并且，由于在第二次世界大战中美国军事武器科技和管理水平的迅速发展和提高，美国在战后将军用武器技术转向民用化来带动其制造业的水平。与此同时，美国政府还与其国内具有丰厚资本的企业紧密结合，制造业的技术规模和管理水平也得到了实质性的提高。总体来说，20世纪50年代的美国制造业发展阶段有着鲜明的特征：以技术密集型产业和资本密集型产业的发展为主要基础，集中资源发展资本密集型企业，并将从事纺织、皮革等行业的劳动密集型企业转移至其他发达国家。同时，美国政府对从事电子通信、半导体、计算机、航天航空等制造业技术密集型的企业也加大了投入力度，鼓励其技术研发与生产融合发展。

第二阶段发展指的是20世纪60年代，美国为实现"伟大社会"目标，逐渐采取国际化转移策略来推动经济发展。20世纪60年代，美国为了解决贫困、保障美国公民权，颁布了建设"现代美国伟大社会"的战略目标。此后，美国政府陆续制定了一系列的法律来有效保障社会福利政策的制定和实施，并在发展教育、医疗、就业、住房等第三产业方面不断采取鼓励政策，推动了社会经济结构的调整。最新统计资料显示，20世纪60年代，美国的第三产业所占的比重逐年提升了2.7%，其中，政府支持的公共服务、社会保障、教育以及政府商业金融服务等领域的企业经济呈现出快速增长的特点。同时，日本和德国政府也实施了类似美国企业自主创新的市场化政策，结合固有的经济优势，继续大量引进美国的先进工业技术，提高了生产质量和技术水平。一直到60年代中期，日本的加工产品大量进入美国市场，使美国的贸易额在经济上出现了较大的逆差。

第三阶段发展指的是20世纪70年代，由于受到石油危机、通货膨胀和国际竞争的多重影响，美国的实体经济增长速度进一步放缓。20世纪70年代，美国开始出现通货膨胀现象，加上受世界经济危机的影响，美国一些高能耗、高污染的资本密集型企业开始步入低谷期。为了有效分散潜在的经营风险、发挥规模经济来有效应对日趋激烈的国际竞争，一方面，美国通过政策鼓励将低能耗资本密集型企业转移到亚洲的发达国家，包括一些新兴经济体地区。另一方面，美国进一步加大了对企业的扶持力度，来鼓励低能耗新兴技术密集型企业的发展，从而提高了美国企业的综合生产力和核心业务的市场竞争力。

第四个阶段是20世纪80年代，美国里根新政上台后引发的供给侧结构改革。为了解决高失业率和通货膨胀等财政支出问题，美国政府一方面实施了货币紧缩的经济刺激政策，并且进一步降低了税率，放松了对交通运输、航空、铁路等企业的严格管制，为美国企业的持续发展和经营创造了具有生存优势的市场环境，也进一步激发了美国企业的持续发展活力，提高了美国企业的市场地位和竞争力。另一方面在进一步加大科技研发和社会支出的同时，美国政府通过进一步缩减财政开支，降低了财政赤字。

在20世纪40年代中后期至80年代，美国主要采取的是国际竞争战略，借助军用技术带动企业技术创新的同时，进一步加强了以技术创新为核心的企业政策的实施，大力扶持技术密集型企业的发展，实现了美国新经济的转型，最终获得了国际竞争的优势。20世纪90年代，美国企业政策重视企业的创新，政府采取以技术创新为核心的企业技术政策，并且制定了科技发展的战略，促进军用经济向民用经济的转型，为企业的转型升级与创新提供了有力的政策保障。在克林顿执政时期，进一步加大了对基础性信息技术的研发力度和投入。1993年，美国宣布实施新的高科技工业发展计划，建立以美国因特网为基础和雏形的新一代信息高速公路，这一方案对于美国的原子能工程技术、生物技术、空间技术、计算机网络信息技术的发展以及相关领域的企业发展产生了重要的推动影响，最终导致第三次世界高科技工业革命率先在美国发生。21世纪以来，美国一直贯彻"保持优势战略"，保证其在信息技术研发、制造、贸易和投资等领域的世界领先地位。针对2008年球金融危机，美国政府先后出台了一系列的经济刺激政策，促进了企业的转型和升级，通过构建以先进制造业、能源、劳动力技能和服务业为主要经济支柱的发展蓝图，促进了美国制造业的持续蓬勃发展。在此期间，美国制造业抓住了经济复苏和全球化进程所带来的历史性机遇，在整个全球范围内进行了战略性产业布局，将更多的美国企业从本土的制造型企业转到了发展中国家，充分利用发展中国家的技术制造能力和较低的核心技术生产要素以及制造成本，把与美国制造行业的核心竞争力密切相关的核心技术、战略性、基础性制造型企业的研发和生产设计，如航空航天、信息电子技术、生物制药、汽车电子装备制造等则全部保留在本国继续发展，从而促进 GDP 的快速增长，如图 6 - 2 所示。

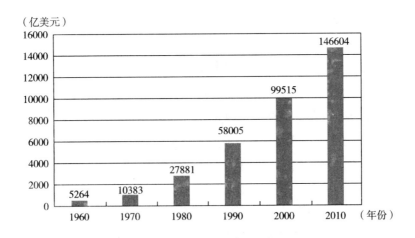

图 6 - 2　1960 ~ 2010 年美国 GDP 变化

第二次世界大战后，日本以及西欧两大发达经济体综合实力日益增强，美国重大企业在世界市场上的地位受到了其他发达国家的严重冲击，使得当时的美国政府被迫重新审视自己的资本主义经济发展道路和战略。随着国际企业市场竞争的激烈和日益加剧，美国政府普遍认为当时美国重大企业改革创新的体系已经不再能够适应全球化时代的需要和发展，为了有效维护其在制造业和关键技术创新领域的国际领先地位，美国众多企业通过改革创新建立了新的经营管理模式。20 世纪 40 年代以来，美国政府大力推动了以制造业和技术创新体系为主要核心的企业创新体系的结构性转变，推动了企业的关键技术创新模式改革，开始了向以电子信息技术制造业为中心的新经济改革、转型过程。综观新经济的转型和升级过程，驱动当时美国重大企业的转型和升级的决定性因素主要包括以下几点。如图 6 - 3 所示。

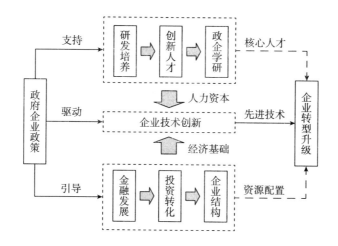

图 6 - 3　美国企业转型升级的模式

首先，技术创新成功推动了美国传统企业的转型升级。技术创新被认为是推动美国传统企业转型和升级的第一要素，其基本的作用机理和意义在于：通过技术创新在工业技术、信息、知识等方面为企业提供高级的生产要素和服务，通过技术创新引发传统企业产品批量生产和售后服务供给管理方式的变化，逐渐模糊了传统企业的边界，激发了企业新模式的快速发展。美国技术创新驱动主要表现在对整体研发投入的重视和对不同类型企业研发投入的区分上。美国经济统计局公布的数据显示，在整体研发投入层面，1959 年美国研发投入约为 138 亿美元，2008 年增至 4056 亿美元。在不同企业研发投入层面，美国也相应增加了投资金额。

美国以先进的计算机科学和信息技术为研发基础，持续地加强信息技术在工业生产和服务技术领域的重要地位和作用，不断地推动了数字化与工业智能化的深度融合，有效实现了传统一、二、三产业企业向现代农业、工业、服务业的转型升级。可见，以研发为基础的技术创新推动了美国的企业转型升级。

其次，人力资本支撑了美国企业转型升级。人力资本是美国企业转型和升级的第二个决定性因素，其主要作用和机理主要在于：企业技术创新的主要推动载体之一就是人力资本，人力资本在企业的转型和升级中发挥着间接的引导和推动载体作用，这意味着可以通过高层次的人才在不同企业间的有效流动直接促进企业转型升级。美国政府积极地推动官产学研的合作，依托高校的科研平台有效推动了高新技术企业的发展。美国创新型企业人才的培养和集聚主要来源地是高校，美国目前拥有大批世界上最先进的高等院校和企业科研中心，它们都是研发创新活动主要的参与者和政策的执行者。高校也充分地发挥着技术桥梁的重要作用，作为一个优势的平台连接了美国政府与创新型企业，使企业界与美国的政府部门主导的研发创新项目建立了紧密联系，从而有效地使高校的企业技术创新的成果快速转变成美国的商业技术创新成果。在此基础上，美国硅谷等著名的创新型企业技术集群有力地推动和促进了美国创新型企业的转型与升级。

再次，金融的支持直接驱动了美国企业的转型和升级。金融的支持是直接驱动和引导美国企业的转型和升级的第三个基础性要素，其作用和机理主要在于：金融的支持通过直接影响和推动调整美国企业的经济和消费结构，起到了向国际投资价值转化的决定性作用，直接推动了美国企业的转型和升级。金融可以通过直接激励企业的技术创新、优化企业的资源配置、配合国家的产业政策，间接地推动和引导美国企业的转型和升级，并且企业转型和升级的重要内容之一也包括了金融行业本身的发展。美国对金融的支持和驱动主要表现在三个方面：美国风险投资激励机制的建立和运用、多层次的资本和市场风险管理体系的有效构建、美国金融技术创新的发展和深化。在美国风险投资激励机制的有效运用和驱动层面，美国以风险投资和其多元化的资本市场来源的关系为其基础，为长期处于企业孵化期、成长期、扩张期、后续投资期的中小型企业经营者提供了发展所需要的技术和资金，并且通过政府的协助加强企业日常的经营和管理，以企业股权转让的经营方式使企业获得最终的企业风险投资回报和收益。

最后，企业政策鼓励了美国企业的转型和升级。美国的企业经济政策是直接驱动整个美国企业转型和升级的第四个决定性要素，其发挥作用的基本机理主要是：美国企业经济政策的作用可以在由信息不对称、机会主义和有限的市场合理性等因素造成的市场管理机制失灵时，充分发挥地方政府的市场导向协调作用，从而有效促进美国企业的转型和升级，当在漫长的经济周期中的企业陷入衰弱、不景气时，以国家的能力为主要市场基础，开展各种反经济周期的市场操作，为美国企业的转型和升级增加了新的市场活力。美国企业政策驱动突出表现在信息企业和技术创新的政策制定上，如表6-1所示。

表6-1　美国企业政策的主要立法

年份	政策立法	主要内容
1980	《小企业经济政策法》	强化技术创新以及鼓励军用研究成果转移到民用企业
	《技术创新法》	
1981	《经济复苏税务法》	通过减税为企业技术改造提供可靠的资金来源
1982	《小企业技术创新法》	支持小企业创新，鼓励小企业扩大出口
	《小企业出口扩大法》	
1988	《综合贸易和竞争法》	提出先进技术计划和制造业发展合作伙伴计划
1997	《计算、信息和通信：21世纪的技术》	确定信息技术的政策
1999	《信息技术研究：投资我们的未来》	提出扩大政府对信息技术研发投资

　　美国的企业政策有着针对性的特征，主要侧重于市场机制的条件，以技术创新、研发为中心，立法实行企业政策，主要侧重于如何将新技术引入产品开发过程，通过商业渠道提高企业竞争力。值得注意的是，因投资周期太长而导致私营企业无法参与技术改革，美国政府将制定有关政策，对其实施干预并提供经济发展资金，帮助企业的发展。

　　基于此，对于中国企业而言，美国企业转型升级路径借鉴要素主要包含技术创新、人力资本、金融支持及企业政策四个要素。美国政府依托在不同发展时期采取不同的战略，对应四个要素颁布相应的政策引导企业进行转型升级，政府与市场保持相当紧密的连接关系。如图6-4所示。

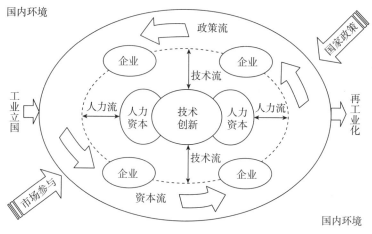

图6-4　美国企业转型升级模式

中国政府需要结合实际国情，首先，在四个相关要素上酌情颁发相应的政策，为企业转型升级营造有利的政策环境。其次，通过技术创新与人力资本相互嵌套，使以技术人员为载体的新技术得以在人力流及技术流的交汇中不断从粗糙走向成熟，从而逐步在企业中孵化，成长为支撑企业内部转型升级的重要技术与人力支柱。最后，外部与市场的深度融合，将在企业内部打磨的完善技术进一步推广，再一次助推企业整体的转型升级，更进一步拉动相关行业的整合和升级。

二、日本企业转型升级的经验和模式

第二次世界大战后，日本以发展国家市场经济赶超欧美为主要战略目标，采用政府主导型的国家市场经济管理体制，通过制定详细的发展方案，并且结合政府的科学政策以及行政指令来推进企业结构的转型升级。例如，在每年都公布的关于日本经济和新能源产业的日本企业和产业政策研究报告《通商白皮书》中，提及了日本企业和新能源扶持的具体政策。这些企业扶持政策主要表现在两个重要方面：一是制定了企业和新能源产业的具体发展战略和方向，确定了重点发展的企业或优先发展的新能源产业。二是确立了企业和政府在日本新能源产业发展战略和方向中的重要主导作用。当然，在不同的新能源发展时期和阶段，日本的新能源相关产业扶持政策也会指向不同的发展目标，并基于此确定不同的重点企业或优先发展产业，由此也决定了日本转型升级具有鲜明的阶段性特征，如图 6 - 5 所示。

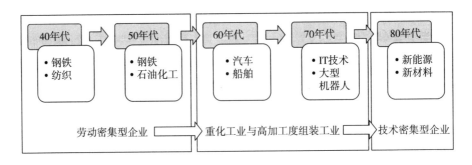

图 6 - 5　第二次世界大战后日本企业发展历史

总体而言，第二次世界大战后，日本企业实现了三次明显的产业结构转型与升级，使其从最初的劳动密集型企业迅速发展为重机械化工业企业，以及高加工度组装制造工业，再到如今的中高技术密集企业与现代化服务业。具体而言：

1. 第二次世界大战后至 20 世纪 50 年代初期：经济复兴时期发展阶段

日本战败初期，政治和经济发展主要依赖的军事和重工业被迫瓦解，加上国内农业资源贫乏、资金短缺，恢复农业生产困难重重，经济发展极端艰难，发展陷入了长期停滞状态。为了迅速恢复和发展经济，推动经济的快速增长，日本开始了启动经济和工业化的历史性进程，政府采取了"倾斜生产方式"的经济指导政策，整合战后优势农业资源，向日本经济发展最薄弱、最重要和最急需的基础性产业——煤炭和化肥钢铁，以及从事电力工业和海上运输的其他相关部门和企业注入资金。战后日本以先进的倾斜生产方式，使日本的工业基础和重化工业（如煤炭、电力、钢铁、化肥等部门）在短期内快速发展，并恢复了农业生产，间接地带动了日本农业和工矿业的快速发展，为加快日本重工业化和经济发展奠定了坚实的基础。

2. 20 世纪 50 年代末 70 年代初：重化工产业化发展阶段

20 世纪 50 年代末，日本经济迅速进入了快速健康增长期。为了实现自由贸易立国、赶超欧美的战略目标，日本政府将与重工业相关的新兴产业的结构和发展目标，从传统原材料加工产业快速转移扩大到零部件和加工设备制造业；从成长型基础产业转移到快速成长型新兴产业。政策重点从瓶颈类型企业快速转向日本经济支柱类型企业和促进出口型的新兴企业。将市场需求弹性大、产品技术附加值高的重工业类型企业作为龙头企业，同时重点抓好引导推动日本经济快速走向国际化和快速走向国际资本市场的综合性产业链的建设和发展。日本重工业的快速发展，不仅直接地推动了第二产业的发展，而且也极大地带动了日本现代农业的发展，间接提高了第一产业的人均劳动生产率，并以"为企业提供更优质的市场和服务产品"为目标，使第三产业快速地发展，同时极大地降低了第一产业在日本国民生产总值中的占比，促进了日本企业的转型升级和第三产业结构的优化。

3. 20 世纪 70 年代初至 80 年代：资本和技术密集型产业的发展阶段

20 世纪 70 年代初期，面对严重的环境污染和国际石油危机给日本实体经济发展带来的巨大冲击，日本政府进行了具有适应性的重大产业结构转型调整，决定从传统的重工业向知识密集型产业转型，并提出了关于节能降耗的产业转型和升级政策。例如，在日本政府发布的 20 世纪 70 年代规划中，以尖端技术领域（如计算机和航空航天）为中心的知识密集型公司发展成为领先企业。与此同时，日本政府还进一步制定了以环保为核心的绿色能源环境保护政策，从而大大减少了环境污染，促使日本进一步开始发展绿色能源经济，顺利克服了由于石油危机带来的困难。

进入 20 世纪 80 年代后，日本将经济政策和工作重心从制造业转移到了技术密集型企业的建设和发展上，并加强了技术研发和企业的自主创新，加大了对科学技术的研究和投资，并通过移动网络构建了政府、企业和国立大学进行科研合作的系统。通过建设和运行该移动科研系统，日本发展成为了半导体、集成电路和电子技术等高科技产业领域的领导者，产量和技术水平迅速超过欧美，位居世界前列。

4. 20 世纪 90 年代至今：推进科学技术的全球化战略阶段

为了应对 20 世纪 90 年代的经济危机，适应经济全球化的发展，日本政府根据国内外新经济形势调整了现有产业的发展方向，抓住了信息技术兴起带来的机遇，加快了信息技术的发展，重点发展知识密集型创新型企业。其战略核心是加快发展现代经济产业，重点是发展通信、信息等资本技术领域的国际协同企业，从而积极推进外需主导向内需主导的快速转变，最终，以电子、汽车等相关公司为主轴的多极化企业布局结构将被推动，以促进新兴产业的共同发展。但由于日本政府未能及时调整新兴产业的发展战略，经济发展再次陷入停滞。其中，最具标志性的经济政策战略失误就是当美国的信息电子技术公司将企业经济发展战略转移到个人电脑和网络上时，日本仍然把经济重点放在发展汽车、造船和大型个人电脑等制造业上，延缓了日本新兴信息技术和大型企业的经济发展机遇，导致在 90 年代末期，日本的经济再次落后于美国。

进入 21 世纪后，为有效消除在新一代技术研发、推广和产业化过程中的技术障碍，提高成果转化率，促进高新技术产业化和发展，日本政府、企业界与政府科研主管部门日益加强"官产学研"的紧密合作，鼓励政府科研主管部门、著名高校的学术科研机构与企业界等展开合作，有效地推动了新一代技术的研究和推广，极大地加快和推进了高新技术与相关产品的推广应用进程。

第二次世界大战后，面对资源贫乏、资金短缺等导致的发展困境，日本经历了几十年的发展变革，实现了赶超欧美等国家的战略目标。这一目标的实现，与其企业转型升级的步伐始终没有停止紧密相关，特别是以制造业等相关企业为中心的结构优化调整步伐日趋加快，这为日本经济的可持续发展奠定了坚实的物质技术基础，如图 6－6 所示。

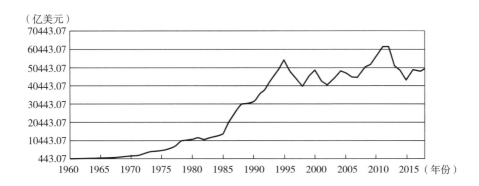

图 6－6　第二次世界大战后日本 GDP 发展趋势

结合日本企业发展过程的相关特点，成功驱动日本企业转型升级的因素主要有以下几点：

首先，国家政策是企业转型升级的主要推动力，国家战略是影响日本社会和企业转型升级的一个关键因素。在第二次世界大战后，日本能够根据自身国情和产业特点，合理地制定和实施相应政策，使其成为推动企业和产业结构快速发展的重要经济动力，此外，依法进行结构调整也是日本政府实施企业转型升级的重要政策手段。充分利用政策和法律手段，促进企业资源分配和管理方式优化是稳定日本社会的宝贵经验。因此，日本政府能够在每个不同的经济发展阶段，研究制定促进社会和企业快速发展的政策和法律法规，根据不同时期日本企业的主要国际地位以及日本市场经济发展的特点，适时调整主导经济发展的重点以及企业的地位和类型，并通过各种政策手段对企业进行引导和政策扶持，从而促进了日本社会、企业乃至整个产业的转型升级，如表 6－2 所示。

表 6 - 2 日本企业政策主要立法

时间	政策立法	主要内容
20 世纪 50 年代	《机械工业振兴临时措施法》	以产业合理化政策为中心，重点培育扶持机械零部件企业、电子工业、合成纤维企业等
	《电子工业振兴临时措施法》	
20 世纪 60 年代	《特定机械信息产业振兴临时措施法》	大力推动技术密集型企业的发展
20 世纪 80 年代	《基础技术研究顺利化法》	以"创造型知识密集化"作为企业发展方向，为基础技术研究开发提供了法律依据
20 世纪 90 年代	《石油业法》	提出先进技术计划和制造业发展合作伙伴计划
	《电气事业法》	放宽对石油、电力领域的限制，有效地促进其竞争与发展
21 世纪	《21 世纪经济产业政策的课题与展望》	将未来的可持续发展重点放在技术创新、信息、老龄化社会服务和环保类型企业上

其次，技术的不断进步是引导企业升级和转型的重要基础。日本非常重视技术的突破性创新对转型升级的促进作用，并将企业本身作为技术突破性创新的载体，充分激发制造企业发展创新的积极性和主动性，同时也刺激相关产业的转型升级。在企业和产业发展的过程中，日本选择模仿学习第一、创新第二，低技术第一、高技术第二的快速发展战略和各种政策取向。从引进、消化、吸收到自主持续创新，日本建立了独特的技术创新核心体系。第二次世界大战后，日本利用其有利的国际和国内环境引进大量的各种技术，并专注于转型和创新，促进企业的不断升级。日本非常重视通过引进新技术来促进相关产业的总体结构进行升级，纤维、钢铁等部门引进、吸收先进技术，对日本产业结构升级发挥了重要作用。日本引进的高新技术不是简单地进行模仿和推广使用，而是在消化吸收技术的基础上进行研究、改进和创新，最终建立起先进的技术产业化体系，在技术进步的指导和推动下，日本高新技术企业得到了迅速发展。

最后，政府调控与市场机制的有机结合是企业转型升级的重要保障。日本企业转型升级的过程，也是政府和市场处理机制有机结合的过程。在国家顶层细部设计和政策推动相关产业积极转型升级的两个过程中，政府最大限度地发挥了推动能力。作为典型的市场经济的国家，日本许多中小产业的相关法律和政策的制定和实施都巧妙地依靠着政府和市场的力量，通过间接的作用方式来逐步地推动中小企业的健康发展。一方面，政府不断完善政府的体制和机制，合理配置社会资源，利用各种政策性的资金间接但有力地推动和支持中小企业的发展。另一方面，政府不断完善中小企业的法律法规，创造公平、公正、公开的环境来促进企业创新和产业转型升级。

基于此，日本企业转型升级路径借鉴要素主要包含国家政策、技术进步及政府调控与市场结合的制度。首先，国家政策的导引为日本企业的发展及结构调整做了极大的贡献，通过明确且周密的计划保证日本企业转型升级大方向的稳固；其次，通过技术创新联盟的建立，推动日本技术迅速拉高，在产业结构调整的基础上，随之嵌入企业的转型升级，提升企业的技术创新能力，实现技术上从追赶到领跑的转变；最后，借助市场的力量调配资源，加之政府辅助性政策的配合，一举促成企业转型升级，如图6-7所示。

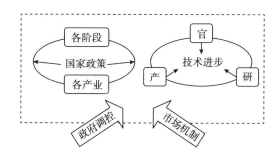

图6-7 日本企业转型升级模式

中国企业升级转型需要来自政府强有力的支撑。在网络时代背景下，互联网与产业的渗透、结合冲破了诸多企业的传统价值链，但是也衍生出了许多新的通往财富的路径。此时，企业能否依靠互联网的渗透形成大规模的社会效益，能否登上信息技术列车快速迭代企业原有技术实现技术进步，都需要国家政策的支持及正确引导。技术创新的重要地位毋庸置疑，要在模仿、消化外来先进技术的同时，建立起具有护城河性质的企业独有的技术创新体系，才能确保企业具有技术上的核心竞争力，实现向高层级的跨越。传统企业与产业转型升级更需要市场的参与，发挥市场的力量。通过市场资源调配与政府调控的结合，为企业升级打造良好的环境。

三、德国企业转型升级的经验和模式

德国被认为是欧洲最大的自由市场经济体，在全球实体经济中一直占有重要的地位。第二次世界大战结束以来，德国的经济始终保持稳定的发展，是发达国家自由市场经济的一个典型代表。时至今日，德国仍然被认为是欧洲乃至世界上发达国家中对外贸易和经济依存度最高的国家。德国的产品很少遭受反出口和倾销，因为在德国大部分的出口产品都被认为是复杂的难以替代的高附加值的产品，特别是其知名的工业设备。此外，德国的技术和专利发明数量在世界上仅次于美国和日本。这与德国企业转型升级的发展过程是密切相关的。

第二次世界大战后，德国通过社会主义经济体制的两次革命性转型，恢复并促进了本国的经济发展。在马歇尔计划的推动和支持下，德国获得了大量的支持资金，经济得到了快速的发展。与此同时，美国也改变了对德国的工业生产和制造技术的严格限制，这也有效地刺激了德国产品出口的需求。在这些外部因素的共同推动和作用下，德国抓住了第三次世界智能制造技术革命的发展契机，经济重心也开始从采用粗放模式生产的大型钢铁和采煤加工企业逐渐转向了发展资本集约化应用程度高的电子、化工等高新技术企业，使国内工业经济平稳快速地健康增长。20 世纪 60 年代初期，德国工业经济的增长主要是依靠资本密集产业和技术密集产业的发展来支撑和推动的。20 世纪 90 年代前后，美国开始大力发展高新技术，其发展远远超过德国的计算机和传统电子工业。为缩小与其他发达国家在信息水平和技术发展方面的差距，德国开始采取赶超战略，高度重视信息电子技术等先进装备产业的发展。据不完全统计，1990～1994 年，德国政府在信息电子技术产业领域的直接投资年均增长率已经达到了 800% 以上，极大地提高了德国的信息水平和技术实力。

目前，为了在新的第三次工业革命中获得更好的机遇，探索推动整体经济快速发展的新引擎，德国实施了新的工业 4.0 计划。一方面，随着计划实施的不断深入，德国的传统制造业成为产业转移的重心，其中专业化和高端化的趋势日渐明显，劳动密集型制造企业投资逐渐被信息技术及研发等资金和技术密集型企业投资所替代。另一方面，为有效应对全球能源的约束和环境日益恶化的严峻挑战，德国的制造企业从传统的循环经济开始向绿色环保经济转型。由于德国国土面积较小，自然资源缺乏，因此严重地依赖于进口。随着全球市场

经济的不断发展，资源消耗的日益增加，自然资源供给日益短缺的问题日益突出，严重地制约了德国的社会和经济的健康发展。为提高社会经济的发展水平和能力，应对全球气候变暖等自然环境日益恶化的挑战，德国已经开始努力地走上绿色可持续发展的道路，其发展重点聚焦于可再生能源和绿色新能源的开发两个领域。此外，启动了德国工业4.0战略，重点实现企业智能化生产，并将企业和国家公共研究机构合并为产学研联合体，促进技术和产业转移。纵观德国企业的发展历史，驱动其企业成功转型升级的因素主要有以下几点：

首先，社会主义市场经济模式是二战后的德国中小企业生存和转型的重要基石。与美国、日本等国家的资本主义市场经济模式不同，德国的社会主义市场经济模式摒弃了资本主义放任市场资本发展的特点，在一定程度上完全驯化了传统的资本主义。通过经济政策手段干预国家的建设，抑制资本主义市场经济中优胜劣汰的消极后果，为战后的德国中小企业的快速生存和发展转型升级提供了坚实的经济和社会保障。

其次，商业模式的创新是德国企业转型升级的生命基础。较之其他发达国家的大型制造业和中小型企业，德国的战略选择更侧重于对企业的数字化战略发展，即系统资源的重新分配和资源综合利用等一系列问题。因此，具体来说，德国的企业战略选择强调利用互联网的系统数字化和整体思维，依靠互联网络上的信息将企业个体有机地联系起来，推动企业的个性化、规模化的生产，为未来德国企业整体商业模式的创新与市场竞争的有效整合发展奠定了坚实的基础。在德国企业战略的选择方面，其重点是如何开发和培育企业的商业模式。可以说，德国企业的顺利转型离不开商业模式的创新。

最后，科技创新为德国企业转型提供了技术支撑。德国制定了良好的制度框架，并通过专利保护、知识产权制度等为企业创新提供激励。总的来说，德国经济的快速发展是依靠现代装备制造业的发展来有效地主导新技术产品的供应，并以此来控制行业的制高点，不断增强其在高端技术服务领域的领先地位。此外，德国政府还根据工业4.0的成果，对企业之间，特别是对中小企业之间的有机合作进行了深入分析。在这种情况下，大企业充分调动资源，积极参与技术创新和市场创新，而政府主要负责统筹规划，把握经济发展方向。

由此可以看出，德国企业转型升级模式借鉴要素主要包含商业模式创新、科技创新。首先通过市场经济模式的调整，通过政府干预经济排除了资本主义的干扰，互联网正在改变企业赖以生存的资源环境、技术环境和需求环境，企业需要对为谁创造价值、创造什么价值、如何创造价值、如何实现价值等问题（即商业模式创新）进行重新思考。德国在商业模式创新方面走在了前列，很早就关注到了互联网的强烈冲击力。正是利用在网络技术层面的先知先觉，德国对企业商业模式进行了重新塑造，赋予企业新的生命力，科技创新是德国企业转型升级的生命线。德国企业的产品以高科技、高精尖、高密度闻名于世，树立产品标准、产品权威及产品口碑正是德国企业不断在科技创新方面进行大力投资，高度重视研发成果转化、重视知识产权保护、重视技术保准设立、重视质量监督机制的结果。德国企业也在一轮轮的技术迭代过程中实现了转型升级。

四、发达国家企业转型升级的模式总结

当前，中国制造正面临着西方发达国家发起的重新工业化运动以及东盟较低的人力资本和资源成本的双重挑战。加快转型升级之路，已成为新时期中国工业发展的核心任务。根据发达国家的经验，企业的竞争优势不仅是促进产业转型升级的重要内容，而且也是决定一个国家兴衰和新时代国际竞争力的关键。在 2008 年国际金融危机之后，发达国家重新审视整个实体经济，尤其是制造业企业在社会发展中的作用。在这种形势下，传统装备制造业的核心竞争优势正在逐渐减弱，国家每年的发展战略重点都在技术密集型产业和高端装备制造业和新产品的研发上。因此，如何提高中国企业的发展活力、如何成功地促进传统企业的转型升级，已成为中国市场经济全面发展的重要课题与难题。在发达国家，企业的转型升级是经济快速增长的巨大动力。其继续通过技术创新领导、产品标准化或国际产业转移来促进国内制造企业的转型升级。如表 6 - 3 所示。

表 6 - 3　发达国家转型升级经验总结

国家	美国	日本	德国
转型升级模式	从"工业立国"到"再工业化"	从"贸易立国""技术立国"到"科技创新立国"	从"产业合理化运动""道威斯计划"到"工业4.0"

续表

国家	美国	日本	德国
转型升级关键	技术引进创新、产业国际转移、政策支持	技术引进、技术创新、科技创新、政策支持	商业模式创新、技术引进创新、环境支持
不同点	注重产业国际转移	注重技术引进、科技创新	注重商业模式创新
相同点	通过制造业技术引进与创新、产品制造标准化或促进制造产业链向国际战略转移等多种路径，来有效推进本国传统制造企业的转型升级		

1. 美国：从"工业立国"到"再工业化"

美国一直高度重视工业在整个美国经济发展过程中的主导地位，并对其采取了一套相应的整体经济发展战略，以美国重工业的发展为经济指导，以工业来促进不同发展阶段的经济快速增长。美国独立初期，经济基础薄弱，工业制造设备稀缺，技术水平落后。因此，美国开始采取以重工业立国的经济发展战略。20世纪初，考虑到高昂的原料成本和劳动力成本以及环境保护等问题，美国制造业开始采取去工业化策略，将美国制造业的低端和中端两个环节转移到了发展中国家。

美国在2012年发布了《国家先进制造业战略计划》，分析了近年来美国全球先进高端制造业的发展趋势以及促进美国高端先进制造业发展过程中面临的一些历史机遇和重大挑战，并在计划中提出了实施美国先进高端制造业国家发展战略的五个基本目标和总体要求，以及其相应的改革措施和对策。

2. 日本：从"贸易立国""技术立国"到"科技创新立国"

日本的跨国制造技术创新，主要经历引进、吸收和技术创新的三个过程。1950年，为进一步加速世界经济的复苏，适应当前世界先进科学技术的发展趋势，日本实施了建立研发高新技术和恢复进出口自由贸易的发展战略。1980年，日本进一步改变传统核心应用科学和技术发展的基本概念，旨在建立一个更加重视自主技术研发的高新技术国家。1990年，日本从传统的技术创新转变为更加注重基础应用科学技术研究的核心科学技术创新国家。同时，日本还积极建立以多技术为支柱的高新技术产业结构。1985年，日元大幅升值，制造业劳动力价格的国际比较优势大幅下降，国内制造业劳动力价格上涨，导致以出口高新技术为主要战略导向的高新技术制造公司向海外制造业转移。在此期间，日本的服务业、金融业和信息业经历快速发展，其在产业结构中的比重稳步扩大。国际金融危机后，日本提出了新的增长目标和振兴战略，并相继出台了金融改革、财政改革和促进私人投资增长的政策，所有这些都对日本的工业化发展产生了深远的影响。

3. 德国：从"产业合理化运动""道威斯计划"到"工业4.0"

德国非常重视制造业产品的标准化和各种形式的技术创新。在20世纪中后期，德国制造业开始调整经济结构，转变为创新型经济。并以此为契机促进制造业技术和观念的现代化和创新，重视新一代技术的研究开发和综合利用，避免不稳定因素影响制造业。

2010年，德国正式颁布了《高技术战略2020》；重点聚焦发展新能源等高新技术重点领域。长期以来，通过强大的高新技术创新，不断地提升和稳固了德国在全球制造业的国际市场领导地位和核心竞争力。2013年4月，德国正式向技术协会提出了"工业4.0"的战略项目，旨在推动引领以智能机械装备制造和自动化为基础的第四次工业革命，推动现代德国企业向作为智能制造业转型。目前，德国充分地依靠强大的德国技术协会，建立了掀起第四次工业革命的平台，并进一步地实施了"工业4.0"项目行动计划。该生产管理平台的主要建设目标之一，是通过提高工业生产管理水平，促进现代工业发展，开发出新的商业模式和新的运营管理机制并将其付诸实践。

总结美国等发达国家的转型升级经验，有以下几点可以借鉴，如图6-8所示。

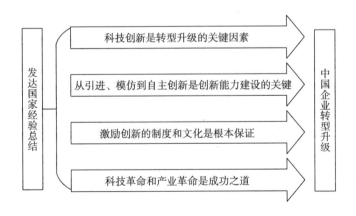

图6-8　中国企业发展启示

首先，技术创新的综合能力水平是直接影响、决定发达国家经济科技创新发展的重要因素。从上海国际大学科技创新发展实践经验的分析结果来看，一个国家要崛起成为军事强国并保持其作为大国的地位，主要取决于技术创新的能力和制造业的国际竞争力。当前，我国人口和经济的持续快速增长，在很大程度上依靠的是大量优质人力资源的投入、低效人力资源的消耗和大量物质资本的高效投入相结合。因此，要实现当代中国社会主义和平崛起，就必须充分推进科学和技术创新，充分发挥十亿多农业人口的巨大科技创新潜力。这种创新是我国实现中华民族伟大复兴的唯一途径。

其次，从大力引进、模仿到自主创新，这是一个国家科技突破创新能力建设的必要过程和捷径。美国早期的现代科学和技术创新开始于引进、消化、吸收、再创新。自研究院在美国成立 100 多年来，欧洲的先进科学技术和发明大多被带到美国进行商业化，但是成功的基础科学研究成果并不多，积累的最原始的成果也很少。直到二战之后，美国才大力支持以科学为基础的技术研究和尖端设备、技术研发，并从根本上实现了原始技术创新的快速转型。当前，我国仍然长期处于吸收引进技术、再开发技术创新和综合技术创新的时期，尚未完全进入开发和引领原始技术创新的阶段。必须紧紧围绕我国经济社会快速发展的主要形势和需要，以社会主义市场经济为政策导向，以国有企业法人为经营主体，政府、行业协调结合，更有效地促进综合创新加快先进技术产业化。

最后，综观美国等发达国家的成功因素，最关键的是这些发达国家已经建立了一套相对完整的科学技术激励制度和创新体系，形成了一种尊重知识、培养优秀科技人才的制度和文化。因此，从根本上促进科学技术的持续创新，就要建立有利于充分激发持续创新的制度环境和社会文化。第一，必须有效加强和完善知识产权保护制度，使创新者的技术能够实现持续的创新价值。第二，坚持培育人力资本，建立完善的国民教育体系，普及基础教育，积极发展中高等职业技术学校，建设多所国际高水平研究型大学，不断提高我国社会科学专业技术水平和社会文化素质。第三，大力弘扬创新精神和优秀企业家精神，形成良好的社会文化环境和文化氛围，有利于杰出科学家、发明家、技术管理专家和优秀企业家的不断涌现，也有利于国家和企业的科学技术创新和发展。

第二节　网络时代下企业的转型方向

从互联网到移动互联网，再到 5G 带来的 IOT（Internet of Things）万物互联时代，互联网正迅速改变着人类的生活方式和价值观念，尤其是"90 后""00 后"互联网原住民一代，正迫使传统商业必须做出革命性的变革。在过去的几十年中，许多企业在"熊彼得竞争"的大潮中获得赦免。管制壁垒、专利保护、分配垄断、无权利的消费者、标准制定者、规模范围优势、进口保护、资金壁垒等都保护了市场主流企业免受达尔文竞争下来自创新市场的颠覆性冲击。不过，如今，许多这样的壁垒已经失效（Gary，1994）。2019 年 4 月，中央政治局会议在习近平总书记的主持下胜利召开，会议提出，为了引导传统产业加快转型升级，要把推进制造业高质量发展作为稳定增长的重要依托。

一、经营模式转型

1. 借助互联网科技为企业赋能，使规模经济效益持续

O2O 的商业模式概念是由美国一家支付公司 Trail Pay 的创始人 Alex Rampell 在 2010 年 8 月提出的，他在 *Tech Crunch* 杂志上发表了 *Why Online 2 Offline Commerce is a Trillion Dollar Opportunity* 一文，认为 O2O 即线上到线下，是在网上寻找消费者，然后将他们带到实体店中。真正将 O2O 模式发展到极致，改变消费者购物习惯的却是在中国。借助互联网线上平台的网络效应，打破时间、空间的界限，使商业交易变得更加高效而透明，互联网的发展将各类经济要素由线下向线上迁移。百度、腾讯、阿里巴巴、京东等互联网龙头企业正在打造自己的互联网生态圈，它们在视频直播、餐饮打车、快递物流、旅游交通、购物休闲、移动支付等各个领域渗透，受众目标由一二线城市到下沉市场，可谓无孔不入。在构建了自身强大竞争力的同时，更引领了各产业领域的转型升级、跨越式发展变革。

2. 以创新驱动拓展传统企业生态位，实现在 GVC 中高位嵌入

党的十九大报告指出，深化供给侧结构性改革，支持传统产业优化升级，

促进我国产业迈向 GVC 中高端。在传统的商业模式下，企业核心产品和服务价值的实现将推动企业核心能力的提升。核心能力的提升与资源的提升与资源间形成正反馈（梁家骓等，2004）。新的竞争模式是以企业生态系统为依托的。在企业系统内企业资源不仅用于企业内部自身核心能力的提升，还需将资源用于企业生态系统的建设（穆春晓，2007）。从 EVC、IVC、RVC、NVC 到 GVC，升级归根到底是企业升级，企业能力决定了嵌入 GVC 的位势（刘志彪，2019）。我国传统企业想要沿着 GVC 由低端迈向中高端，必须在经营管理、产品打造、商业模式等各个维度重视创新，以强化企业自身的核心能力，实现在 GVC 中高位嵌入。

3. 优化产业链条，提升全链条协同效率以建立企业竞争优势

企业想建立竞争优势，在考虑产业链的系统协同效率时，可以选择以下五种模式：一是得到专业的、集中的优势力量，优化企业内部价值链。在 EVC 众多的活动环节里，各个环节都是紧紧相扣起到了重要承接作用的，但从创造价值的角度上讲，并非所有环节都起到了相同的作用，而将那些起到关键作用的特殊环节称为战略环节（桂萍等，2001；梁嘉骓等，2004）。企业为获得专业化优势和核心竞争力，需要集中于产业链的一个或几个环节，加大对这些环节的重视程度，以此优化企业内部价值链条，同时通过多种渠道与产业链中其他环节的专业公司进行有针对性的合作，以此有效地提高整个产业链的运行效率，与此同时，可降低满足客户日益个性化需求的成本，从而能与行业占优势的寡头企业分庭抗礼。二是加强与产业链上下游的合作，为使企业的产品进一步融入客户企业的价值链运行中，在研发、生产、测试和运营诸环节进行紧密的协同合作，从本质上改善企业的整体运作效率，最终实现企业提高产品的有效的差异性，提高企业产业链的综合竞争力。三是有针对性地强化企业产业链中的薄弱环节，释放出整体企业效能。企业强化产业链中的薄弱环节部分，需要主动帮助和有针对性地改善制约自身价值链效率的上下游企业的运行效率，进一步提高整个产业链的运行效能，加强整体实力，增强企业的竞争力，把优势建立在产业链释放的整体效率上，最终让企业获得相对于其他产业链上竞争对手的优势。四是把控重要环节，重组产业链。企业要准确识别和发现所在产业链中的核心部分，抓住最有价值的环节，培育此方面的核心力量，充分把各种资源着重在此核心力量上，用以加强这个环节的综合能力，从而构建强大且

集中的竞争优势。然后，凭借这个竞争优势获得同其他合作企业协同时的主动性和整体资源一起整合时的杠杆效益，让企业在整个产业链处于优势地位和起主导作用，构建其综合实力。五是引领整个行业，构建综合管理型产业链，提高行业系统协同的效率。行业内的领头企业要巩固好已取得的行业内的竞争优势和领头地位，同时还要敏锐关注所处行业的整体发展和未来方向。主动担当起管理整个行业产业链的责任，使整个产业链组织结构更加合理，并保持较高的协作效率，在与其他相关行业竞争时，带领整个行业客观面对竞争，冷静处理问题，保持整个行业的竞争力，使整个产业链的利益最大化（张文松、郝宏兰，2013）。

4. 企业需注重商业模式的平台化、网络化延展

平台商业模式所带来的经济革命已经更改了现有的行业运行规则，其他多种行业也受到了互联网行业的影响。平台战略已经带领新的革新力量，推翻了原有的产业结构，彻底改变了原有商业模式，甚至影响了社会行为。互联网络则加深了平台战略的复杂程度和影响范围，几乎横扫所涉及的每个产业。平台就是一个快速且合理分配资源的载体，大量的资源被快速地分配在平台上，并被有效分配出去，最终成为一个良性的循环系统，它可以根据需求变量进行自动配置和循环，平台拥有开放性，其本质就是生态圈。一般来说，如果企业能够接受新的模式，接受"去中间、去中心、去边界化"，构建新的平台和运营模式，诸多传统行业内仍使用老套运营模式的企业就能有机会走出低谷、解决痛点、完成转型。

很多传统行业在新环境下发展滞后，造成发展缓慢有三个主要原因：一是价值链过长但不精，造成信息传递耗时长，反应速度非常低下，无法进行高效沟通。二是过分强调标准化，缺乏个性需求特点。发展至今，绝大多数的企业所具备的能力主要是为了建设和保障大规模标准化的生产，特点突出，成本低，量产快，标准统一，同时也暴露了缺点，不能提供个性化的定制产品。三是许多传统行业的专业化发展导致了"独善其身、各自为政"。传统行业的独立独行，讲究术业有专攻，各个部门之间独立性强，沟通合作相对较少，造成企业只专注于所在的行业。针对这些痛点，有不同的平台转型方向。通过"去中介、去中间化"，有效借助平台商业模式缩短并精简低效能的产业链，进而解决传统 IVC 过长的问题。利用大的交互平台，让供需双方直接对接，加

强信息的自由流动。利用平台拥有的丰富多样的商业模式，助力企业推翻只有大规模生产，没有个性特点的劣势。最后，借助大平台进行跨界整合，通过挖掘增长亮点与其他行业整合，给用户提供整体且长远的解决方案，最大限度地避免传统产业的分散化经营，实现传统企业跨界运营。

平台型企业其实是利用了网络经济效应，也就是放大效应。产生这一效应的原因有两个：第一，平台的开放性，使尽量整合全世界所有资源成为可能；第二，这个平台最大限度地提高了用户的参与范围以及参与程度，缩短了企业和用户的距离，甚至是零距离。传统企业进行平台化转型，关键有三个步骤：战略规划——结构行业价值链，找到转型切入点；组织调整——梳理业务关系，选择转型途径；人才布局——重塑企业价值与文化，带领全员转型（陈威如等，2017）。

二、管理模式转型

在互联网带来的齐头并进、大变革面前，受挑战最大的其实不是科学技术，而是与互联网时代相适应的管理手段、管理方法以及管理模式。美国管理大师 Gary Hamel 在《管理的未来》（*The Future of Management*）中指出："与20 世纪后半叶发生巨大变革的技术、生活方式、地缘政治相比，管理就像一只缓慢爬行的蜗牛。"企业的经营战略、组织结构、内部管理方式既是环境选择的结果，也是主动适应环境的必然。经营思路随环境变化势必发生转变，同时传统企业的组织架构、管理思维也要同步跟上步伐转型升级，齐头并进、双管齐下，传统企业转型升级才成为可能。内部管理转型升级思路如下：

1. 调整企业战略，使之与互联网时代相适应

在互联网时代，科技不断进步，竞争激烈，市场环境变幻莫测，传统的经营理念和经验已慢慢不适用于企业所处的竞争环境，维持"永续经营"也愈加困难。传统企业的高层决策者和管理者都必须警惕新兴的互联网创业者给现有业务带来的新威胁、新挑战，时刻面对技术带来的消费者需求、商业模式的创新实践可能给传统企业现有的经营管理带来的釜底抽薪般的颠覆式影响。在此大环境下，实现"永续经营"非常不易，"战略制胜"才是企业立足于市场的出路。

美国战略问题专家、哈佛商学院战略组前任组长辛西娅·蒙哥马利 2016

年调查了美国超过 3 万家上市公司的寿命，结果非常残酷：50 年的时间里，当今企业倒闭的速度超过了以往任何时期，由于倒闭、清算和并购等原因，1/3 的上市公司在上市后 5 年内退市，此比例是 40 年前的 6 倍。尽管人们普遍认为企业是历久弥新的组织，然而，实际上它们的平均寿命远远短于员工的寿命。企业的高死亡率不会因企业的规模、年限、经验和所处行业而有所改变。企业要在更为残酷的全球市场竞争中真正立足，没有正确的战略方向作为引导是不行的。美国知名管理学家吉姆·柯林斯（Jim Collins），从 1964~1995 年 30 年内曾入选美国企业 500 强的 1345 家企业中筛选出 11 家，耗时 5 年，综合分析这 11 家企业的共同点，分析它们为什么能取得这样的成就，出版了《从优秀到卓越》（Good to Great）一书。他认为，这 11 家企业能够成功的主要原因有两个：一是恪守企业的核心价值观和核心目标，有明确的战略意图；二是确定哪些该做，哪些不该做，哪些要停做。

在全球经济形势动荡、竞争日趋激烈的情况下，企业要想在如此严峻的形势下生存乃至发展，应该向自然界的生物学习，制定最适宜的竞争战略（范保群、王毅，2006）。目前的背景是：产业环境越来越动荡、消费者希望一体化解决方案越来越成熟、新技术应用日新月异、各行业边界日趋模糊、跨界合作与共创价值成为潮流。人们慢慢意识到，仅依靠产业结构优化和核心竞争力的培养巩固已经不适应当前的形势。企业想在新的市场环境下一帆风顺，必须善于连接外部资源，将企业所在的商业生态圈优化；必须改变原来制定战略的一套思维逻辑和分析方法，融合互联网思维，在跨界转型以及构筑生态平台上下功夫。

2. 企业组织结构向扁平化、柔性化的结构转型

传统企业的组织结构垂直式的科层制组织结构，与当今互联网时代有着诸多不相适应的地方。对系统性变革方面起到较强阻碍作用的是：严格的控制思想、僵化的结构化的思维、传统科层组织结构以及过分严谨的管理体系，此时需要一种可以发现新机遇的变革模式，来验证和确认适应新环境的新路径、新方法。通过商业模式、管理模式的创新去破解科层制企业组织的诸多问题，是组织变革的重要任务之一。

驱动组织变革的因素一般有两个：一是人；二是技术。互联网时代的到来意味着管理革命的到来，传统的管理面临着诸多挑战。保持企业高度管理灵活

性和对外部大环境的高度适应性，根据市场的变化敏捷、及时地进行应对调整，以适应外部环境的急剧变化，在随时剧变、持续动荡、纷乱复杂、高不确定性的市场环境中存续竞争优势。当今整体经营大环境瞬息万变，传统企业亟须进行根本性改革和颠覆性创新来适应外部环境的变化，保证自身在恶劣的环境中生存发展。互联网思维模式下的组织结构是去中心化的网状结构，没有森严的层级制度，考核指标由用户需求的项目来定义，主要靠任务驱动式的协同工作进行运转。未来企业组织的发展趋势将是高度扁平、节点相连的网状结构，传统企业的组织结构需要进行柔性结构转型，使之扁平化和平台化。众所周知，互联网络的一大功能在于弱化乃至消除信息不对称，将其应用在传统企业的组织结构调整变革，就是弱化部门的概念、压缩中间环节，从而使组织实现扁平化。企业转型并不只是对传统管理模式的调整与修正，而是对其进行本质的系统性重新构建。

首先，企业的行业边界在消失，企业跨界是大趋势。随着云计算、互联网等新技术的出现，所有可能使用资源的优化配置将智能化自动进行，IVC 上不同的各个环节都可以实现在云框架下统一完成，经济一体化成为未来趋势，企业间和企业内部部门的合作变得更加密切高效，战略联盟、特约合作等多种合作方式不断出现，资源互补协作成为不同企业间合作发展的方式。在互联网时代，消费者的个性化需求不断增加，定制化商品逐渐被更多的消费者关注，商品量产化模式逐渐无法满足新的市场需求。电商平台已逐渐代替传统的购物模式和消费方式。由此可见，企业的边界在面对如今的市场大环境时，边界越来越模糊化。

其次，组织结构改革已经向网状结构转变。"金字塔"式的管理结构是很多企业传承下来的管理模式，这种落后的管理模式有很大的缺陷，已经严重影响了企业的正常发展，不能适应新环境下的市场需求。企业想生存下去甚至提高市场竞争力就需要进行组织结构改革，逐渐扁平化组织结构，给更多的人发挥主观能动性和创造性的机会，汇集各方面知识经验，共创价值。随着管理结构调整，管理幅度会随之增大，因此要加强对基层管理人员的监管，为员工的发展动态管理提供便利条件。

3. 传统企业管理者管理思维和制度的更新和创新

企业在进行组织结构扁平化改革的调整时，需同步建立适应其特点的管理机制，从本质上消除员工被分层化的感受。只有从管理层着手，提高人员之间的沟通渠道和沟通效率，最大限度地发挥群体智慧，才能确保企业对市场的高度敏感及内部迅速灵活的反馈运作体系，以激发员工的自主创新活力。

网络结构可以促进直连节点间的交互协作。平等、协作、共享的互联网精神自然而然地映射到企业内部的各个角落，镜像效应使企业内部组织成为一个个相互协作的子团队，为了一个共同的组织目标而努力。每个人都位于一个重要的节点，产生不同的价值，而只有网状结构才能把这些节点连接在一起，从而产生更大的协作价值。同时，互联网时代经济模式的变化促使了企业内外部协作模式的同步改变，人们的话语权得到了空前放大，"共识"的概念已经不仅是每个人都同意，也意味着所有参与者都可以自由发声，而且每个参与者的提议都可以被听到，最终所有人共同选择站在最优的决策点。此外，传统企业转型中需要节点与节点之间更为广泛、更加公开、更大规模、更加透明的交流协作以及水平信息沟通。这种交流方式完全颠覆了传统企业中垂直的沟通链结构，力求使每个节点既能被信息覆盖，又能传递出信息，从而提高沟通效率。

4. 传统营销向数字营销的转变

大数据营销可以实现精准触达客户，以提升线索收集转化率。传统企业以往靠打广告，是单向自上而下的营销模式，投入高、收效小，具有盲目且分散的特点。许多传统企业也在不断探索尝试所谓的"互联网营销"，而它们的做法是直接将以前在传统媒体上投放的广告移植到网络上进行发布，结果必然是收效甚微，而且还造成了不小的企业资源浪费，究其原因是没能把握互联网时代数字营销模式转型的本质。互联网时代的商品信息能够以更快捷的方式传递给消费者，营销环境向碎片化、场景化、移动化、个性化转变。在商业活动过程中，消费者的影响力日益增强，话语权也随之越来越大，互联网社交媒体已经成为品牌推广便捷且有力的平台。如果仅将线下广告搬到线上，不能利用数据分析、人群洞察做到精准触达、潜客互动，实际只是增加了网络噪声，浪费了企业资源。传统企业需要改变感性的营销思维方式，重视对消费者行为数据的保护、采集、分析和利用，借助大数据洞察方式进行精准化的数字营销。大数据营销可指导企业生产仓储销售全流程。进行大数据分析后，能获取产品在各地区、各时间段以及针对不同消费群体的库存和预售信息，这些信息有助于判断整个市场的走势，可以有目的、有针对性地刺激消费者的需求，通过不断比照获取的信息来进行产品生产和完善，最终实现整个产品开发、生产、物流、销售的全链条智能化极速响应。

第三节 政府层面政策建议

一、技术创新

科技预测大师雷·库兹韦尔（2016）在《机器之心》中大胆预测：未来的世界，人类和机器将难分彼此，人类将不再是万物之灵，电脑将比人脑有高1万倍的智能。量子计算将引爆技术未来。机器不仅拥有智能，而且有心灵，将具有人类的意识、情绪和欲望。移动互联科技使市场竞争边界具备动态性和模糊性，共享、共创、共赢、共生等互联网平台思维理念层出不穷，跨界颠覆比比皆是。传统企业对来自企业外部的潜在进入者和潜在替代品的感知能力差，缺乏预警能力，不能及时发现危机的到来，导致商业模式的主观刚性增强与网络时代不相匹配，许多传统企业甚至行业在不知不觉中已被跨界颠覆从市场中淘汰出局。科技创新正在以前所未有的速度和广度改变着人类、机器、环境的相互作用关系，第四次工业革命在（移动）互联网、大数据、云计算等不断发展的背景下，对市场、用户、产品、EVC乃至对整个商业生态进行了重新审视和改写。

因此，对于企业而言，技术创新政策激励是塑造良好的创新发展环境和激发企业创新活力的重要手段。基于当下我国所处的是落实创新驱动发展战略的一个重要关键时期，必须要不断完善和优化支持科技创新政策体系，充分发挥政策的环境营造和对创新的政策激励的作用（贺德方等，2019）。支持科技创新的发展需要资金在前期的研究和后期项目投产的鼎力支持。一方面，财政资金的投入方向保证了企业可以最大限度地获取所需的要素和技术资源；另一方面，不仅是政府部门要最大限度地给予创新企业政策和资金的支持，同时也需要对财政资金的项目投入方向和项目管理方式进一步地创新和把控。

首先，要进一步支持金融，加大对新兴产业发展的支持力度。进一步创新和完善传统产业转型发展的金融支持政策等方式，对中央政府重点支持和发展的新兴行业的战略性创新项目加大财政支持力度。贯彻落实财税和其他优惠政策，吸引更多社会力量和资本支持传统产业转型升级和战略性新兴产业发展。作为战略性产业链重组和社会资本整合的主渠道，应充分推动国家战略性新兴产业的兼并重组、产业链交叉整合，实现战略性新兴产业重点技术突破和新兴产业跨越模式发展。在对企业的相关技术创新和补贴政策上，各级政府应更具有政策倾向性和针对性，使财政补贴能够对企业的技术创新和经营活动发挥积极的作用，且始终坚持以资本市场为基础发挥主导作用，从而能够促使企业发展更具规模和竞争力，市场更具创造力（徐维祥等，2018）。

其次，鼓励和引导社会资本投入。此处的社会资本包含但不限于资金、人力、个体间的社会信息网络等。在我国目前所处的经济转型的关键时期，社会资本作为替代性的行为规范，对于经济增长具有显著的正向推动作用，因其同时也具有社会资本累积的效应，故其长期的作用要明显地强于短期的作用，且我国经济发展水平、城镇化程度、市场化经济建设程度等都对其发展具有正向的作用，对技术创新和金融资本结构优化也起到了间接的积极推动作用（周瑾等，2018）。处于结构层面的社会资本，促使信息能够在整个社会资本网络中更高效地传播，是促进创新的关键变量，针对以创新为核心的高科技新兴产业尤为重要，处于整个社会资本中的信任要素能够有效降低监督成本，促使社会资源的有效合理配置。此外，社会资本还可以通过知识外溢和有效降低社会资源收集成本等方式来促进其创新（刘伟、王汝芳，2006）。

再次，落实对科技型企业投资潜在风险的补偿。地方政府设立对科技型企业投资潜在风险的补偿资金，建立健全有效鼓励企业自主创新、宽容投资失败的企业利益导向风险补偿机制。例如，地方政府对引导的子基金及参股的子基金，及其投资的种子期、初创期高新技术企业，如子基金发生实际投资收益损失，财政对其投资的社会主体固定资本或者出资人的实际投资收益损失，按一定的比例给予财政补偿。地方政府对引导的子基金及参股子基金，及其投资的种子期、初创期高新技术企业首贷过程中出现的巨额坏账投资项目，企业的贷款损失和银行注册资本金的损失财政按一定的比例给予补偿。

最后，增加对高层次人才的直接补贴。减少以往对企业前端战略性研发行为的直接财政补贴，增加对区域高层次人才的直接补贴，对区域内人才市场的吸引力形成直接刺激。已有研究表明，财政科技专项补贴与企业研发投入间呈显著的互补作用，产业补贴会显著地增强企业技术创新效率与效果，尽管目前以直接对企业 R&D 前端的战略性研发行为进行补贴的占比权重最高，但其激励效果并非最强；相反，占比较小区域的人才集聚促进补贴对企业研发投入的作用效果最为显著（孙军，2007）。

二、人力资本

人力资源管理的行为策略对于企业转型升级具有显著的引导作用，而企业的创新氛围在这两者之间往往只能起部分中介作用（钟碧忠、许文兴，2018）。当前企业的人力资源管理模式，以管控和集权为主要特征。一是对员工不信任，采取严格的控制监督、缺少授权，使得员工在工作中的自主权和创造性受到压制。久而久之，逐渐失去自我思考的能力和创新创造的意识。在互联网时代，企业间的竞争本质上就是人才的竞争，而传统企业的人力资源管理模式培养不出适应互联网环境的人才队伍，严重阻碍和制约了企业的转型升级。二是传统企业人才严重流失。一方面，传统企业在移动互联网时代需要更多的复合型跨界人才，但是因为薪酬和激励较低，企业文化落后，对优秀人才没有吸引力；另一方面，传统企业中原来的优秀人才流向了创新企业或者自我创业，导致传统企业人才结构进一步恶化。在传统企业中，研发人员和管理人员的职业素养不高、人才储备不足，尤其是优秀的相关人才在传统企业中非常罕见，更没有形成招聘和培养的机制，以及研发人才、职业经理人人才梯队。有的传统企业根本没有研发人员，有的企业虽有研发人员，但已习惯了过去从低端抄袭和模仿成熟品牌的"创意"模式，往往缺少全球理念和自主创新经验。传统企业的人才结构单一，不注重人才的培养和对员工创造力、主观能动性的保护和激发，加之习惯了从上而下地接受命令、执行命令的行事风格，久而久之，使员工都成了毫无创造力的"木头人"。

因此，政府需要根据经济社会和产业结构的总体规划，对重点行业和人才需求进行综合分析判断，突出应用紧缺型人才，加速人才资源配置优化。对人才资源的结构整合、开发等方面予以优先调整，从根本上改革人才保障制度，构建以人才驱动—产业发展—人才集聚为链条的循环生态系统，进一步加强经济与人才战略的深度融合。

首先,加强高层次人才队伍的建设。深入实施高端技术人才的引领和储备工程,加强与高校、科研院所的技术人才深度交流合作,围绕高层次产业发展需要引进一批新型专业技术人才,积极推进高层次产业发展的领军者和技术人才队伍建设,实施高层次企业家重点培育人才工程,鼓励和支持民营企业从高校、科研院所聘用高层次的科研技术人才。重视高层次专业技术骨干的选拔和培养,紧扣重点产业布局。对高层次人才的引进和储备工作提供必要的专项财政资金补助。

其次,鼓励并支持高级技术人才参与创新创业。继续贯彻落实高校、科研院所高级技术人才离岗创业或者兼职创业等行为的政策。科研人员有较多的理论知识和专业技能,鼓励科研人员在履行了单位聘任合同约定内的相应义务之后,利用业余时间投身于与本单位业务领域相近的企业等其他社会经济组织,进一步推动科技成果的转化,提高企业的产品科技含量。抑或科研人员带着自己的技术成果和科研项目,通过整合多方资源,开办创新型企业组织,开展科技创新工作。

最后,加快建设专业人才的创新和创业服务平台。依托经济技术开发区、园区,通过整合各级市场、社会等各方资源,推进建设国家级技术研究服务中心、产业技术联盟等综合性企业组织和创新平台。着力打造一批国家级、省级技术专业人才的创新工作站和创业服务平台。对省级以上技术专业人才的创新工作站、国家级或省级的技术研究创业服务中心给予国家财政补助。

三、金融支持

为了适应当前中国创新驱动产业快速发展的高层次要求,需要进一步建立更为完善的多层次资本市场体系,以主板市场为交易主体,加快建设多层次的资本市场,激活中小企业板块,翻转和完善资本市场的倒三角结构,改革和完善资本市场准入和审核标准,增加资本市场审核的高度灵活性、机动性。需要大力发展直接融资,引导中小企业从传统的以间接融资为主转型到直接融资和间接融资并进,通过融资上市、新发可转换债券等多种渠道,拓宽中小企业的直接融资渠道和金融渠道,降低中小企业的间接融资、门槛和运营成本。强调再融资,鼓励大型国有控股上市公司通过并购资产、重组、增发、配股等股权再融资方式，推进全产业链的结构优化交叉整合。

首先，加快推进银行业的改革。政府应鼓励和支持民营银行多元化发展，改善民营金融产品的供求关系，形成综合性的金融机构和体系。银行应完善不良贷款处置机制，应建立和完善现有的考核责任激励机制和尽职免责风险管理机制，创新风险管理理念。地方政府及其他相关监管部门应有限度地赋予银行更多的自主风险管理权力，综合运用多种风险管理手段提升内部金融资产的质量，降低企业的信贷资金过度沉淀的概率，规避不良贷款的激增对企业利润的侵蚀现象。同时，政府也应对高新技术企业的信用担保进行转型升级，增加对企业反信用担保资金支持，以政府的信用和地方财政为优秀企业背书，尤其是轻资产的高新技术企业，可以申请成立各层级的信用保证投资基金，强化信用金融机构对中小企业的信用金融风险授信和承担意愿，提高中小企业信用贷款和抵押融资的风险额度，解决中小企业融资难的结构性问题。

其次，鼓励金融创新。发展和完善互联网金融，制定严格的市场准入制度和信用风险识别机制，同时需要建立风险预警机制，做好顶层设计，制定横跨金融部门的监管方案，降低互联网金融的资金风险和信用危机，使其为我国经济的发展发挥良好的推动作用。目前，针对新兴产业具有资金需求量大、起步风险高、信用保障低等特点，可以开发具有担保属性的债券、风险投资或者基金等产品，实现利益共享、风险共担和补偿。进一步构建专业化的服务网络，以政府、金融机构、第三方机构为关键点，完善金融服务生态系统，引入合同能源管理、知识产权抵押等模式，构建一体化金融解决方案。

最后，增强金融政策支持精准性。相关部门储备一定的存量资金，用于支持目前产能过剩的产业，制定风险补偿、合理展期、限制提前清偿等政策措施，充分发挥市场在资源配置中的决定性作用，加快产业自我更新速度。针对技术升级急需行业，通过融资贴息、免税债券、定向降准、风险投资等政策手段，加以排列组合，针对产业发展特点来适度匹配资金的期限、成本、风险。

第四节　产业层面政策建议

一、价值链重构

当前，我国在有计划地进行全球化制造业高端产业链布局与国际合作体系的构建，应有计划地形成水平、垂直两个方向的国际合作体系，在尊重各国主权的原则下，最大限度地结合各项生产要素。掌控布局节奏，避免产业链的空洞化发展，日本在有计划地进行产业链调整和转移时，盲目地加大了对外投资，导致本国的产业链发展出现了空洞化，美国当下也正在积极力践再工业化的战略。因此，我国也充分吸取经验教训，在推动高端设备全球化制造业逐步发展、有效弥补失去比较优势产业的影响时，渐次进行产业链的调整和转移。

实现产业链的结构合理优化的关键就是解决产业链链节数配置问题以及解决产业链上各节点企业能够实现横向快速扩张的问题。从产业纵向的角度来看，链条不一定是越长越好，如果太长，可能会由于整个产业链过细而发生断裂。而有效延长整个产业链的前提条件之一就是整个产业链条要具备一定的延展性，然后才能有效延伸；同时，分工过细、链条过长，交易成本也会有一定程度的增加，当产业链的交易成本远远大于产业链的管理成本时，多增加一个链节只能直接增加整个产业链的管理成本，并不能直接带来产业链新的经济效益。从产业横向的角度来看，链条也不是越粗越好。链条过粗可能意味着整个产业链上的某个节点产业或企业的分工和产品过于繁杂，即企业经营过度多元化。进一步将现代供应链理念引入产业集群中。整体上以流程概念为基础，按照研发设计—原料采购—生产加工—仓储物流—展会营销—品牌孵化布局全产业生态，重新对产业集群进行规划。鼓励产业集群内的龙头企业将非核心业务外包，加强协作生产模式运营，拓展原料集中采购、会展、协同销售等上下游业务，形成完整的企业供应链。

二、产业集群智慧化

从产业分工的角度来看，OEM 企业不具备独立研发、核心部件生产以及市场开拓和品牌经营能力，多年来仅以简单的大规模生产加工作为积累的核心能力。而这种"核心能力"实际上是不具备任何竞争力的，尤其是在技术迅速更新迭代、信息大规模传播的网络时代。现如今，国内外市场上原油、煤炭、电力等资源和原材料成本不断上升；我国经济发展带动人民生活水平日益提高，劳动力使用成本不断攀升；国家政策对出口退税率的调整、人民币汇率波动、环保成本不断上涨。OEM 企业产品附加值低，被长期锁定于全球 IVC 的最低端，受到来自上下游委托企业的利润挤压，盈利空间极为狭小，加之严峻的国际市场竞争环境，在以上诸多因素的共同作用下，可以说我国的 OEM 传统企业处于举步维艰、进退维谷的境地。

在网络时代下，企业应构建完备的采购系统、物流系统、销售系统，利用智慧化技术，将传感网、物联网与现有的互联网体系整合，推进生产、销售全流程的标准化建设，构建覆盖全产业生态的产销对接信息披露系统。同时实现企业间的信息互通，为产业集群内全产业链高效协同、密切合作奠定基础。引导和鼓励企业间在关键技术、生产工艺上进行多方式的技术创新及交流合作；引导企业联合引进和设立各类研发技术服务机构、产业化创新示范基地等，集聚各类创新技术资源，丰富技术服务载体；支持搭建集群内企业间技术转让和交易平台，实现技术创新成果在整个产业集群内的无障碍流动等。

首先，发挥龙头企业的带头作用。进一步加快推动龙头企业通过联合、品牌一体化经营等多种现代方式整合，提高产业集中度。支持和鼓励技术含量高的优秀企业进一步扩大经营规模，推动产业集群内龙头企业以品牌信息共享平台为经营基础，开展多层次、全方位的品牌联合，实现共赢协同发展。

其次，完善产业集群服务体系。积极建设各类技术研发中心等产业集群公共服务机构和平台，为产业集群内的企业和个人提供公益性服务。鼓励各类产业集群金融机构进驻园区建设集群，为园区的企业和个人提供管理战略咨询、技术研发专利、人才技能培训、市场营销、融资服务和担保等一系列专业性的服务。鼓励银行和其他各类金融机构针对不同类型、不同发展时期和阶段的产业集群，为企业提供量身定做的金融产品和服务，增加授信额度，简化信贷流程和手续，实行信贷利率优惠。

最后，规划和建设行政区域互联互通，共建创新信息化网络。在构建行政区域创新信息化体系时须进一步突破我国传统的行政区域，规划和建设一个连接全国乃至覆盖全球科技创新活动重要行政区域的创新信息化网络，与国内外先进的高新科技机构和创新研究中心实现互联互通，促进科技创新的网络不断向外延展。把各类区域共建创新主体的数据和资源串联起来，建立创新资源共享机制。要积极促进行政区域共建创新信息化体系，与互联网等新一代区域共建信息技术的融合发展，要鼓励企业充分发挥传统的互联网创新思维，推动企业通过传统的区域互联互通创新信息化体系，与传统的移动互联网、物联网、大数据、云计算等新一代区域共建信息基础技术融合起来发展。同时，探索网络化创新平台融合发展的新模式，将各类项目主体、中介组织、创新服务平台、产业化创新载体等连接起来，形成一个不同创新主体之间互动、共享、合作的创新信息化平台网络。

三、优化创新平台建设

产业层面应该加快引进优质企业、优质项目、优秀人才进入高新技术产业开发区、农业科技园区等，推进园区创新发展、提档升级，加快建设创新能力突出、产业优势明显、具有较强竞争力的国家级、省级园区。以高新技术产业开发区为核心区，采取一区多园的方式创建国家高新区。

首先要紧紧围绕当前的主导产业定位，充分依托学科优势、产业优势，发挥行业领先企业的带头作用，以创新要素的主动汇集为爆发点，深化与高等院校、科研院所的合作程度，共同搭建重点实验室、产业技术研究院和技术创新中心等，提升产业的自主创新能力和科技创新供给质量。创新生态系统主要由创新个体和组织、创新区域环境、创新主体间以及创新环境间的互动和要素流动组成。其中，创新要素的流动、创新组织和环境之间的影响互动是融于创新组织和创新环境间的（刘雪芹、张贵，2016）。在创新生态系统中，政府、高等院校、科研院所、金融机构、科技中介、核心企业、与企业处于同一垂直链的供应商、企业客户等，都在这一生态系统中发挥着不可替代的作用。但是，企业、科研机构、政府三类主体依然起到核心作用，在其他创新要素的辅助作用下，推动这个生态系统螺旋式上升，可以分别从基础体系、支撑体系、引导体系按层次展开。

此外，还应加快建设各类创新创业载体。积极鼓励科研院所、高等院校、企业和相关公共服务机构等，建设具有独立法人资格的众创空间、科技企业孵化器等创新创业孵化载体，不断健全众创空间—孵化器—加速器—科技园区全链条科技企业孵化育成体系，有效激发全社会的创新活力，营造创新创业生态环境。结合本国经济发展现状，构建政、产、学、研、用、介、金七位一体的战略协同创新模式势在必行，是实现开放型创新的有效手段，即在政府的支持和引导下，联合企业、高校、科研机构、科技中介结构、金融机构，避免科技和经济两张皮（满海雁、陈明，2011）。建立以产为主导，以学、研为基础，以用为输出对象，以介为服务，以金为动力，建立以企业为主体、以市场为导向，政、产、学、研、用、介、金紧密结合的科技成果转化创新体系，坚持以企业需求为中心、以市场为导向，发挥高等院校、科研机构的研发优势，着力培育企业自身的创新能力，努力在一些关键技术、共性技术上创新，提升企业的核心竞争力，在不同的层次上为企业提供创新服务，实现效应最大化。

第五节 企业层面政策建议

一、创新能力提升技术升级

影响技术进步和产业转型升级的主要因素和障碍之一是企业缺乏有效的技术创新。企业的技术创新能力不足是一个国际普遍现象，在我国经济改革和开放的很长一段时间里，促进中国企业创新技术进步的主要途径和采用的方式是企业创新技术引进的手段，实际上企业走的发展道路是以市场换技术的发展道路（徐康宁、冯伟，2016）。建立中国企业的创新技术和竞争优势，同时要注意错误的技术创新发展战略和发生失误的可能，从而使企业获得远高于世界平均水平的技术投资和回报。企业内部首先选择的是技术创新战略，以实行自主研发创新战略的技术为主，以模仿技术创新战略的模仿技术为辅，企业实行自主创新战略的本身就是可以依靠企业内部的自主技术研究和开发的力量，独立自主地开展和进行新一代技术的自主研究开发和自主创新活动。在国家专利制度的支持和保护下，新一代技术的研发和扩散往往需要一定的精力和时间，这样一来，企业就可以充分利用自主创新技术的壁垒和控制作用，在一定时期内掌握和控制企业创新技术产品和制造工艺的一些核心技术，作为企业技术的扩散和形成创新技术集群的基础和源头，发挥企业的带头和主导作用。在创新产品的投入之初，企业内部就可以首先在行业内建立支撑起创新原料的供应和创新产品的销售网，率先在行业内占领创新产品研发和生产所需的优势和稀缺资源。

任何企业可以选择进行自主的合作创新或者进行模仿自主创新，都意味着应当考虑采取企业合作自主创新的形式，特别是与国内外的高等院校和大学科研院所合作自主创新的中大型企业，已经充分显示出越来越强的主导作用。也可以说，充分发挥各自的资源优势，实现资源的互补，从而大大缩短创新的周期，降低创新的风险，提高创新的效率和可能性。

首先，设立内部独立设计中心。产品的设计创新也是在当前激烈的市场环境下企业转型升级不容忽视的创新因素，即便是在互联网行业，也需要不断地对平台和页面进行优化设计，提升用户体验。在企业生态化发展的过程中，技术研发和设计创新是企业的两种主要活动形式（Kumar et al.，2009）。虽然技术创新和设计创新对企业生态发展都具有推动作用，设计创新相较于技术研发，其周期短、见效快，经费支出也远低于技术研发（李若辉、关惠元，2016）。同技术创新等创新活动一样，设计创新企业转型升级也具有重要的驱动作用，其对企业转型升级主要从产业链转移、价值链提升、创新链整合带动以及生产要素组合优化四个方面发挥作用（李若辉、关惠元，2017）。主要集结包括但不限于产品结构、产品外观等方面的专业设计人才，以客户需求和喜好为导向，把握时下的流行元素，持续地对产品进行迭代更新，使其更加提升完美的客户体验。例如，苹果、三星、华为等行业巨头为巩固并抢占新的市场份额，不仅在手机的前沿技术领域下足了功夫，对流畅度和显示屏以及摄像头等给予了不断的改进和提升，同时也对手机的外观，包括颜色、厚度、功能键位置等细节进行了优化，而这也将通过消费者的选择直接体现在营业收入上。

企业还可以通过产品的设计创新来体现企业文化以及品牌理念，要形成不同于传统的设计创新思维，采取的是多个利益相关者参加的工作坊形式，采用发散—收敛—再发散—再收敛的实践模式，实现寻找正确的问题和引起问题的根源，落实方案的实施和保证项目的顺利进行。明确创新设计的范围，围绕产品包装、产品用户体验感等方面展开。从最终用户的角度出发，根据某些现状和存在的问题、用户的不满及其投诉、用户的渴望，设定需要研究的主题，对讨论现象的背景做充分的理解。对于产品的设计，需要对原型进行测试，发现问题，及时进行调整。利用可视化的形式，加大项目的重视度和投资力度，探讨项目成功的保证机制，包括技术、组织、团队、人才、资金、流程、管理等方面，从现状中找出痛点，从痛点中辨识出实现创新项目的关键瓶颈。

其次，组织结构改革是企业创新能力的重要基石。我国众多传统企业的组织架构，依然是"金字塔"形的科层制官僚结构。而随着互联网时代的到来和信息数据化的不断普及，传统组织架构已经不适应现代市场。在传统的组织模式和架构中，信息的传递延迟，企业的各种决策都要层层下达，最终由基层去落实执行，在组织效率低下的同时，还极易造成执行走样。这种模式非常不利于部门之间和业务环节之间的有效沟通，无形中增加了管理沟通成本，在获取最新的市场关键信息方面也不够及时，造成企业完全跟不上市场节奏。这种管理范式日益成为制约互联网时代企业管理创新步伐的"绊脚石"。由于职责分工局限性大且过于精细化，大部分员工对产品没有情感，信息的不公开化致使获得除专业岗位的信息与资源外，其他资源和信息根本无法获知。值得一提的是，传统企业的组织架构管理标准化虽然会带来高的工作效率，但也会阻挡创新精神的发展。从长远来看，这一切带来的是企业停滞不前，没有发展甚至没有未来。对创新事物和技术甚至理念反应迟钝，导致丧失许多创新机会。

再次，人才培养也是提升企业创新能力的基础。制定的人力资源发展规划应当与企业规划相匹配。对企业不同方面的生产经营和发展职能，应有一个明确的规划，以此为前提，分析什么样的发展职能规划能够匹配支撑这种生产经营发展职能规划与企业需要，也就是说，企业的生产经营和发展职能规划本身决定了人力资源的部分规划，如果企业没有明晰的对其生产经营发展的规划，那么人力资源的相关规划自然就无从谈起。所以，企业首先应该对未来的生产经营和发展战略方向有清晰的规划和大致的预期，才能制定有利于企业生产经营发展的详细规划。在企业制定对人力资源的规划时，还必须考虑到目前阶段企业所处的市场经济环境，并以市场经济环境的发展战略规划为导向。

最后，明确人才选聘的标准。在前期规划和引进人才的具体过程中，要从人才与拟任职岗位的适应程度、人才对企业团队发展的影响程度、人才与团队的磨合速度、人才的业绩表现、人才流失的可能性等方面进行综合评估和具体分析，企业不能只看到短期效益，更应该充分注重人才在企业中的长远发展。与此同时，采用各种科学方法来准确评价候选人才的专业素养，能否匹配其拟任职岗位对候选人才的素质水平要求。此外，还要关注候选人才是否能够认同和接受拟任职企业的文化、价值观。在引进人才的规划过程中，除了充分关注候选人才本身的专业与文化素质外，还应认真地剖析候选人才与其拟任职岗位团队的专业文化知识结构和技术特点。

在此基础上，企业应进一步建立专业技能人才的竞争机制，大力推行公开选拔、竞争上岗、竞聘等人才使用方式，引入一套科学的、定性定量的专业技能人才选拔测评和使用手段，把一批优秀人才选聘到合适的专业技能岗位上，实现能上能下、能进能出、量才使用、人尽其才。进一步建立公开、公平、公正的专业技能人才选拔考评和任用机制，将其考评的结果与选拔任用和收入分配相挂钩，实现专业技能人才优胜劣汰。进一步做到专业技能人才的使用和专业技能人才培养的目标相统一，以合理地使用人才来保障和加快人才培养。多措施并举进一步加强对人才的专业技能培养，围绕国家重点专业技能岗位和其他关键专业技能岗位的紧缺人才和专业，通过多种方式建立对专业技能人才的培训和使用计划，加快选拔和培养一批已经具有较高专业技术水平、综合职业素质较强、能独立解决专业技能实际难题、具有较高的管理水平和有创新能力的专业技术人才。

另外，企业还应实施积极的薪酬与激励策略，包括构建科学、公平、合理的薪酬体系，薪酬水平更接近市场水平，强调外部公平，奖励对象倾向于团队，奖励的形式采用长期激励工具，加大员工的薪酬风险（钟碧忠、许文兴，2018）。建立有效的竞争机制，在满足企业生存和发展需要的同时，不断提高重要工作岗位的能力和收入水平，并根据对社会贡献的大小，拉开收入分配的档次。通过合理、公平的市场竞争，为企业建立一套完善的重要工作岗位公平竞争机制和促使优秀人才脱颖而出的市场竞争宽松环境，采用结果导向的企业绩效评价方法，鼓励全体员工积极参与企业绩效评价过程，侧重于对企业组织或领导团队的工作进行绩效评价，在绩效评价时间方面，应注重长期的绩效。科学地评价各类人才对社会和企业的贡献和发挥的带动作用，保证各类专业人才的薪酬和福利待遇随着社会和企业经济效益的提高而不断地提升，以调动各类专业人才的工作积极性。

二、商业模式再造提升品牌价值

企业为了谋求可持续的盈利模式，在进行商业模式创新时，除传统的明确自身定位和明晰核心资源以及可支配资源外，更要持续跟踪客户需求并进行反馈。尤其是利用互联网强大的信息收集和传递功能，通过时下流行的自媒体、移动社区等，在最大限度地获取消费者一线信息和反馈的同时，信息的共享可以辅助企业联结和整合各类上下游产业资源，构成一个完整的、互补的商业网络。创造顾客价值和获取企业价值，两者缺一不可，需要平衡兼顾，否则商业模式就是有缺陷的；相反，如果两者平衡，商业模式就会形成正反馈的力量，推动企业快速发展（董岳等，2017）。

移动互联网技术作为一种全新的客户沟通和交流渠道，与其他传统的手段方式相比极大地提升了企业的运营效率。企业根据顾客需求的变化，选择新的产品和细分市场顾客，以特别的、更新的、更好的、更全的方式提供产品和售后服务，可以更好地帮助中国企业了解和适应国内外顾客的需求，获取潜在的竞争力和利润，从根本上帮助企业创新和提升企业的竞争力。

比如谷歌的商业模式为其带来了极大的商业利益，依据客户想要购买的关键字，以纯文本的形式把这些广告关键字放置在与我们相关的搜索引擎页面的右侧空白处，只要客户进入点击广告时就可以进行付费，利用搜索引擎极大地推进了企业品牌的建立和推广，同时也带来了高额的商业利润。

首先，通过再造商业模式树立出口品牌，积极开拓国际市场。企业首先要通过正确树立某一品牌的重要核心特征和价值，让消费者能够明确地、清晰地、准确地识别并深刻记住某一品牌的核心利益点与个性，驱动品牌获得消费者的认同。企业要通过长期的品牌核心特征进行价值挖掘和传播，使其成为某一品牌特征的代名词，这就说明品牌可以为消费者带来较高的品牌市场溢价和发展空间。同时，也要明确自己的品牌定位，抢占消费者的心智资源。一个品类在刚刚开始时可能就只有一个品牌，但随着时间的推移，品牌越来越多，竞争越来越激烈，通过创新和优化品类的方式来推广和打造自己的品牌往往在营销上能事半功倍。那么，互联网信息化时代更是要注重对广告语的正确选择，它既直接体现了一个品牌的独特性和定位，又直接指向了一个品牌的消费者和受众，互联网信息化时代的品牌信息在网络传播的速度大大增强，一个品牌的热门话题瞬间可以热爆网络平台，因此如何做好一个品牌广告语的传播极可能直接引发品牌销售业绩爆炸式的增长。

其次，深刻对品牌的印象，明晰企业品牌的定位。正确执行企业品牌的识别，当一个企业品牌的定位清晰时，该企业品牌主张识别其核心价值和内涵才能得到充分体现并得以延伸。企业品牌印象和识别的核心价值是品牌主张，其内涵和功能主要是经过品牌主张整合起来作为企业品牌的定位，但在大部分情况下，品牌主张定位的内涵和功能远大于后者对品牌的识别。为了切中目标消费者，品牌主张定位必须为消费者设定一个特定的品牌传播对象，而这些特定的传播对象很有可能只是该企业目标消费者中的一部分。为了创造企业品牌的巨大差异化和优势，竞争对手的定位是直接影响企业的品牌印象和定位的重要因素。如果没有竞争对手存在，那么品牌的定位就失去了其价值，所以品牌的市场定位在本质上就是企业能够充分展现其产品相对于其他竞争者的固有品牌优势。具体而言，就是通过向本国消费者利益群体广泛传达各种具有差异化的品牌信息，使该企业的品牌形象引起本国消费者的高度关注和广泛性的认同，进而在本国消费者的认知心智上使企业品牌占据与众不同的战略主导位置。

最后，注重对品牌质量的提升和把控。新的品质管理时代对产品品质的风险控制要求也在不断提高，不但需要我们始终坚守良好的产品品质，而且需要在此基础上不断精进，打造出与新的时代需求同步的优良产品。其一，对品质的风险预防控制意识要从源头抓起，如果品质控制不从源头开始，将很难有效控制下一道工序的安全和质量。即使是在生产中投入了大量的技术检验人力和资金去进行质量把关，但由于没从源头开始进行品质控制而可能产生大量的次品甚至废品，产品成本将大大提高，况且有些产品的质量安全问题根本无法从后道工序中发现并加以弥补。其二，要树立对品质的风险预防控制意识，品质控制生产管理的工作是一个全过程的，而各个过程之间、企业各部门之间的风险控制工作必须是有序的、有效的，要求企业全体的品质控制管理人员、操作管理人员严格按程序工作去做，如果不按程序工作出错的机会就可能大大增多，产品的安全性和质量也就无法得到保证。

三、注重培育企业家精神

党的十九大报告指出，要激发和保护企业家精神，积极鼓励社会主体参与创新。企业家精神是企业核心竞争的重要源头，形成具有企业家精神的管理者群体，对于我国不断适应市场环境变化、做大做强，打造具有国际竞争力的知名品牌来说，具有举足轻重的意义。同时，培育企业家精神也是推动创新、发展新兴产业的重要条件之一。企业家精神是企业管理者所具有的一种特殊技能，这也是企业家固化的无形因素。它不仅表现在人格特征和精神品质上，还包含着创办、组织和管理企业的能力。企业家精神是先天因素和后天因素综合作用的结果。在一定程度上，它对企业管理者性格和能力的发展起到突出作用。性格和能力的形成是一个较为漫长的过程，形成后具有相对稳定性，很难发生变化。相对而言，社会环境不仅直接影响到社会成员的行为观念，还决定着家庭和学校的教育目标，通过家庭和学校的综合作用间接影响个体成长。因此，积极建立勇于探索、守信诚实、宽容失败、坚持不渝的社会氛围和创新文化，是激发企业家精神的重要环节。

目前，我国企业管理人员的专业背景呈多样化特征，工程技术人员占很大比重。但由于受专业背景的限制，其企业经营管理方面的相关知识明显不足，在创业过程中显现短板。经营管理能力不足已成为创业型企业的一大软肋。调查发现，许多技术好的科技人才在创业过程中，在市场开发、产品推广、组织管理等方面存在较多困惑，这一问题已成为制约创业企业发展和科技成果转化的绊脚石。为适应"双创"发展需要，我国高校应完善企业管理与运营课程的第二学历教育，开展社会实践和模拟培训，做好企业转型的知识储备。各级孵化器和创业中心也要加强相关知识的培训，提高创业者的企业管理技能，努力为企业家创造包容性的政治环境和社会氛围，着重审视企业家在社会经济领域的重要地位，激发企业家的创新潜能和动力，着力创造积极创新的社会氛围。

第一，强调企业家精神的重要地位。如前所述，企业家精神是重要的生产要素，对整个社会经济的发展起到推动作用和引导示范功能。习近平总书记提到，"市场的活力来自于人，特别是来自于企业家，来自于企业家精神"。目前，我国经济发展已进入新常态，在这一背景下，企业家精神具有不可取代的独特作用，是我国推进创新驱动发展战略，推动"大众创业，万众创新"、转变发展方式、推进经济结构调整的重要力量和精神支柱。要使创新驱动转变为经济发展的主要动力，就必须重新认识企业家的核心内涵和对创新的领导地位，把培育激发创新精神作为培养企业家的核心内容。要着力加速企业经济制度深化改革，使企业在社会资源的合理配置利用上起到决定性作用，为培育和激励发展优秀企业家的创新精神创造好市场条件，进而不断充分发挥出优秀企业家的创新才能。

第二，为企业家开辟拓展创新空间。良好的市场竞争环境和广阔的市场空间，保证了企业创新能力的充分发挥。需要进一步加快国有企业改革，坚决打破行政垄断和市场垄断现状，按照"非禁即入"原则，取消规模限制、持股比例限制和经营范围限制，打破区域性行政壁垒，不断拓展企业家的创新空间。打破国家和省级重大项目投资的隐性准入门槛，引导国有企业和民营企业以土地、资本、资源等多种形式开展合作；积极发挥政府的作用，营造良好的创业文化氛围，进一步完善创业扶持政策，鼓励企业家积极参与创新活动；推进企业服务平台建设，鼓励"双创"，引导企业的健康发展；加快要素市场系统的建设，为企业的创新发展提供政策宽松的市场环境，激发社会的创新热情。

第三，加强对企业经营权和企业经营管理者合法权益的保护。产权激励是企业家精神的最佳激励和动力，要进一步加强产权保护，切实维护企业家合法权益。完善产权保护法律制度，完善产权、合同、知识产权法律制度，取缔违反公平原则的条例，对各类市场主体实行平等保护。完善政府诚信机制，大力推进法治政府和廉政建设，全心全意为人民服务。着力解决由于地方政府行政水平不足造成的侵犯企业权益和政府失信问题。加快政府职能的转变，彻底实现政府和企业之间的分离，确保企业成为完全自主经营的市场主体。理顺财产权的分割关系，使企业财产所有权与企业法人的实体财产权有效分离，保证企业的合法地位。加强对企业知识产权的保护，营造高度关注、高度支持知识产权保护的良好社会氛围。要切实依法保护企业家的私有财产和合法权益，依法严肃查处恶意报复、侮辱等伤害企业家利益的严重违法行为。

第四，为企业家降低创新成本。在市场经济制度下，企业家总是在寻找最适合自己发挥才能和创造财富的位置。一旦创新伴随着繁杂的手续和高昂的成本，将会严重打击企业家的创新积极性，不利于营造和发展企业家精神。特别是政府主管部门要与民营企业建立新型政商关系，进一步简化服务流程，提高政府办事效率，坚决杜绝权力寻租、利益输送等问题。加快物流和能源领域改革，降低企业生产成本。完善创业扶持和税收优惠政策，增加资金、人才、土地等优惠政策的力度，切实减轻创业企业负担，有效降低企业家创新成本。

第五，打造诚实守信的商业环境。企业家的成长和企业家精神的发展需要一个公平、透明、稳定的社会诚信环境。要加强对企业家思想道德教育和社会责任意识的培养，在全社会大力弘扬诚信文化和诚信精神，加大对诚实守信行为主体的表彰和宣传力度；建立健全失信行为主体的联合惩戒机制，充分发挥在政府监管下行政、司法、金融和社会舆论的综合作用，建立部门间联动和失信约束机制，依法限制失信主体的行为，真正实现"一处失信，处处受限"。促进舆论监督和约束，完善失信信息记载披露制度，建立失信信息有奖举报机制，保护举报者合法权益。发展各类信用服务机构，建立综合性、多层次的征信中介服务体系，与其他社会资本征信中介服务机构相辅相成，形成完整的社会信用金融服务中介行业组织管理制度。

第六，营造有利于培育企业家精神的良好舆论环境。在推动经济社会转型、完善社会主义市场经济制度过程中，必须加强对舆论的正确引导，为企业家精神的营造与培育提供良好的社会舆论环境。企业家是社会的稀缺资源，要形成全社会尊重、理解、关心、支持企业家的氛围，尊重企业家的特殊劳动，重视企业家的社会价值，充分肯定企业家对我国经济社会发展做出的贡献。社会舆论应该尊重创新、宽容失败，以历史的客观高度、宽容的积极态度看待企业家事迹，认真总结成功企业家的经验，探索企业经营管理人才的发展规律，在全社会中积极培育企业家精神，尤其是敢于冒险、勇敢进取的"双创"精神。

附录 网络时代下企业转型升级能力调查问卷

尊敬的朋友们：

您好，首先真诚地感谢您在百忙之中支持我们的科研工作！衷心祝愿您和您的企业，在未来的发展中取得更大的成就，更上一层楼。本问卷是由北京交通大学经济管理学院进行的一项学术研究活动，旨在考察网络时代下企业转型升级能力相关情况。根据李克特量表，本问卷中 1~5 的分值表示对企业实际情况的认同程度：1 表示非常不同意；2 表示不同意；3 表示一般；4 表示同意；5 表示非常同意。

我们的研究需要得到一些您的个人信息和公司的相关信息，以便于我们在不同的研究群体之间进行比较，希望您继续配合！谢谢！答案没有对与错，若有某个问题未能完全表达您的意见，请选择最接近您看法的答案。您的回答对我们的研究结论非常重要。

本问卷的内容不会涉及贵企业的商业机密问题，所获信息也不会用于任何商业目的。请您放心并客观地填写。非常感谢您的合作。如有疑问或对本书感兴趣，请留下联系方式，以便沟通。

1. 所在公司所属企业类型

○农、林、牧、渔业

○制造业

○电力、燃气及水的生产和供应业

○交通运输、仓储和邮政业

○信息传输、计算机服务和软件业

○批发和零售业

○建筑业

○金融业

○其他_____

2. 所在公司所属产权性质

○国有企业

○民营企业

○外资企业

○其他_____

3. 所在公司的企业年龄

○5 年以下

○6～10 年

○11～20 年

○20 年以上

4. 所在公司员工数量

○100 人以下

○100～500 人

○501～1000 人

○1000 人以上

5. 与同行业相比，贵公司在最近两年内，财务能力的表现情况

	1	2	3	4	5
贵公司盈利能力强（营业利润率）	○	○	○	○	○
贵公司营运能力强（总资产周转率）	○	○	○	○	○
贵公司偿债能力强（流动资产比率）	○	○	○	○	○
贵公司发展能力强（营业收入增长率）	○	○	○	○	○

6. 与同行业相比，贵公司在最近两年内，创新能力的表现情况

	1	2	3	4	5
贵公司研发人员比重较高（研发人员/在职人员）	○	○	○	○	○
贵公司员工有颠覆式创新能力	○	○	○	○	○
贵公司发明/申请的专利数量较高	○	○	○	○	○
贵公司企业研发强度（企业 RD 支出/营业收入）较高	○	○	○	○	○

7. 与同行业相比，贵公司在最近两年内，智能化能力的表现情况

	1	2	3	4	5
贵公司产品设计智能化技术运用比较普遍	○	○	○	○	○
贵公司智能装备运用广泛	○	○	○	○	○
贵公司智能服务平台建设及交互能力较强	○	○	○	○	○
贵公司智能化管理系统运用广泛	○	○	○	○	○

8. 与同行业相比，贵公司企业家精神的表现情况

	1	2	3	4	5
贵公司的企业家具有主动创新精神	○	○	○	○	○
贵公司的企业家对高风险项目持以支持态度	○	○	○	○	○
贵公司改变了竞争战略，更新了商业模式	○	○	○	○	○
贵公司的企业家有主动面临市场的积极性	○	○	○	○	○

9. 与同行业相比，贵公司网络关系强度的表现情况

	1	2	3	4	5
贵公司与合作者接触具有较高的频率和持久性	○	○	○	○	○
贵公司对于合作伙伴之间投入的时间长且彼此关系密切	○	○	○	○	○
贵公司与合作者之间交流涉及复杂技术及工作之外的信息	○	○	○	○	○
贵公司与合作者之间能够提供战略性及策略性帮助	○	○	○	○	○

10. 贵公司所处的制度环境情况

	1	2	3	4	5
贵公司所处的制度环境中金融政策具有较强的支持力度	○	○	○	○	○
贵公司在所属的司法环境中待遇差异性大	○	○	○	○	○
贵公司所处的司法体系相对独立于当地政府部门	○	○	○	○	○
贵公司的法律体系执行效率高	○	○	○	○	○
贵公司能及时、准确地了解到法律和政策变化	○	○	○	○	○

11. 贵公司的商业模式再造情况

	1	2	3	4	5
贵公司不断引入大量的、多样的新客户	○	○	○	○	○
贵公司拓展了新的商业渠道和交易方式	○	○	○	○	○
贵公司为客户提供产品/服务的价值不断上升，拓展了市场空间	○	○	○	○	○
贵公司不断在商业模式中引进新的思想和产品	○	○	○	○	○

参考文献

［1］A Rodríguez – Castellanos, L García – Zambrano, J D García – Merino. Proactive Management of Core Competencies, Innovation and Business Performance in a Period of Crisis: The Case of Spain ［J］. Springer International Publishing, 2014（6）: 59 – 68.

［2］Abrahams A S, Coupey E, Rajiva DeKar A, et al. Marketing to the Ameri can Entrepreneur ［J］. Journal of Research in Marketing & Entrepreneurship, 2012, 14（1）: 65 – 94.

［3］Acs Z J, Audretsch D B. How does New Business Formation Affect Regional Development? Introduction to the Special Issue ［J］. Small Business Economics, 2008, 30（1）: 1 – 14.

［4］Acs Z J, Carlsson B, Thurik A R. Small Business in the Modern Economy ［M］. Blackwell: Blackwell Publishing, 1996.

［5］Agnolucci P, Mcdowall W. Technological Change in Niches: Auxiliary Power Units and the Hydrogen Economy ［J］. Technological Forecasting & Social Change, 2007, 74（8）: 1394 – 1410.

［6］Agnolucci P. Economics and Market Prospects of Portable Fuel Cells ［J］. International Journal of Hydrogen Energy, 2007, 32（17）: 4319 – 4328.

［7］Amit R, Schoemaker P J. Managing Assets and Skills: A Key to Sustainable Competitive Advantage ［J］. Strategic Management Journal, 1993, 31（1）: 91 – 106.

［8］Amsden A H. Appropriate Technology ［M］. New York: Palgrave Macmillan UK, 1989.

[9] Amsden A H. Asias Next GiantOwl Korea Competes in the World – economy [J] . Technology Review, 1989, 92 (4): 46 – 53.

[10] Antonelli C. The Evolution of the Industrial Organisation of the Production of Knowledge [J] . Cambridge Journal of Economics, 1999 (2): 243 – 260.

[11] Ardagna S, Lusardi A. Heterogeneity in the Effect of Regulation on Entrepreneurship and Entry Size [J] . Journal of the European Economic Association, 2009 (8): 75 – 85.

[12] Armenakis A A, Harris S G, Feild H S. Making Change Permanent a Model for Institutionalizing Change Interventions [J] . Research in Organizational Change and Development, 1999, 12 (99): 97 – 128.

[13] Audretsch P, F ritsch M. Link Entrepreneurship to Growth: A Case of West Germany [J] . Industry and Innovation, 2003 (10): 65 – 73.

[14] Audretsch D B. Innovation and Industry Evolution [M] . Cambridge: MIT Press, 1995.

[15] Avelino F, Wittmayer J, Haxeltine A, et al. Game Changers and Transformative Social Innovation [J] . The Case of the Economic Crisis and the New Economy, 2014 (9): 88 – 92.

[16] Brrsa A M Y, Nadvi K, et al. Rising Powers from Emerging Markets – The Changing Face of International Business [J] . International Business Review, 2014, 23 (4): 675 – 679.

[17] Baldwin R. WTO 2. 0: Governance of Global Supply – chain Trade [M] // A World Trade Organization for the 21st Century [M] . Cheltenham: Edward Elgar Publishing, 2014.

[18] Barnett C K, Shore B. Reinventing Program Design: Challenges in Leading Sustainable Institutional Change [J] . Leadership & Organization Development Journal, 2009, 30 (1): 16 – 35.

[19] Barnett E, Storey J. Managers' Accounts of Innovation Processes in Small and Medium – sized Enterprises [J] . Journal of Small Business & Enterprise Development, 2000, 7 (4): 315 – 324.

[20] Barnett E, Storey J. Narratives of Learning, Development and Innovation: Evidence from a Manufacturing SME [J]. Enterprise & Innovation Management Studies, 2001, 2 (2): 78 – 96.

[21] Barney J B, Wright M, Ketchen D J. The Resource – Based View of the Firm [J]. Journal of Management, 2001, 27 (6): 25.

[22] Baum J A C, Singh J V. Organizational Niches and the Dynamics of Organizational Founding [J]. Organization Science, 1994, 5 (4): 483 –501.

[23] Bazan L, L Navasalemai N. The Underground Revolution in the Sinos Valley: A Comparison of Upgrading in Global and National Value Chains [R]. Chapters, 2004.

[24] Bell M, Albu M. Knowledge Systems and Technological Dynamism in Industrial Clusters in Developing Countries [J]. World Development, 1999, 27 (9): 1715 – 1734.

[25] Beugelsdijk S, Koen C I, Noorderhaven N G. Beugelsdijk S, Koen C I, Noorderhaven N G. Organizational Culture and Relationship Skills [J]. Organization Studies, 2006, 27 (6): 833 –854.

[26] Beugelsdijk S, Schaik T V. Social Capital and Growth in European Regions: An Empirical Test [J]. European Journal of Political Economy, 2005, 21 (2): 301 –324.

[27] Beugelsdijk S, Noorderhaven N. Entrepreneurship Attitude and Economic Growth: A Cross Section of 54 Regions [J]. Annals of Regional Science, 2004, 38 (2): 199 –218.

[28] Bittencourt M. Financial Development and Economic Growth in Latin America: Is Schumpeter Right? [J]. Journal of Policy Modeling, 2012, 34 (3): 341 –355.

[29] Brown S W, Webster F E, Steenkamp J, et al. Marketing Renaissance: Opportunities and Imperatives for Improving Marketing Thought, Practice, and Infrastructure [J]. Journal of Marketing, 2005, 69 (4): 1 –25.

[30] Brynjolfsson B E. Special Issue on Marketing Science and the Internet Bundling and Competition on the Internet [J]. Marketing Science, 2000, 19

（1）：63 –82.

［31］Carayannis E G, Campbell D. Mode 3 Knowledge Production in Quadruple Helix Innovation Systems：21st – century Democracy, Innovation, and Entrepreneurship for Development ［M］. New York：Springer, 2012.

［32］Carayannis E G. Measuring intangibles：Managing Intangibles for Tangible Outcomes in Research and Innovation ［J］. International Journal of Nuclear Knowledge Management, 2004, 1（1 –2）：49 –67.

［33］Caves R E. American Economic Association Industrial Organization and New Findings on the Turnover and Mobility of Firms ［J］. Journal of Economic Literature, 1998, 36（4）：1947 –1982.

［34］Caves R E. Industrial Organization and New Findings on the Turnover and Mobility of Firms ［J］. Harvard – Institute of Economic Research, 1998, 36（4）：1947 –1982.

［35］Caves R E. Industrial Organization and New Findings on the Turnover and Mobility of Firms ［J］. Journal of Economic Literature, 1998（36）：1947 –1982.

［36］Chipalkatti N, Niranjan Doh J P. and Rishi M. Institutional Quality, Knowledge Spillovers and Entrepreneurship ［J］. International Journal of Economic Policy in Emerging Economics, 2011（4）：307.

［37］Cramer C. Can Africa Industrialize by Processing Primary Commodities? The Case of Mozambican Cashew Nuts ［J］. World Development, 1999, 27（7）：1247 –1266.

［38］Cramer J. Market Rotisserie ［J］. Time, 1999, 154（26）：179.

［39］D Blumenthal, Causino N, Campbell E, et al. Relationships between Academic Institutions and Industry in the Life Sciences – An Industry Survey ［J］. New England Journal of Medicine, 1996, 334（6）：368 –373.

［40］Loorbach D, Rotmans J. Managing Transitions for Sustainable Development ［M］. Berlin：Springer, 2006.

［41］Ehlers U D. Innovation and Quality for New Learning Cultures ［M］. Berlin：Springer, 2010.

［42］Erken H, Donselaar P, Thurik R. Total Factor Productivity and the Role of Entrepreneurship [J] . Jena Economic Research Papers, 2008 (3): 1 – 29.

[43] Erken H, Klomp L, Donselaar P. R&D and Innovation: Drivers of Productivity Growth [J] . Social Science Electronic Publishing, 2004 (63): 75 – 91.

[44] Ernst D. Catching – Up, Crisis and Industrial Upgrading. Evolutionary Aspects of Technological Learning in Korea's Electronics Industry [J] . Asia Pacific Journal of Management, 1998, 15 (2): 247 – 283.

[45] Ernst D. Pathways to Innovation in the Global Network Economy: Asian Upgrading Strategies in the Electronics Industry [J] . East – West Center, Economics Study Area, 2004 (4): 295 – 324.

[46] Ernst, Dieter, Guerrieri, et al. International Production Networks and Changing Trade [J] . Oxford Development Studies, 1998, 26 (2): 191 – 212.

[47] Explorations on Sectors, Innovation, Heterogeneity and Selection [J] . Working Papers on Innovation Studies, 2008 (5): 77 – 85.

[48] Feenstra R C, Hanson G H. The Impact of Outsourcing and High – Technology Capital on Wages: Estimates for the United States, 1979 – 1990 [J] . Quarterly Journal of Economics, 1999, 114 (3): 907 – 940.

[49] Freeman J. Entrepreneurs as Organizational Products [J] . Advances in the Study of Entrepreneurship Innovation & Economic Growth, 1986 (1): 33 – 52.

[50] Fukuyama H, Guerra R and Weber W L. Efficiency and Ownership: Evidence from Japanese Credit Cooperatives [J] . Journal of Economics & Business, 1999, 51 (6): 473 – 487.

[51] Gall N, D Newman, Allega P, et al. Introducing Hybrid Thinking for Transformation, Innovation and Strategy [J] . Focus on Health Professional Education Multi Disciplinary Journal, 2010 (21): 20.

[52] Gans J S, Stern S. The Product Market and the Market forIdeas: Commercialization Strategies for Technology Entrepreneurs [J] . Research Policy, 2003, 32 (2): 333 – 350.

[53] Gereffi G, Humphrey J, Kaplinsky R, et al. Introduction: Globalization, Value Chains and Development [J] . IDS Bulletin, 2001, 32 (3): 1 – 8.

[54] Gereffi G. International Trade and Industrial Upgrading in the Apparel

Commodity Chain [J] . Journal of International Economics, 1999 (48): 37 – 70.

[55] Giuliani E, Pietrobelli C and Rabellotti R. Upgrading in Global Value Chains: Lessons from Latin American Clusters [J] . World Development, 2005, 33 (4): 549 – 573.

[56] Glaear E. Entrepreneurship and Institutions [J] . Comparative Labor Law and Policy Journal, 2007 (28): 717 – 742.

[57] Guangzhou H. Returns to Research and Development in Chinese Industry: Evidence from State – owned Enterprises in Beijing [J] . China Economic Review, 2004, 15 (1): 86 – 107.

[58] Haggblade S, Nyembe M. Commercial Dynamics in Zambia's Cassava Value Chain [J] . Access & Download Statistics, 2008 (32): 75 – 80.

[59] Hebert R F, Link A N. In Search of the Meaning of Entrepreneurship [J] . Small Business Economics, 1989, 1 (1): 39 – 49.

[60] Hemert P V, Nijkamp P, Masurel E. From Innovation to Commercialization through Networks and Agglomerations: Analysis of Sources of Innovation, Innovation Capabilities and Performance of Dutch SMEs [J] . The Annals of Regional Science, 2013, 50 (2): 425 – 452.

[61] Hobday M. Innovation in East Asia: Diversity and Development [J] . Technovation, 1995, 15 (2): 55 – 63.

[62] Hodgson G. Special Issue: Evolutionary Paradigms in the Social Sciences// An Evolutionary Theory of Long – Term Economic Growth [J] . International Studies Quarterly, 1996, 40 (3): 391 – 410.

[63] Hodgson G M. Opportunism is not the Only Reason Why Firms Exist: Why an Explanatory Emphasis on Opportunism May Mislead Management Strategy [J] . Industrial & Corporate Change, 2004 (2): 401 – 418.

[64] Hoogma R, Kemp R, Schot J, et al. Experimenting for Sustainable Transport [M] . New York: Palgrave Macmillan UK, 2002.

[65] Horrocks, Sally M. Technological Innovation as an Evolutionary Process [J] . Business History, 2001, 43 (3): 175 – 176.

[66] Humphrey C. Reflecting on Attempts to Develop a Financial Management

Information System for the Probation Service in England and Wales: Some Observations on the Relationship between the Claims of Accounting and its Practice [J] . Accounting Organizations & Society, 2004, 19 (19): 147 – 178.

[67] Humphrey J, Schmitz H. Chain Governance and Upgrading: Taking Stock [M] . Cheltenham: Edward Elgar Publishing, 2004.

[68] Humphrey J, Schmitz H. Governance and Upgrading: Linking Industrial Cluster and Global Value Chain Research [M] . Brighton: Institute of Development Studies, 2000.

[69] Humphrey J, Schmitz H. How Does Insertion in Global Value Chains Affect Upgrading in Industrial Clusters? [J]. Regional Studies, 2002, 36 (9): 1017 – 1027.

[70] Humphrey J. Socially Responsible Funds : An Examination of Industry Allocation and Manager Skill / Jacquelyn Eileen Humphrey [J] . Theses Staff & Students Only, 2014, 14 (1): 1 – 103.

[71] Humphrey J, Schmitz H. Developing Country Firms in the World Economy: Governance and Upgrading in Global Value Chains [R] . The Output of the Joint IDS – INEF Project, 2002.

[72] Isaksen A, Karlsen J. Combined and Complex Mode of Innovation in Regional Cluster Development: Analysis of the Light – Weight Material Cluster in Raufoss, Norway [M] . Basingstroke: Palgrave Macmillan UK, 2012.

[73] Stiglitz J. The Failure of Macroeconomics in America [J] . 中国与世界经济 (英文版), 2011, 19 (5): 14.

[74] Jiang W, Economics S O, University N. Does Environmental Regulation Affect R&D Innovation of Manufacturing Firms in China? Empirical Study Based on Micro Data [J] . Journal of Finance and Economics, 2015.

[75] Jiang X, Liu Y. Global Value Chain, Trade and Carbon: Case of Information and Communication Technology Manufacturing Sector [J] . Energy for Sustainable Development, 2015 (25): 1 – 7.

[76] Kaplinsky R, Morris M. A Handbook for Value Chain Research [M] . Brighton: University of Sussex, 2000.

［77］ Karnoe P. Technological Innovation and Industrial Organization in the Danish Wind Industry ［J］. Entrepreneurship & Regional Development, 1990, 2 (2): 105 – 124.

［78］ Kassa A G, Raju R S. Corporate Entrepreneurship and Innovation ［J］. European Journal of Business & Management, 2014, 6 (31): 50 – 67.

［79］ Klein S. Better Numbers for Fading S & L industry ［J］. Orange County Business Journal, 1996, 9 (1): 1 – 28.

［80］ Krawczyk Z. UNIDO: Industrial Development Report 2002 ［J］. Przemysl Chemiczny, 2003, 82 (2): 65 – 69.

［81］ Krugman P R. Scale Economies, Product Differentiation, and the Pattern of Trade ［J］. American Economic Review, 1980, 70 (5): 950 – 959.

［82］ Kumar E V, Chaturvedi S K and A W Deshpandé. Maintenance of Industrial Equipment: Degree of Certainty with Fuzzy Modelling Using Predictive Maintenance ［J］. International Journal of Quality & Reliability Management, 2009, 26 (2): 196 – 211.

［83］ Lahorgue M A, Cunha N D. Introduction of Innovation in the Industrial Structure of a Developing Region: The Case of the Porto Alegre Technology? Home Brokers? Project ［J］. International Journal of Technology Management & Sustainable Development, 2004, 2 (3): 191 – 204.

［84］ Lee S H, Lim T J, Cho J H. Studies on the Determination of Optimal Flocculation Condition in Wastewater of Recycled Paper ［J］. Journal of Korea Technical Association of the Pulp and Paper Industry, 2001, 33 (3): 44 – 51.

［85］ Leonard – Barton D. Core Capabilities and Core Rigidities: A Paradox in Managing New Product Development ［J］. Strategic Management Journal, 1992, 13 (S1): 111 – 125.

［86］ Loorbach D A, Raak R. Strategic Niche Management and Transition Management: Different but Complementary Approaches ［J］. Faculty of Social Sciences, 2006 (7): 88 – 98.

［87］ Maxwell A E, Guilford J P, Fruchter B. Fundamental Statistics in Psychology and Education ［J］. Journal of the Royal Statistical Society Series A (General), 1974, 137 (3): 437.

[88] Manjón – Antolín M C, Arauzo – Carod J M. Firm Survival: Methods and Evidence [J]. Empirica, 2008, 35 (1): 1 –24.

[89] M D Lowenthal, Kastenberg W E. Industrial Ecology and Energy Systems: A First Step [J]. Resources Conservation & Recycling, 1998, 24 (1): 51 –63.

[90] Miller, Maggie, Mallors, et al. Building a Foundation For Innovation at Sainsbury's [J]. Review, 2003 (8): 34 –50.

[91] Mueller P. Exploring the Knowledge Filter: How Entrepreneurship and University – Industry Relationships Drive Economics Growth [J]. Research Policy, 2006 (35): 1499 –1508.

[92] Osterwalder A, Ondrus J, Pigneur Y. Skype's Disruptive Potential in the Telecom Market: A Systematic Comparison of Business Models [R]. Hec Lausanne Working Paper, 2005.

[93] Pernille, Smith. Boundary Emergence in Inter – organizational Innovation – The Influence of Strategizing, Identification and Sensemaking [J]. European Journal of Innovation Management, 2016, 19 (1): 47 –71.

[94] Poon T – C. Beyond the Global Production Networks: A Case of Further Upgrading of Taiwan's Information Technology Industry [J]. International Journal of Technology and Globalization, 2004 (1): 130 –144.

[95] Porter M, Trotz A. Introduction to "Gender, Globalisation and Development" [J]. Research Policy, 2002, 49 (1): 16 –43.

[96] Porter M E. Competitive Advantage: Creating and Sustaining Superior Performance: With a New Introduction [M]. New York: Free Press, 1985.

[97] Prendeville S M, O'Connor F, Bocken N, et al. Uncovering Ecodesign Dilemmas: A Path to Business Model Innovation [J]. Journal of Cleaner Production, 2017, 143 (1): 1327 –1339.

[98] Prigogine I, Lefever R, Goldbeter A, et al. Symmetry Breaking Instabilities in Biological Systems [J]. Nature, 1969, 223 (5209): 913 –916.

[99] Restuccia D, Rogerson R. Policy Distortions and Aggregate Productivity with Heterogeneous Establishments [J]. Entrepreneurship & Regional Develop-

ment, 1990, 2 (2): 105 – 124.

[100] Rogerson R R. Policy Distortions and Aggregate Productivity with Heterogeneous Establishments [J]. Review of Economic Dynamics, 2008 (10): 33 – 50.

[101] Rycroft R W, Kash D E. Self – organizing Innovation Networks: Implications for Globalization [J]. Technovation, 2004, 24 (3): 187 – 197.

[102] Saviotti P P, Nguyen P, Saviotti P P, et al. Variety and the Evolution of Refinery Processing, Industrial and Corporate Change [J]. Industrial and Corporate Change, 2005 (14): 469 – 500.

[103] Saviotti P P, A Pyka. From Necessities to Imaginary Worlds: Structural Change, Product Quality and Economic Development, Technological Forecasting & Social Change, 2013, 80 (8): 1499 – 1512.

[104] Schmitz S, Paz J M, Kanute J. Focus on the Well – primed US Pump Industry [J]. World Pumps, 2004 (456): 23.

[105] Schmitz, Paul. Worst Practices of a Social Entrepreneur [J]. Stanford Social Innovation Review, 2007 (10): 220 – 235.

[106] Schot, Poddny. Local Upgrading in Global Chains: Recent Findings [R]. Paper to Be Presented at the DRUID Summer Conference, 1996.

[107] Snyder E E, Spretzer E. A Behavioral Theory of the Firm [M]. New York: Prentice – Hall, 1963.

[108] Storey D, Sykes N. Uncertainty, Innovation and Management [J]. Macmillan Education UK, 1996 (13): 111 – 130.

[109] Sturgeon T, Lester R. Upgrading East Asian Industries: New Challenges for Local Suppliers [D]. Cambridge, Mass. Industrial Performance Center, MIT, 2002.

[110] Tenn S, Yun J M. Bureau of Economics Federal Trade Commission Washington [J]. International Journal of Industrial Organization, 2009, 29 (2): 273 – 282.

[111] Thurik A R, Carree M A and Andrévan Stel. Does Self – employment Reduce Unemployment? [J]. Journal of Business Venturing, 2008, 23 (6): 673 – 686.

[112] Vincenti W G. Real – world Variation – selection in the Evolution of

Technological Form: Historical Examples [C]. Technological Innovation as an Evolutionary Process, 2000.

[113] W Brian, Arthur. Competing Technologies, Increasing Returns, and Lock – In by Historical Events [J]. Economic Journal, 1989 (13): 339 – 423.

[114] Wadhwa A, Phelps C, Kotha S. Creating Exploratory Innovations by Learning from Entrepreneurial Ventures [M]. New York: Springer, 2013.

[115] Winter S G. The Satisficing Principle in Capability Learning [J]. Strategic Management Journal, 2000 (21): 981 – 996.

[116] Wong P K, Ho Y P and Autio E. Entrepreneurship, Innovation and Economic Growth: Evidence from GEM data [J]. Small Business Economics, 2005 (24): 335 – 350.

[117] Wong J. Does Complexity Affect the Speed of Innovation? [J]. Technovation, 2005, 25 (8): 865 – 882.

[118] Zahra, Shaker A, et al. Technology Strategy and Software New Ventures' Performance: Exploring the Moderating Effect of [J]. Journal of Business Venturing, 2000 (3): 334 – 358.

[119] Zott C, Amit R, Massa L. The Business Model: Recent Developments and Future Research [J]. Journal of Management, 2011, 37 (4): 1019 – 1042.

[120] Zott C, Amit R, Massa L. The Business Model: Theoretical Roots, Recent Developments, and Future Research [J]. IESE Research Papers, 2010, 37 (4): 1019 – 1042.

[121] Zott C, Amit R. Business Model Design: An Activity System Perspective [J]. Long Range Planning, 2010, 43 (2 – 3): 216 – 226.

[122] 安同良. 中国企业技术能力的高度化发展: 技术创造 [J]. 科技进步与对策, 2006, 23 (2): 17 – 20.

[123] 蔡昉. 改革会牺牲增长速度吗 [J]. 新世纪周刊, 2014 (9): 1.

[124] 蔡昉. 坚持在结构调整中扩大就业 [J]. 求是, 2009 (5): 27 – 29.

[125] 蔡宁, 潘松挺. 网络关系强度与企业技术创新模式的耦合性及其协同演化——以海正药业技术创新网络为例 [J]. 中国工业经济, 2008

(4)：8.

[126] 蔡瑞林，陈万明，陈圻．低成本创新驱动制造业高端化的路径研究 [J]．科学学研究，2014 (3)：66 - 73 + 81.

[127] 曹仰锋．第四次管理革命 [M]．北京：中信出版社，2019.

[128] 臧旭恒．产业经济学 [M]．北京：经济科学出版社，2002.

[129] 曾繁华，何启祥，冯儒，等．创新驱动制造业转型升级机理及演化路径研究——基于全球价值链治理视角 [J]．科技进步与对策，2015，32 (24)：6.

[130] 陈爱贞，刘志彪，吴福象．下游动态技术引进对装备制造业升级的市场约束——基于我国纺织缝制装备制造业的实证研究 [J]．管理世界，2008 (2)：72 - 81.

[131] 陈春花．数字时代下中国企业的“价值创造” [J]．企业文化，2018 (1)：43 - 44.

[132] 陈敦贤．知识与技术创新：产业结构变迁的动力（上）[J]．武汉金融高等专科学校学报，2000 (1)：8 - 12.

[133] 陈凤先，夏训峰．浅析“产业共生” [J]．工业技术经济，2007 (1)：54 - 56.

[134] 陈刚，韦晓慧，邹小华．就业结构与产业结构之间协调性分析——基于广州市的实证检验与横向比较 [J]．中国经贸导刊（中），2019，924 (5)：110 - 113.

[135] 陈健，龚晓莺．新时代区域协调发展战略下“一带一路”沿线互联互通研究 [J]．西南民族大学学报（人文社会科学版），2018，39 (1)：114 - 118.

[136] 陈柳钦．产业融合问题研究 [J]．南都学坛：南阳师范学院人文社会科学学报，2007 (7)：24 - 41.

[137] 陈明森，陈爱贞，张文刚．升级预期、决策偏好与产业垂直升级——基于我国制造业上市公司实证分析 [J]．中国工业经济，2012 (2)：28 - 38.

[138] 陈明森．国际产业转移的结构传导与区域互动 [M]．北京：社会科学文献出版社，2012.

[139] 陈威如，丁远，王高，等．全球化之路：中国企业跨国并购与整合 [M]．北京：中信出版社，2017．

[140] 陈威如，徐玮伶．平台组织：迎接全员创新的时代 [J]．清华管理评论，2014 (7)：46－54．

[141] 陈威燕，李强，王智宁．基于创新行为中介作用的心理资本与科研绩效关系研究 [J]．统计与决策，2016 (11)：102－105．

[142] 陈伟，高宇明．21 世纪企业营销管理创新研究 [J]．商业研究，2003 (2)：20－32．

[143] 程大中，程卓．中国出口贸易中的服务含量分析 [J]．统计研究，2015 (3)：8．

[144] 程大中．上海服务业供需非均衡与江浙沪服务业关联——基于非均衡模型和跳跃式回归方法的分析 [J]．学术月刊，2005 (7)：9．

[145] 程新章，胡峰．价值链治理模式与企业升级的路径选择 [J]．商业经济与管理，2005 (12)：6．

[146] 崔志，王吉发，冯晋．基于生命周期理论的企业转型路径模型研究 [J]．预测，2006，25 (6)：22－27．

[147] 丁纯，李君扬．德国"工业 4.0"：内容、动因与前景及其启示 [J]．德国研究，2014 (4)：18．

[148] 丁焕峰．技术扩散与产业结构优化的理论关系分析 [J]．工业技术经济，2006，25 (5)：95－98．

[149] 董岳，王翔，周冰莲，等．互联网＋时代商业模式创新的演变过程研究 [J]．中国科技论坛，2017 (2)：150－155．

[150] 杜传忠，李建标．产业结构升级对经济持续快速增长的作用[J]．云南社会科学，2001 (4)：30－32．

[151] 杜晓静，耿亚青，沈占波．基于互联网的开放式创新模式研究：背景、特点和组成系统 [J]．科技进步与对策，2014，31 (8)：6．

[152] 范保群，王毅．战略管理新趋势：基于商业生态系统的竞争战略 [J]．商业经济与管理，2006 (3)：3－10．

[153] 冯伟，徐康宁．产业发展中的本地市场效应——基于我国 2004—2009 年面板数据的实证 [J]．经济评论，2012 (2)：62－70．

［154］冯晓丽，高士平．基于空间规划框架下多规融合信息平台建设［J］．河北省科学院学报，2018，35（4）：50 – 53.

［155］高艺荣．京津冀区域经济国际化发展程度探析［D］．河北大学硕士学位论文，2017.

［156］龚甲伟．D公司生产运营管理改进方案研究［D］．哈尔滨工程大学硕士学位论文，2014.

［157］龚勤林．产业链延伸的价格提升研究［J］．价格理论与实践，2004（3）：2.

［158］龚三乐．全球价值链内企业升级动力实证研究［J］．求索，2011（7）：11 – 13.

［159］桂萍，谢科范，高维义．动态联盟的特点和行为分析［J］．科学管理研究，2001（5）：54 – 57.

［160］郭克莎．加入WTO后的我国工业发展战略及政策选择［J］．学术动态（北京），2003（14）：1 – 31.

［161］郭连成，刘坤．转轨国家经济结构调整的现状与趋势——以中国和俄罗斯为研究视角［J］．辽宁对外经贸学院学报，2012（9）：21 – 23.

［162］郭伟峰．郑州市物流信息化建设研究［D］．郑州大学硕士学位论文，2012.

［163］郭旭红、武力．新中国产业结构演变述论（1949 – 2016）［J］．中国经济史研究，2018（1）：133 – 142.

［164］韩剑，冯帆，李妍．FTA知识产权保护与国际贸易：来自中国进出口贸易的证据［J］．世界经济，2018（9）：51 – 74.

［165］韩沐野．传统科层制组织向平台型组织转型的演进路径研究——以海尔平台化变革为案例［J］．中国人力资源开发，2017（3）：114 – 120.

［166］韩爽．信息技术对现代信息传输服务业的推动作用研究［D］．华东师范大学硕士学位论文，2009.

［167］郝凤霞，张璘．低端锁定对全球价值链中本土产业升级的影响［J］．科研管理，2016，37（S1）：131 – 141.

［168］贺德方，唐玉立，周华东．科技创新政策体系构建及实践［J］．科学学研究，2019（1）：3 – 10.

[169] 洪银兴. 从比较优势到竞争优势——兼论国际贸易的比较利益理论的缺陷 [J]. 经济研究, 1997 (6): 20-26.

[170] 胡斌武, 叶萌, 朱静, 等. "中国制造2025" 背景下职业教育技术技能型人才培养的现状与新要求 [J]. 经营与管理, 2016, 383 (5): 39-42.

[171] 胡大立, 等. 全球价值链分工下的中国代工企业品牌升级研究 [M]. 北京: 经济科学出版社, 2016.

[172] 胡大立. 我国产业集群全球价值链 "低端锁定" 风险分析 [J]. 商, 2012 (9): 168.

[173] 胡峰, 王芳. 美国制造业回流的原因、影响及对策 [J]. 科技进步与对策, 2014 (9): 75-79.

[174] 胡耀辉. 战略性新兴产业基地发展模式研究——以资源型城市为例 [J]. 科技进步与对策, 2013, 30 (9): 66-69.

[175] 黄群慧, 贺俊. 中国制造业的核心能力、功能定位与发展战略——兼评《中国制造2025》[J]. 中国工业经济, 2015 (6): 13.

[176] 霍利斯·钱纳里. 发展的型式 1950-1970 [M]. 李新华译. 北京: 经济科学出版社, 1988.

[177] 霍玉强, 黎群. 基于纵向一体化战略的商业模式研究 [J]. 中国经贸导刊, 2010 (13): 70, 84.

[178] 加里·哈默, 比尔·布林. 如何进行管理创新 [J]. 销售与市场, 2008 (25): 3.

[179] 贾建忠. 产业转型升级的群效应研究 [J]. 华南理工大学学报 (社会科学版), 2012, 14 (1): 10.

[180] 贾晓辉. 基于复杂适应系统理论的产业集群创新主体行为研究 [D]. 哈尔滨工业大学硕士学位论文, 2016.

[181] 江小涓. 市场化进程中的低效率竞争——以棉纺织行业为例 [J]. 经济管理文摘, 2004 (3): 16-21.

[182] 蒋膨屹. 我国中小企业工商管理存在的问题与对策 [J]. 中国商论, 2019 (9): 118-119.

[183] 焦凯. 互联网思维对企业边界的影响研究 [J]. 经济论坛, 2015 (5): 109-111.

[184] 金碚．要把转型升级的创新想象空间更多地留给企业［J］．中国经贸导刊，2011（16）：8-10.

[185] 靖学青．中国服务业增长的区域差异性研究——基于鲍莫尔—富克斯假说的实证分析［J］．经济管理，2011（6）：36-42.

[186] 柯苏娜．浅析国企人力资源管理存在的问题及对策分析［J］．汽车世界，2019（23）：1.

[187] 孔伟杰，苏为华．中国制造业企业创新行为的实证研究——基于浙江省制造业1454家企业问卷调查的分析［J］．统计研究，2009，26（11）：44-50.

[188] 孔伟杰．知识产权保护、国际技术溢出与经济增长［M］．杭州：浙江工商大学出版社，2012.

[189] 库兹涅茨．现代经济增长［M］．戴睿，易诚译．北京：北京经济学院出版社，1989.

[190] 赖明勇，包群，彭水军，等．外商直接投资与技术外溢：基于吸收能力的研究［J］．经济研究，2005（8）：95-105.

[191] 赖明勇，张新，彭水军，等．经济增长的源泉：人力资本、研究开发与技术外溢［J］．中国社会科学，2005（2）：32-46.

[192] 黎峰．全球价值链分工下的双边贸易收益及影响因素——以中日贸易为例［J］．上海财经大学学报（哲学社会科学版），2016（1）：85-96.

[193] 李海舰，王松．文化与经济的融合发展研究［M］．北京：经济科学出版社，2014.

[194] 李宏彬，李杏，姚先国，等．企业家的创业与创新精神对中国经济增长的影响［J］．经济研究，2009，44（10）：99-108.

[195] 李华，杜丹阳，吴爱萍．考虑吸收能力的区域创新多维溢出效应［J］．科技进步与对策，2020，37（9）：8.

[196] 李江帆．发展科学事业，更好地为社会主义建设服务［J］．人口研究，1985，9（3）：13-15.

[197] 李江涛．努力营造和谐氛围推进企业快速发展［J］．企业家天地（下半月版），2009（9）：90.

[198] 李军，刘海云．生产率异质性还是多重异质性——中国出口企业

竞争力来源的实证研究 [J]. 南方经济, 2015 (3): 4-26.

[199] 李茜, 胡昊, 李名升, 等. 中国生态文明综合评价及环境、经济与社会协调发展研究 [J]. 资源科学, 2015, 35 (7): 1444-1453.

[200] 李强. 结构调整偏向性、比较优势变迁与制造业全要素生产率增长 [J]. 世界经济研究, 2017 (2): 114-125.

[201] 李强. 浅论 "一带一路" 背景下如何构建国际税收征管新体系 [J]. 消费导刊, 2017 (11): 138, 140.

[202] 李若辉, 关惠元, 吴智慧. 我国家具制造企业设计创新管理模式研究 [J]. 林产工业, 2018, 459 (1): 3-7.

[203] 李若辉, 关惠元. 基于设计创新驱动的中小型制造企业生态化发展策略 [J]. 企业经济, 2017, 10 (121): 11-16.

[204] 李若辉, 关惠元. 我国中小型制造企业产品生态设计现状及问题 [J]. 生态经济, 2016, 32 (12): 5.

[205] 李天舒, 王敏洁. 提升工业能效面临的关键问题及解决对策分析 [J]. 生态经济 (中文版), 2007 (11): 108-111.

[206] 李唯. 房地产上市公司财务报表分析——以万科股份有限公司为例 [J]. 中国市场, 2016 (34): 174-175.

[207] 李晓华. "互联网+" 改造传统产业的理论基础 [J]. 经济纵横, 2016 (3): 57-63.

[208] 李晓阳, 吴彦艳, 王雅林. 基于比较优势和企业能力理论视角的产业升级路径选择研究——以我国汽车产业为例 [J]. 北京交通大学学报 (社会科学版), 2010, 9 (2): 23-27.

[209] 李晓阳. 探讨如何快速有效提高企业管理 [J]. 经营管理者, 2010 (6): 1.

[210] 李雪灵, 姚一玮, 王利军. 新企业创业导向与创新绩效关系研究: 积极型市场导向的中介作用 [J]. 中国工业经济, 2010 (6): 116-125.

[211] 李奕. 全球价值链分工下大国贸易冲突的影响及对策 [J]. 商业时代, 2018 (11): 140-143.

[212] 梁嘉骅, 赵秀清. 人力资源生态与人力资源投资风险规避 [J]. 科技与管理, 2004 (1): 131-134.

[213] 梁琦, 詹亦军, Liang, 等. 产业集聚、技术进步和产业升级: 来自长三角的证据 [J]. 产业经济评论, 2005, 2 (4): 57–76.

[214] 梁琦, 詹亦军. 地方专业化、技术进步和产业升级: 来自长三角的证据 [J]. 经济理论与经济管理, 2006 (1): 58–64.

[215] 梁琦. 知识溢出的空间局限性与集聚 [J]. 科学学研究, 2004, 22 (1): 76–81.

[216] 梁运文, 劳可夫. 网络分割、创新借势与中国国家 "创新驱动" 发展断裂突破——基于国家竞争优势拓展的视角 [J]. 经济理论与经济管理, 2010 (3): 23–31.

[217] 林仁红. 技术市场创新生态系统协同机理研究 [D]. 首都经济贸易大学硕士学位论文, 2016.

[218] 林毅夫, 巫和懋, 邢亦青. "潮涌现象" 与产能过剩的形成机制 [J]. 经济研究, 2010 (10): 4–19.

[219] 林中萍. 跨国公司对我国自主创新能力的影响 [J]. 中国科技投资, 2006 (5): 40–43.

[220] 刘兵, 王雪莲. 基于 VaR 约束的企业经营者组合监督机制研究 [J]. 河北工业大学学报, 2007, 36 (5): 67–71.

[221] 刘芳, 何泽军. 河南高新技术产业竞争力实证分析 [J]. 河南工程学院学报 (社会科学版), 2009 (1): 25–28.

[222] 刘建刚, 钱玺娇. "互联网＋" 战略下企业技术创新与商业模式创新协同发展路径研究——以小米科技有限责任公司为案例 [J]. 科技进步与对策, 2016, 33 (1): 7.

[223] 刘军, 徐康宁. 产业聚集、工业化水平与区域差异——基于中国省级面板数据的实证研究 [C]. 2010 年中国空间经济学年会, 2010.

[224] 刘善海. 基于核心能力构建的代工企业转型升级——来自三家本土企业的案例研究 [D]. 华东理工大学硕士学位论文, 2010.

[225] 刘世锦. 产业集聚及其对经济发展的意义 [J]. 改革, 2003 (3): 64–68.

[226] 刘仕国, 吴海英, 马涛, 等. 利用全球价值链促进产业升级 [J]. 国际经济评论, 2015 (1): 64–84.

[227] 刘伟，王汝芳. 中国资本市场效率实证分析——直接融资与间接融资效率比较 [J]. 金融研究, 2006 (1): 64 - 73.

[228] 刘新民. 我国外贸依存度过高的原因、影响及建议 [J]. 产经评论, 2005 (10): 4 - 8.

[229] 刘雪芹，张贵. 创新生态系统：创新驱动的本质探源与范式转换 [J]. 科技进步与对策, 2016, 33 (20): 1 - 6.

[230] 刘志彪，张杰. 全球代工体系下发展中国家俘获型网络的形成、突破与对策——基于 GVC 与 NVC 的比较视角 [J]. 中国工业经济, 2007 (5): 9.

[231] 刘志彪，张杰. 全球化中中国东部外向型经济发展：理论分析和战略调整 [M]. 北京：中国财政经济出版社, 2009.

[232] 刘志彪，张少军. 中国地区差距及其纠偏：全球价值链和国内价值链的视角 [J]. 学术月刊, 2008 (5): 7.

[233] 刘志彪. 产业基础高级化：动态比较优势运用与产业政策 [J]. 江海学刊, 2019 (6): 25 - 32.

[234] 刘志彪. 简论产业经济学的流派和研究方法论 [J]. 产业经济研究, 2007 (1): 1 - 7.

[235] 刘志彪. 全球化中中国东部外向型经济发展 [M]. 北京：中国财政经济出版社, 2009.

[236] 刘志彪. 现代产业经济学 [M]. 北京：高等教育出版社, 2009.

[237] 刘志彪. 现代服务业的发展：决定因素与政策 [J]. 江苏社会科学, 2005 (6): 207 - 212.

[238] 刘志彪. 新时代高质量发展（上）[J]. 经济研究参考, 2019 (8): 1.

[239] 刘志彪. 中国经济转型与发展研究主持人语 [M]. 南京：南京大学出版社, 2011.

[240] 柳洲. "互联网 +" 与产业集群互联网化升级研究 [J]. 科学学与科学技术管理, 2015, 36 (8): 73 - 82.

[241] 隆国强. 加工贸易转型升级的方向与政策 [J]. 中国产业经济动态, 2009 (6): 14 - 18.

［242］隆国强．中国对外开放面临的挑战与新战略展望［J］．宁波经济：三江论坛，2009（7）：4－7．

［243］卢锋，李昕，李双双，等．为什么是中国？——"一带一路"的经济逻辑［J］．国际经济评论，2015（3）：9－34．

［244］卢福财，胡平波．全球价值网络下中国企业低端锁定的博弈分析［J］．中国工业经济，2008（10）：25－34．

［245］路甬祥．科技发展呈现出群体突破的态势［J］．思想政治课教学，2005（3）：76．

［246］罗珉，李亮宇．互联网时代的商业模式创新：价值创造视角［J］．中国工业经济，2015，57（1）：95－107．

［247］罗文．互联网产业创新系统及其效率评价研究［D］．北京交通大学硕士学位论文，2014．

［248］吕靖烨，夏萌阳，张金锁．低迷市场下我国煤炭上市公司经营绩效评价［J］．会计之友，2017（8）：94－99．

［249］吕立志．论新资源在新经济中的地位和作用［J］．中国软科学，2001（9）：21－25．

［250］吕越，陈帅，盛斌．嵌入全球价值链会导致中国制造的"低端锁定"吗？［J］．管理世界，2018，34（8）：19．

［251］吕越，吕云龙，莫伟达．上游垄断与制造业出口的比较优势——基于全球价值链视角的经验证据［J］．财经研究，2018，44（2）：4－16．

［252］吕越，吕云龙．全球价值链嵌入会改善制造业企业的生产效率吗——基于双重稳健—倾向得分加权估计［J］．财贸经济，2016，37（3）：14．

［253］满海雁，陈明．论政府在"政产学研金介"战略联盟中的角色定位与功效发挥［J］．科技管理研究，2011，31（11）：4．

［254］毛蕴诗，金雨晨，李杰．加工贸易相关产业转型升级研究——以广东省纺织服装业为例［J］．当代经济管理，2012，34（8）：58－63．

［255］毛蕴诗，李田，谢琦．金融危机对我国中小企业的影响及企业应对策略研究——基于长三角与广东省的对比分析［J］．广东社会科学，2010（5）：12－18．

[256] 毛蕴诗，罗顺均，熊炼．基于专用技术深化和应用领域拓展的企业升级——针对大族激光的案例研究与理论模型的提炼［J］．学术研究，2013（9）：9．

[257] 毛蕴诗，汪建成．基于产品升级的自主创新路径研究［J］．管理世界，2006（5）：114－120．

[258] 毛蕴诗，温思雅．基于产品功能拓展的企业升级研究［J］．学术研究，2012（5）：8．

[259] 毛蕴诗，吴瑶，邹红星．我国 OEM 企业升级的动态分析框架与实证研究［J］．学术研究，2010（1）：63－69，77．

[260] 毛蕴诗，郑奇志．基于微笑曲线的企业升级路径选择模型——理论框架的构建与案例研究［J］．中山大学学报（社会科学版），2012（3）：167－179．

[261] 毛蕴诗．使基于创新的跨产业升级成为我国经济增长的亮点［J］．中国产业，2012（3）：29．

[262] 穆春晓．基于商业生态系统的竞争战略研究［D］．西安电子科技大学硕士学位论文，2007．

[263] 聂正安，戴沛如．本土中小企业转型升级研究——基于价值链的微笑曲线［J］．中国商界（下半月），2009（12）：236－237．

[264] 聂正安，钟素芳．我国企业升级路径的现实选择：OEM 阶段内升级［J］．广东商学院学报，2010，25（2）：30－36．

[265] 聂正安，钟素芳．知识转移、网络嵌入与国际代工企业成长［J］．经济地理，2010（6）：6．

[266] 潘宏亮．创新驱动引领产业转型升级的路径与对策［J］．经济纵横，2015（7）：40－43．

[267] 潘松挺，姚春序．基于复杂系统理论的企业网络组织演化分析［J］．企业经济，2011（3）：13－15．

[268] 彭水军，包群，赖明勇．自然资源耗竭、内生技术进步与经济可持续发展［J］．上海经济研究，2005（3）：3－13．

[269] 彭泗清，李兰，潘建成，等．中国企业家成长 20 年：能力、责任与精神——2013 中国企业家队伍成长 20 年调查综合报告［J］．管理世界，

2014（6）：19 – 38.

［270］邱国栋，刁玉柱．嵌入全球价值链高端的战略延伸模型——基于本土制造企业的跨案例研究［J］．财经问题研究，2014（4）：19 – 27.

［271］任志成，张二震．国际分工演进与跨国就业转移［J］．福建论坛（人文社会科学版），2006（4）：17 – 20.

［272］尚涛，郭根龙，冯宗宪．我国服务贸易自由化与经济增长的关系研究——基于脉冲响应函数方法的分析［J］．国际贸易问题，2007（8）：92 – 98.

［273］施振荣．中国现在还没有一个很好的激励机制［J］．销售与市场，2005（8）：1.

［274］石奇，张继良．区际产业转移与欠发达地区工业化的协调性［J］．产业经济研究，2007（1）：38 – 44.

［275］舒元，才国伟．我国省际技术进步及其空间扩散分析［J］．经济研究，2007（6）：106 – 118.

［276］宋国宇，刘文宗．产业结构优化的经济学分析及测度指标体系研究［J］．科技和产业，2005，5（7）：5.

［277］宋泓．国际产业格局的变化和调整［J］．国际经济评论，2013（2）：12.

［278］苏贝，杨水利．基于扎根理论的制造企业智能化转型升级影响因素研究［J］．科技管理研究，2018，38（8）：9.

［279］孙军．绿色战略·绿色设计·绿色制造［J］．企业改革与管理，2007（3）：38 – 39.

［280］台冰．人均第三产业增加值与人口城市化水平关系研究［J］．西安交通大学学报（社会科学版），2007，27（2）：4.

［281］童兴辉．人口红利对我国外贸影响的研究［D］．安徽大学硕士学位论文，2014.

［282］童有好．互联网 + 制造业的路径与机遇［J］．企业管理，2015（6）：6 – 11.

［283］汪本强．技术与市场互动视角下产业结构转型升级路径研究——以合肥市为例［J］．山西农业大学学报（社会科学版），2019，18（3）：5.

[284] 汪斌，侯茂章．地方产业集群国际化发展与区域创新体系的关联研究——基于生命周期和全球价值链的视角 [J]．财贸经济，2007 (3)：7.

[285] 汪斌，侯茂章．经济全球化条件下的全球价值链理论研究 [J]．国际贸易问题，2007，291 (3)：92 – 97.

[286] 汪斌，侯茂章．浙江地方产业集群嵌入全球价值链的若干问题研究——以杭州典型地方产业集群为例 [J]．浙江学刊，2006 (8)：212 – 261.

[287] 汪明峰．互联网使用与中国城市化——"数字鸿沟"的空间层面 [J]．社会学研究，2005 (6)：112 – 135.

[288] 王保龙，王立君，宋元涛．互联网 + 产业集群模式与战略价值研究 [J]．管理现代化，2016，36 (2)：4.

[289] 王德鲁，张米尔，周敏．产业转型中转型企业技术能力研究评述——兼论转型企业技术能力再造途径 [J]．管理科学学报，2006 (3)：74 – 80.

[290] 王海杰，宋姗姗．基于产权结构主义逻辑的后发企业技术创新网络构建研究 [J]．制度经济学研究，2018 (4)：105 – 119.

[291] 王吉发等．企业转型的内涵研究 [J]．统计与决策，2006 (1):153.

[292] 王海杰，吴颖．基于区域价值链的欠发达地区产业升级路径研究 [J]．经济体制改革，2014 (4)：5.

[293] 王稼琼，齐嘉．基于国家高新区高成长企业的产业集聚研究 [J]．北京交通大学学报（社会科学版），2018，17 (1)：41 – 48.

[294] 王岚，安飞宇，马思林．劳动力成本对外商投资企业投资和贸易的影响——以广东省外资企业为例 [J]．国际贸易论坛，2014 (3)：36 – 41.

[295] 王岚．融入全球价值链对中国制造业国际分工地位的影响 [J]．统计研究，2014，31 (5)：17 – 23.

[296] 王岚．新形势下对于电力营销管理的一些思考 [J]．财经界（学术版），2014 (6)：130.

[297] 王立华．企业主体对产业转型升级影响的分析——基于复杂适应系统理论角度 [J]．宏观经济研究，2013 (2)：105 – 111.

[298] 王婷，谭宗颖，谢光锋．从发达国家制造回流看中国制造业的发展 [J]．科学管理研究，2014，32 (3)：113 – 116.

［299］王燕，蒋露．物流金融中基于博弈的银行监管决策分析［J］．物流技术，2012，31（12）：13－14，40.

［300］王一鸣．中国三大都市圈的发展特点及战略对策［J］．四川经济研究，2005（8）：2.

［301］王岳平．"产能过剩"条件下出现的价格上涨现象［J］．中国产业，2007（3）：1.

［302］温铁军，谢欣，高俊，等．地方政府制度创新与产业转型升级——苏州工业园区结构升级案例研究［J］．党政干部参考，2016（2）：43－44.

［303］邬贺铨．From Internet to Internet of Things［J］．办公自动化（办公设备与耗材），2011（4）：7－8.

［304］巫强，刘志彪．进口国质量管制条件下的出口国企业创新与产业升级［J］．管理世界，2007（2）：53－60.

［305］吴崇伯．论东盟国家的产业升级［J］．亚太经济，1988（1）：5.

［306］吴红宇，聂晶．模块化结构下的市场结构、行为及绩效［J］．广东农工商职业技术学院学报，2004（3）：52－55.

［307］吴家曦，李华燊．浙江省中小企业转型升级调查报告［J］．管理世界，2009（8）：6.

［308］吴家喜，吴贵生．组织整合与新产品开发绩效关系实证研究：基于吸收能力的视角［J］．科学学研究，2009（8）：1220－1227.

［309］吴明隆．结构方程模型：AMOS 的操作与应用［M］．重庆：重庆大学出版社，2010.

［310］吴义爽，盛亚，蔡宁．基于"互联网＋"的大规模智能定制研究——青岛红领服饰与佛山维尚家具案例［J］．中国工业经济，2016（4）：17.

［311］吴义爽．基于商贸平台型龙头企业战略创业的产业集群升级——以海宁皮革集群为例［J］．科研管理，2016（7）：54－61.

［312］夏清华，娄汇阳．基于商业模式刚性的商业模式创新仿真——传统企业与互联网企业比较［J］．系统工程理论与实践，2018，38（11）：58－74.

［313］肖晓帆，陈柏福．"互联网＋"时代动漫产业整合与商业模式创新

研究 [J]. 长沙大学学报, 2019, 33 (1): 6.

[314] 谢莉娟. 互联网时代的流通组织重构——供应链逆向整合视角 [J]. 中国工业经济, 2015 (4): 44 – 56.

[315] 谢志华. 竞争优势: 制度选择 [M]. 北京: 首都经济贸易大学出版社, 2007.

[316] 辛娜. 我国外贸企业突破 GVC 低端锁定的路径分析 [J]. 宜春学院学报, 2021 (9): 41 – 44.

[317] 徐康宁, 冯伟. 正确处理政府与市场关系确保江苏经济持续健康发展 [J]. 唯实, 2016 (1): 75 – 77.

[318] 徐维祥, 黄明均, 李露, 等. 财政补贴、企业研发对企业创新绩效的影响 [J]. 华东经济管理, 2018, 32 (8): 129 – 134.

[319] 杨桂菊. 代工企业转型升级: 演进路径的理论模型——基于 3 家本土企业的案例研究 [J]. 管理世界, 2010 (6): 132 – 142.

[320] 杨继瑞, 薛晓. "一带一路" 口岸经济要素协同机制构建研究 [J]. 经济纵横, 2016 (12): 53 – 58.

[321] 杨坚白, 李学曾. 论我国农轻重关系的历史经验 [J]. 中国社会科学, 1980 (3): 19 – 40.

[322] 杨叔子, 丁洪. 智能制造技术与智能制造系统的发展与研究 [J]. 中国机械工程, 1992 (2): 18 – 21.

[323] 杨秀云, 袁晓燕. 产业结构升级和产业转移中的产业空洞化问题 [J]. 西安交通大学学报 (社会科学版), 2012 (2): 1 – 6.

[324] 杨治. 产业经济学导论 [M]. 北京: 中国人民大学出版社, 1985.

[325] 尤成德. 企业家转型对制造企业升级的作用机理研究 [J]. 现代管理科学, 2010 (10): 59 – 60.

[326] 于明超. 动态协同效应与代工企业升级 [J]. 管理观察, 2008, 9 (5): 54 – 55.

[327] 袁静. 中国高技术产业政策转型 [J]. 经济纵横, 2000 (3): 44 – 48.

[328] 张诚, 林晓. 技术创新扩散中的动态竞争: 基于百度和谷歌 (中国) 的实证研究 [J]. 中国软科学, 2009 (12): 11.

[329] 张海波, 郭祖龙, 董超. 基于神经网络系统实现文化信息资源共

享 [J]. 计算机系统应用, 2011, 20 (2): 57-60, 148.

[330] 张晖, 万解秋. 企业自主创新中的金融支持 [J]. 现代金融, 2009 (5): 5-6.

[331] 张辉. 全球价值链动力机制与产业发展策略 [J]. 中国工业经济, 2006 (1): 9.

[332] 张辉. 全球价值链理论与我国产业发展研究 [J]. 中国工业经济, 2004 (5): 38-46.

[333] 张辉. 人民币汇率形成机制改革对进出口行业的影响 [J]. 对外经贸实务, 2006 (2): 7-10.

[334] 张剑, 袁洪飞, 吴解生. 全球价值链视角下中国制造业地位的提升 [J]. 企业经济, 2007 (6): 95-98.

[335] 张杰, 刘志彪, 张少军. 制度扭曲与中国本土企业的出口扩张 [J]. 世界经济, 2008 (10): 3-11.

[336] 张杰, 刘志彪, 郑江淮. 出口战略、代工行为与本土企业创新——来自江苏地区制造业企业的经验证据 [C]. 中国青年经济学者论坛, 2007.

[337] 张杰, 周晓艳, 李勇. 要素市场扭曲抑制了中国企业 R&D? [J]. 经济研究, 2011 (8): 78-91.

[338] 张军果, 任浩. 供应链上下游企业合作研发博弈分析 [J]. 华中师范大学学报 (自然科学版), 2007 (2): 206-210.

[339] 张乃也, 刘蕾, 鄢章华. "互联网+" 对产业集群转型升级的作用机制研究 [J]. 管理现代化, 2017 (2).

[340] 张其仔. 比较优势的演化与中国产业升级路径的选择 [J]. 中国工业经济, 2008 (9): 11.

[341] 张其仔. 中国能否成功地实现雁阵式产业升级 [J]. 中国工业经济, 2014 (6): 18-30.

[342] 张然. 供给侧结构性改革需要灵活保障的就业政策 [J]. 经济与管理, 2016, 30 (3): 64-66.

[343] 张少军, 刘志彪. 全球价值链模式的产业转移——动力、影响与对中国产业升级和区域协调发展的启示 [J]. 中国工业经济, 2009

（11）：11.

［344］张少军．贸易的本地偏好之谜：中国悖论与实证分析［J］．管理世界，2013（11）：39-49.

［345］张伟靖．基于价值链的价值创新探析［J］．现代经济信息，2014（9）：148.

［346］张卫华．浅析我国房地产经济的宏观调控［J］．科技经济导刊，2017（25）：248.

［347］张文松，郝宏兰．企业成长战略：走向卓越之路［M］．北京：清华大学出版社，2013.

［348］张向阳，朱有为．基于全球价值链视角的产业升级研究［J］．理论参考，2005（5）：21-27.

［349］张晓林，吴育华．创新价值链及其有效运作的机制分析［J］．大连理工大学学报（社会科学版），2005，26（3）：23-26.

［350］张幼文．中国和平崛起与世界共赢［J］．科技与企业，2005（12）：14-15.

［351］张玉杰，申小林．区域开放度度量方法研究［J］．当代经济，2011（9）：134-136.

［352］张云．美国衰落与霸权延续的逻辑［J］．领导文萃，2011（7）：28-32.

［353］钟碧忠，许文兴．人力资源管理实践对制造企业转型升级的影响——基于泉州企业的实证研究［J］．科技和产业，2018，18（4）：21-29，40.

［354］周瑾，景光正，随洪光．社会资本如何提升了中国经济增长的质量？［J］．经济科学，2018（4）：33-46.

［355］朱海静，陈圻，蒋泊波．中国家电业OEM现状及发展对策［J］．商业研究，2006（4）：96-98.

［356］庄志彬，林子华．创新驱动我国制造业转型发展的对策研究［J］．福建师范大学学报（哲学社会科学版），2014（1）：51-58.

［357］庄子银．创新、企业家活动配置与长期经济增长［J］．经济研究，2007，42（8）：82-94.

［358］卓越，张珉．全球价值链中的收益分配与"悲惨增长"——基于中国纺织服装业的分析［J］．中国工业经济，2008（7）：133－142.

［359］卓越，赵蕾．绩效评估：政府绩效管理系统中的元工具［J］．公共管理研究，2008（10）：207－217.

［360］卓越．政府交易成本的类型及其成因分析［J］．中国行政管理，2008（9）：38－43.